2021年度国家出版基金资助项目
"十三五"国家重点图书出版规划项目
四川省2020年度省重点出版项目专项补助资金资助项目
四川省2020—2021年度重点出版规划项目

国家出版基金项目
NATIONAL PUBLICATION FOUNDATION

中国乡村振兴发展研究报告丛书

中国乡村振兴发展典型案例研究报告

——以四川省为例

贾　晋　伍骏骞　李雪峰　谢小蓉 ○ 著
范　丹　卢　飞　李　佳

西南财经大学出版社
Southwestern University of Finance & Economics Press
中国·成都

图书在版编目(CIP)数据

中国乡村振兴发展典型案例研究报告:以四川省为例/贾晋等著.—成都:西
南财经大学出版社,2021.9(2021.11重印)
ISBN 978-7-5504-4510-9

Ⅰ.①中… Ⅱ.①贾… Ⅲ.①农村—社会主义建设—案例—研究报告—中
国 Ⅳ.①F320.3

中国版本图书馆 CIP 数据核字(2020)第 161742 号

中国乡村振兴发展典型案例研究报告——以四川省为例

贾　晋　伍骏骞　李雪峰　谢小蓉
　　　　　　　　　　　　　　　　著
范　丹　卢　飞　李　佳

策划编辑:李晓嵩　李特军
责任编辑:李晓嵩
责任校对:杜显钰
封面设计:何东琳设计工作室
责任印制:朱曼丽

出版发行	西南财经大学出版社(四川省成都市光华村街55号)
网　　址	http://cbs.swufe.edu.cn
电子邮件	bookcj@swufe.edu.cn
邮政编码	610074
电　　话	028-87353785
照　　排	四川胜翔数码印务设计有限公司
印　　刷	四川五洲彩印有限责任公司
成品尺寸	170mm×240mm
印　　张	19
字　　数	330 千字
版　　次	2021 年 9 月第 1 版
印　　次	2021 年 11 月第 2 次印刷
书　　号	ISBN 978-7-5504-4510-9
定　　价	98.00 元

乡村发展的历史转型

在中华五千年历史的时光长河中，一年甚至十年不过是沧海一粟。许多影响深远的变革和转型都不是一朝一夕发生的，思想的累积和实践的推进都需要经历岁月的打磨。但历史的发展却不完全是线性的，关键的变革和转型犹如酝酿多年的火山一样，往往在某一段或者某一个时间点突然爆发。长时间积累的变革力量在短时间爆发，又往往决定着很长时间的历史走向。

2020 年是全球发展历史进程中极不容易的一年。新型冠状病毒肺炎疫情"黑天鹅"事件触发全球政治经济局势剧烈震荡，全球经济陷入整体性衰退，未来发展具有很强的不确定性。其影响远超 2008 年美国次贷危机引发的全球经济衰退。更为重要的是，国际政治博弈日益显化为一股"逆全球化"浪潮。当今世界正面临百年未有之大变局，全球经济面临发展秩序的重塑和发展范式的转型。

2020 年又是中国发展历史进程中极不平凡的一年。发展的成就进一步凸显出中国共产党的领导和中国特色社会主义的制度优势。脱贫攻坚战圆满收官，在全球减贫史上谱写出辉煌篇章。小康社会建设目标全面完成，我国综合国力和国际竞争力显著增强。生态污染防控取得显著成效，"绿水青山就是金山银山"的发展理念深入人心。公共服务和社会保障全面提高，人民群众生活水平明显提升。抗击新型冠状病毒肺炎疫情取得重要战略成果。面对中华民族伟大复兴的大局，中国经济也面临着发展格局的重构和发展模式的转型。

2020年必将是继往开来的关键之年。中国全面开启建设社会主义现代化强国的历史征程，进入"十四五"规划、2035年远景目标谋划未来发展的历史方位。在纷繁复杂的国际政治形势下，保持发展定力，坚定发展信心，唯有坚持全面深化改革，通过改革来激发国内经济大循环新的发展动能。

中国的改革开放肇始于乡村，农村改革为城市的改革和发展提供了原始的驱动力，开启了中国的城镇化进程。但长期以来，城市的发展和乡村的衰败却构成了中国城乡二元结构的发展鸿沟。21世纪以来，中央连续数年的"一号文件"持续聚焦"三农"问题，将城乡关系调适作为政策调适主线。2017年，我国又开启了乡村振兴战略的伟大征程。在完成脱贫攻坚任务，全面转向实施乡村振兴战略的历史关口，让我们进一步思考：乡村振兴之路应该如何走？未来的乡村将走向何方？

黄宗智在《中国的隐性农业革命》一书中提出，随着城市收入水平的提升和食物消费结构的改变，中国的农业结构正在发生显著的转型。之所以称之为"隐性"的农业革命，其原因在于这种转型主要来自消费结构变迁的市场力量驱动，并且驱动力量的来源主要是城市。如果深入思考城市对乡村的需求变化，除了食物消费结构变迁对农业结构的影响外，基于对乡村自然生态环境和人文历史文化的价值回归诉求也日益显化。除了传统农产品外，生态产品和文化产品逐渐成为城市居民需求的重点。外部驱动力量的变化对乡村人口、经济、社会的影响无疑是巨大的，不仅是农业革命的问题，更是乡村发展的转型。从驱动力量的来源看，乡村转型的动能主要来自乡村外部，来自城市，甚至来自其他区域的城市以及国外。

从国际乡村转型和重构的规律看，乡村往往经历了从生产性乡村，到消费性乡村，再到功能性乡村的转型和发展。功能性乡村意味着乡村必然依据不同的功能导向出现分化。部分乡村主要提供生产产品，部分乡村主要提供文化产品，部分乡村主要是人群的特殊居住和消费场所，部分乡村又主要承担农产品的生产职责，部分乡村成为某一个特色产业的发展集聚地。从一般概念来讲，城市和乡村的体制机制界限已经并不明显，甚至可以说是模糊的，仅仅能够从人口分布的密度来区分。

我国地域辽阔，自然资源禀赋和经济社会发展的双重差异叠加，使得乡村发展水平差异巨大。面临乡村振兴的历史重任，乡村未来发展肯定会呈现多元化的特点，转型和发展的范式必然也是多元的。近年来，在一系列强农惠农政策下，公共财政投入乡村的力度加大，乡村基础设施和公共服务水平明显提升。这不仅为返乡下乡人口提供了居住和发展的公共资源基础，也为生态资源的价值转化和乡村文化的历史传承提供了资本沉淀形成的转化平台。基础设施的改善为乡村多元化转型提供了重要的基础条件。同时，人口在城乡之间的流动和迁徙也出现了许多新的特点，部分都市圈区域的乡村出现逆城镇化的现象，部分特色资源禀赋乡村出现城乡人口的"候鸟式"流动，部分乡村出现返乡下乡人口的聚集，部分乡村由于村镇的合并重组形成区域内部人口的流动。这些变化趋势和城镇化进程引发的人口流动趋势相互叠加，使得未来城乡间及乡村内部人口流动的复杂性明显增强。不同的人口迁徙趋势形成的资源要素结构为多元化乡村转型提供了不同的思路。更为重要的是，总量超过约 2.4 亿的户籍和工作生活地分离的农民工何去何从，依然具有很大的不确定性。这也极大地影响了乡村的转型发展。

我国《乡村振兴战略规划（2018—2022 年)》中将村庄划分为集聚提升类、城郊融合类、特色保护类和搬迁撤并类，这为我国未来乡村发展转型提供了有益的指向。从系统工程的角度讲，乡村系统"要素-结构-功能"的系统性变革和转型可能沿着这样几个方向展开：一是城乡融合转型。城市郊区的乡村受城市发展的辐射带动，基础设施和公共服务达到城市水平，部分乡村融入城市，成为城市的一部分。部分乡村保留乡村的生产、生活、生态特点，但主要承担服务城市经济社会发展的功能。二是聚集发展转型。一些重点镇、村随着人口的聚集，基础设施和公共服务投入力度加大，成为乡村的区域中心，这部分乡村主要承担辐射和服务周边乡村居民的功能。三是特色发展转型。一些乡村由于特色文化和旅游资源丰富，作为休闲旅游和消费目的地吸引大量短期旅游、观光人口，主要承担旅游和文化消费目的地的功能。四是生态保护转型。部分处于生态脆弱或自然保护区域的乡村，主要承担生态涵养功能。五是供给保障转型。部分粮食和主要农产品主产区通过生产性基础设施水平的提升和新型经营主体的培育，主要承担粮食及其他主要农产品供给保障功能。

多元化的乡村转型方向昭示着乡村振兴路径的多元化。2020 年，随着脱贫攻坚任务的完成，我国的"三农"政策将全面转向乡村振兴。如果说脱贫攻坚主要解决"底线保障"问题，那么乡村振兴就要解决"高线发展"问题。乡村发展的转型在 2020 年这个特殊的历史时期拉开了序幕，可以预见的是，在政府和市场双重作用下，一场乡村发展的伟大变革即将发生在神州大地上。如果说因为年龄的原因，我们没能亲身经历 40 多年前那场农村改革引发的乡村巨变，只能在理论的梳理中体会变革力量的话，现在我们有幸能够处在这个关键的历史时间点去总结规律，研判趋势，用理论和实践的双重视角去感受与触摸这场时代转型和变革。

一代人有一代人的使命，一代人有一代人的收获。身处中华民族伟大复兴大局之中，于大局中寻找发展之路，我们任重道远。

贾晋

2020 年 10 月于成都

前言
QIANYAN

　　党的十八大以来，以习近平同志为核心的党中央推进"三农"工作持续创新，提出一系列新理论、新思路、新方针，农业农村发展和农民生活全面改善取得历史性成就。立足中国经济社会发展现阶段的基本特征，顺应亿万农民对美好生活的新期待，党的十九大报告作出乡村振兴战略重大决策部署。这是新时代做好一切"三农"工作、解决好一切"三农"问题的顶层设计和总抓手。

　　在乡村振兴战略不断推进过程中，一方面涌现了许多典型案例，对乡村振兴战略的不断推进起到了引领示范和辐射带动作用；另一方面，一些地区缺少战略总体定位和布局，盲目借鉴其他地区的典型做法，同质化现象严重。因此，各地在推进乡村振兴战略过程中，需要结合自身的资源禀赋条件和经济社会发展阶段，遵循经济发展规律，借鉴适合自身发展的乡村振兴典型案例，立足全局，整体布局，突出特色，不断推进乡村振兴战略的实施。值得庆幸的是，当西欧和北美的诸多发展经验只能从浩瀚的历史资料中搜寻时，中国正在经历的乡村振兴进程却能被真实地目睹。这种现身说法式的经验对其他发展中国家而言，具有重要的借鉴意义。

　　本书从统筹城乡发展、农村土地制度改革、农业经营体系变革、农村集体经济变迁、农村金融改革、现代农业发展、精准扶贫、农村创新创业、灾后重建、乡村治理十个方面，梳理乡村振兴战略推进过程中的一个个鲜活案例，并力图通过理论梳理和案例分析，为各地乡村振兴战略的推进提供可资借鉴的典型经验和可以因势利导的政策措施。本书主要具有以下特点：

第一，立足实践。本书中的案例先由四川省村社发展促进会抽调力量组成典型案例编写组，通过基层实地调研得到一手资料并梳理形成案例素材，再由本书写作团队按照书稿整体安排筛选、修改而成。部分案例是本书写作团队的相关科研项目的阶段性成果，有充分的前期调查和研究基础。

第二，理论提升。本书希望为农业经济相关专业的科研人员开展案例教学、案例研究提供可资借鉴的参考。因此，本书梳理了每个案例的政策背景、理论概念、基本知识点等内容，并运用相关理论剖析每个案例。

第三，政策启示。本书希望通过来自基层一线的案例，为乡村振兴发展提供可借鉴、可落地的政策建议。因此，本书在每个案例分析结论的基础上，提出了有针对性的政策建议。

本书由贾晋审定大纲和总纂，伍骏骞、李雪峰负责全书统稿及全书审校。各章节撰写人员都来自农林经济管理学科研究一线。第一、九章由卢飞编写，第二、三章由范丹编写，第四章由贾晋编写，第五、八章由谢小蓉编写，第六、七章由伍骏骞编写，第十章由李佳编写。典型案例资料由刘开文、齐管劳、黄华平、刘豪儒整理完成。本书的完成，得益于多位专家的帮助，在此一并致谢。由于水平和能力有限，本书难免存在疏漏之处，诚望各位读者不吝指正。

贾晋

2020 年 12 月于成都

目录

第一章　统筹城乡发展

城乡关系是经济社会发展的主线，城乡关系的调整是推动地区经济发展和化解社会主要矛盾的重要力量。实行改革开放政策以来，我国实现了由计划经济向市场经济的成功过渡。与此相对应，我国城乡关系也逐渐从分割状态转为融合态势。

计划经济时期，要素从农村向城市单向流动的特征凸显。1958 年，《中华人民共和国户口登记条例》正式以法规形式限定农村人口外流，我国城乡分割的二元社会经济体制建立。这一时期，为了尽快将我国从落后的农业国发展成为工业国，政府选择了重工业优先发展战略，确立了工业和城市在社会经济发展中的核心地位。城市偏向和重工业偏向的经济政策通过工农产品价格"剪刀差"、农产品统购统销政策以及农业集体经营制度等经济政策实现，加之以不断严格的户籍管理制度将农民、农业和农村捆绑，并将发展功能限定在为工业发展提供资本积累和为城市提供农产品，农业农村的发展权利不断被削弱。

改革开放后，农业领域的改革极大地激发了农户的生产积极性。家庭联产承包责任制取代了农业集体经营制度，农业生产效率得到迅猛提升。同时，户籍制度约束导致的乡镇企业活力不断减弱，农业过剩的劳动力持续增加成为制约农业生产效率提升的主要因素。20 世纪 90 年代，随着国有企业改革的深入推进和民营经济的大力发展，大量农业劳动力开始涌向城市，成为城市发展的生力军。面对劳动力市场的供需缺口，政府开始出台政策逐步放松户籍制度的束缚。这一时期，"进城门槛"降低，城乡统筹、城乡一体和共享发展的趋势进一步加深，有力推动了农民工在城市实现职业和身份的双重转换，有效推动了农民工融入城市。2014 年，居民户口取代农业与非农业户口，我国户籍制度改革进一步深化，城乡基本公共服务并轨趋势加强。在农村劳动要素市场活跃的同时，城市工商资本加快进入农村，农业适度规模经营范围不断扩大。

党的十八大强调城乡一体化发展，要求着力破除城乡二元经济结构。这一时期，城乡关系得以重新界定，新型城乡关系成为区域协调发展的重点探索内容。党的十九大指出中国特色社会主义进入新时代，社会主要矛盾转化为人民日益增长的美好生活需要和不平衡不充分的发展之间的矛盾。在习近平新时代中国特色社会主义经济思想的指引下，我国创新性地提出乡村振兴战略，农村土地改革也由"两权分离"向"三权分置"转变。可以看出，党的十九大之后，乡村开始成为与城市具有平等地位的经济单元，城乡要素之间趋向平等交换。城乡统筹随着土地制度改革的深入逐渐深化，并开启了城乡融合的新时代。

四川省是我国推进城乡统筹的先行省份。成都市于2007年获批"全国统筹城乡综合配套改革试验区"。2008年，党的十七届三中全会进一步释放出"城乡统筹"的强烈信号。2009年，《成都市统筹城乡综合配套改革试验总体方案》得到国家批复，明确成都市要率先在城乡公共服务均等化、农村土地产权改革、农民入城、三产融合以及灾后重建等方面进行探索，打造城乡统筹的示范样本。四川省尤其是成都市涌现出众多城乡统筹示范点。自党的十九大提出乡村振兴战略以来，成都市城乡统筹及三产融合趋势进一步加深。其中，乡村旅游是重要的城乡统筹模式，2015年，四川省乡村旅游总收入达到1 708亿元。2017年，四川省乡村旅游总收入增至2 283亿元。成都市城乡统筹的发展成效更为显著。2018年，成都市旅游总收入为3 712.6亿元，占四川省旅游总收入的38.73%；乡村旅游收入为393.9亿元。在全国城乡统筹试点推进的同时，全国县域文化事业也得到了较大发展。文化和旅游部的统计公报显示，全国县及县以下行政区的文化事业费逐年上涨，并在2017年超过县级以上区域，2018年这一比例达到1.18∶1。成都市是四川省推进城乡一体化的重要区域。在设立改革试验区之前，成都市于2003年就提出了开展土地流转以及通过"三个集中"推动规模化经营，并积极探索集体建设用地流转的方法。因此，本章重点选取成都市城乡统筹案例进行分析。

第一节　赋权农户、产业拓荒与农村城镇化：成都市郫都区农科村案例

一、案例介绍

农业农村改革的核心在于明晰农户产权和提升产权强度。改革开放前，我国农地产权界定为集体所有。改革开放后，农户获得农业生产资料权利的强度和稳定性得以提升。在产权相对确定的情况下，农户如何发挥个人能动性、推动农业发展和乡村建设，农科村在这方面取得了较好的经验。

当下，"城市病"困扰着城市，收窄了城市居民生活质量的可持续空间，使得"逃离城市"成为城市居民在闲暇时的梦想。城市——美好的象征，高楼林立、高额的收入、高水平的公共服务。然而，快节奏的生活、紧张忙碌的工作、透不过气的楼间距、难接地气的高层楼宇，让城市居民亲临乡村才发觉：这才是生活！恬静的乡土气息，质朴的乡土文化，汩汩泉涌，苍翠的山，浓郁的林，尽收眼底的景，收获纯真的心。然而，回不去的乡愁，让城市居民"望村兴叹"。同时，随着城镇化的迅速推进，"农二代""农三代"离土离乡越发成为典型现象，乡村内部也出现收缩与分化。重拾乡愁，周边游、村镇游、主题游应时而起，应运而生。

农科村是发展村镇游的"第一村"和"农家乐"的发源地。农科村隶属成都市郫都区友爱镇，交通便利，东距成都市区 20 千米，西距都江堰市 30 千米，毗邻成都西源大道，有县级郫花公路纵贯全境，东临成都市第二绕城高速公路，西接彭温快速通道，北抵蓉昌高速公路、成灌快速铁路，南依成都生态大道。改革开放以来，农科村始终坚持锐意进取，以超前的勇气、求变的思维，极大地推动了农科村产业变革、村庄变革和身份变革，形成了集花卉苗木等特色产业基地和农村第三产业于一体的整合式发展。2006 年和 2012 年，农科村分别获得"中国农家乐旅游发源地"和国家 4A 级旅游景区认证，农科村已经成为全国农业旅游示范点、全国乡村文明村镇、中国盆景之乡，并得到党和国家主要领导人的亲临考察与高度评价。

（一）改革先驱：赋权农户与产业拓荒

"三农"问题始终是党和国家工作的重中之重。作为农业大省和人口大省，四川省始终是我国农村改革的先驱省份，是我国农业农村领域改革的风向标。1978年以后，四川省作为全国试点单位，与安徽省同时试点小岗村农业改革发展经验，土地经营权开始划归农户，包干到户、包产到户、自负盈亏。自此，农科村开始探索具有自身特色的农村改革之路。以徐纪元、宗作林等为代表的农科村居民敢为人先，从种粮转到种植花卉苗木，并以服务业发展模式嫁接农业生产，开创了乡村旅游业的先河。以花卉苗木种植和乡村旅游为主导产业的产业拓荒之路取得了显著成效。2016年，农科村花卉苗木种植销售收入1.8亿元，乡村旅游业接待游客逾275万人次，收入达1.82亿元，而本村人口仅2 300余人。花卉苗木种植和乡村旅游这两项主导产业在2010年的收入分别仅为3 800万元和4 010万元，实际年均增长率分别达到51.32%和48.48%。

改革事业的推进都是由一批敢闯、敢干、善闯、善干的先驱带动。1978年，小岗村18位村民将鲜红的手印按在土地承包责任书上，拉开了中国农村改革的序幕。"小岗精神"影响深远，小岗村至今仍是农村改革的重要推进地，小岗村也成为国家重点文物保护单位。农村改革前夕，农科村还叫"祝善村"，是个只从事传统农业生产的不出名的小村落。"当时，成都市科技局在这里建起了农科站，搞水稻、玉米等粮食作物试验田。我们就去挣工分，一个工分只值几分钱，一天也挣不到几毛钱。一年下来，人均仅百十元钱。生产队好多人都吃不饱，那日子太难了。"作为土生土长的农科村人，宗作林对改革开放前的记忆刻骨铭心。

1982年，中央出台"一号文件"，确立家庭联产承包责任制，让农民有了"种什么"的生产自主权。在政府的指导和支持下，祝善村以宗作林等为代表的花卉苗木种植能手，冲破传统种粮模式，自发调整农业结构，率先经营起花卉苗木种植。按照宗作林的记录，种植花卉苗木的收入通常在种粮的4倍以上。因此，种植花卉苗木的农户规模很快扩大，种植面积也有了较大提升。1990年，经营花卉苗木的农户人均收入已经达到5 000元。在这期间，种植品种日益增多，销售范围更加广泛，外省收购商也不断增多。1986年，花农徐纪元等四户农户依托自家庭落，打造了集吃、住、娱、购于一体的农家旅游，农科村逐渐开创了以花卉苗木为基础的乡村旅游新模式——"农家乐"，吹响了中国农村现代服务业的号角。

随着城乡统筹的深化，农科村的花卉苗木种植规模进一步扩大，乡村旅游也多次提档升级。当前，农科村正在积极打造"泛农科村"精品旅游区，推进农家乐向乡村酒店转型升级，打造农科村"精品主题民宿集群"旅游目的地，助力乡村振兴。农科村吸引了来自世界40多个国家和地区的代表团前来考察参观。

（二）新巨变：农村城镇化

以农家乐为代表的乡村旅游是休闲经济的典型代表，既提供城乡交流的驿站，也成为城乡统筹的重要模式。随着游客需求的多元化和高级化，农科村进一步挖掘本地旅游资源，增添了农家旅游的历史气息和人文气息。

要想富，先修路。1992年，农科村用争取来的资金硬化了出村的主干道，改变了花卉依靠背篓出村的旧环境，清除了农科村开展花卉苗木种植的第一块路障，使收购商可以直接开车到苗圃进行收购，为花卉苗木的规模化经营奠定了基础，成就了农科村"鲜花盛开的村庄"和"没有围墙的公园"的美誉。随着村民收入水平的提高，农村生态环境治理也提高到一个新水平，村民住房条件实现了从"居无定所"到"住有所居"，再到"住有宜居"的转变，景区的小洋楼、满城的四合院，令人艳羡。20世纪80年代以前没有住房或住土坯房的日子一去不复返。

农科村积极响应国家号召，于2000年启动新农村建设。2012年，农科村获批国家4A级旅游景区后，大力整治乡村基础设施。同时，农科村推陈出新，挖掘扬雄文化和各类民俗文化，大力弘扬农科村文化旅游、体验旅游和主题旅游等。随着集体收入的增加，农科村生活面貌获得了明显改观。全村天然气入户率达85%，光纤电视入户率达40%，生活垃圾集中收集率达100%。农科村积极开展文明家庭、五好家庭评选等群众性精神文明创建活动和丰富多彩的文体活动，大力倡导现代文明新风，获得"全国精神文明村"荣誉称号。

郫都区是全国"双创"示范基地，农科村在推动创新创业方面也走在前列，村民实现了职业身份的转换。原先在外打工的农户吴彬于1993年回乡种苗，加上有销售经验就当起了园林职业经理人，承包了一个绿化工程，赚到了第一桶金。吴彬用这笔钱创建了临水轩，并逐渐将临水轩的规模从1亩（1亩约等于666.67平方米，下同）多扩展到15亩。时下，吴彬经营的临水轩正在向乡村酒店转型，他成立了泰祥酒店管理公司。此外，成都阿尔刚雷科技有限公司董事长周刚也是从农民成功转变为创业者的，并获得了空调预处理器、FS选通隔离技术等多项发明专利，为大学生创新创业树立了典范。

进入新时代，郫都区是我国推进农村集体经营性建设用地入市的重要试点地区。适应新形势，农科村开展了农村改革的又一次探索。农科村选取"有限责任公司+农户"模式，将农村集体经营性建设用地作价出资（入股），一方面盘活了农村生产要素，将生产性要素转换为资本要素；另一方面解决了空地闲置的问题，增加了农科村财富收入。此外，农科村以特色农业产业为基础，以切身发展经历为内容，以四川省农科村培训基地为载体，以培训的形式，为社会输出了大量实用型农业经营人才。可以预见，农科村未来将会进一步夯实花卉苗木特色产业的发展基础，以农家乐为基本载体，推动经济的高质量、多元化发展以满足大乡村旅游时代的需求。

二、案例分析与理论解读

郫都区定位于城乡统筹的示范点，农科村的城乡统筹发展是郫都区城乡统筹样板打造的典范。第一，还权赋能是农村改革和城乡统筹推进的核心要义。改革开放前，我国实行人民公社体制下的集体所有、统一经营的制度安排，生产资料、经营成果归集体所有，鲜有涉及权利分配。1978年后，我国推行农村集体经济经营体制，确立了以家庭联产承包为主的责任制和统分结合的双层经营体制，农业生产包干到户、包产到户的基本经营制度将土地的经营权确认给农户，农户自负盈亏。随着土地流转制度的推进，我国推进了"两权分离"到"三权分置"的改革进程，并以法律的形式对土地进行确权登记颁证，进一步完善了土地承包经营权的市场流转。改革开放后，农科村村民获得了土地经营权，进而开展自主经营，这是农科村发展的基本前提。进入新时代，农村改革进入深水区，农科村作为农村集体经营性建设用地入市的重点区域，进一步扩大了村集体对农村集体经营用地的处置权。第二，产业融合是农科村发展繁荣的重要途径。农科村依托花卉苗木特色产业，通过引入第三产业经营模式，成功嫁接出农家乐、乡村游、周边游和主题游等提升农业附加值的产业，充分发挥了农业的多功能性，形成了集餐饮、住宿、采购、娱乐、体验于一体的发展模式。然而，农科村在推动产业融合过程中，也有一些问题在逐步显现。一是产业同构的问题。农家乐经营成本相对较低，从而在一定程度上较容易被复制，因此若千篇一律、缺乏创意，则距离范围内的竞争会加剧。二是品牌营销能力亟待提升、从业人员专业素养有待增强以及景观设计创新性不够。第三，强化比较优势，增强政府引导。党的十八大报告指出，经济体制改革的核心在于处理好政府与市场的关系。农科村的成功在于紧抓自身比较优势。一方面，农科村民俗文化、历史文化底蕴丰厚，是西汉大儒扬雄的故里，具有悠久的花卉苗木种植历史，种植花卉苗木的能人较多；另一方面，拥有区位优势，邻近成都市这一广阔的消费市场。在此基础上，当地政府及村社因势利导，政府与市场合力助推农科村特色产业发展壮大。

产权

现有关于产权概念的界定依据产权包含内容的不同呈现出差异化的观点，但是共识是，产权是一种权利的集合。一般意义上的产权理论认为，产权即财产所有权或广义的财产权能的范畴。我们知道，所有权是法律承认和保护的主体对拥有财产的占有、处置等与财产有关的权利。产权不仅体现经济主体对客体拥有的各项权利，还体现人与人之间的社会关系及行为权利。

城乡统筹

城乡统筹是我国在处理城乡关系过程中做出的重大战略调整。中华人民共和国成立初期，出于国际国内形势以及发展战略的需要，我国逐渐形成了城乡分割的城乡二元经济社会结构，以支持重工业和城市发展。随着我国经济发展水平和国家治理能力的不断提升，我国逐渐扭转城乡之间的分割状态，逐步推动城乡统筹发展。因此，城乡统筹意在深化城乡互动，实现城乡"共赢"，其中更多的是强调"以工促农、以城带乡"。

"城市病"

显然，按字面意思，"城市病"即城市"患病"，是指城市在发展过程中，随着产业、人口等要素相对于城市适度规模的过度集聚，从而引发道路拥挤、空气污染、住房紧张等经济社会发展问题。

从整体看，农科村发展模式可以借助图1-1进行简要概括。首先，农科村乡村旅游的发展是在我国大力推动城乡统筹以及四川省作为探索城乡发展新模式的先行省份的宏观背景下的发展。农科村发展模式的变革发生在国家赋权于民的制度调整框架内，居民享有更多的自主权。依托种养花卉的悠久传统，农科村大胆调整种植结构。为了拓展销路，农科村通过整治村基础设施，吸引收购商入村。

收购商的到来，一方面倒逼了花卉种植产业提质增效和扩能；另一方面住宿、餐饮等服务需求增多，农科村村民以自家院落为基础，打造农家乐。随着花卉产业的提档升级以及游客的日益多元化，农科村开始着力提升农家乐品质，打造精品旅游区，以满足游客的品质化需求。

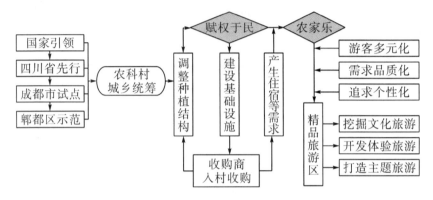

图 1-1　农科村发展模式

农科村的发展充分体现了产权理论以及产业融合理论。第一，产权是新制度经济学的核心内容。罗纳德·科斯（Ronald Coase）最早将交易成本的理念引入经济学分析，并在《社会成本问题》等系列文章中阐述了产权与交易成本下的社会福利最大化问题。约瑟夫·菲尔德（Joseph Felder）对科斯的理论进行了总结，并概括为三点定理。科斯定理一和定理二回答了产权初始配置的重要性，前者指出产权的初始配置在不存在交易成本时对经济效率并不重要，相反，若存在交易成本，则产权的初始配置是重要的。科斯定理三则说明了在交易成本发生后，重新界定产权相比产权交易更有利于社会福利水平的提升。现实世界存在交易成本，因此初始产权配置对经济效率的影响较大。相比集体所有、统一经营的制度安排，家庭联产承包责任制在初始经营权的配置方面更加明晰，并显著地推动了经济效率的提升。党的十八大以来，土地的确权颁证进一步提高了土地经营、承包权的清晰性和稳定性，有利于进一步推动农业规模化经营。农科村的发展始终基于我国农村改革的背景，强化产权的清晰性和稳定性为农科村的发展提供了坚实保障。第二，乡村旅游体现了产业融合发展理论。产业融合是产业经济学的重要内容，尤其是在信息技术迅猛发展的"互联网+"时代。产业融合是相对于旧的社会分工而言的，即分工导致了产业之间形成了固化的产业边界，构成了当今社会主流的产业结构形态。随着市场需求、技术创新、政府管制等的变化，不同产业结构之间的界限日益模糊，呈现出一种新的交叉融合的发展态势，因此产业融合是一种新的社会再分工。乡村旅游是传统产业之间的延伸与融合。

可以看出，农科村的发展实践突出了本地的比较优势，在村集体禀赋资源的基础上构建了村产业体系，并随着禀赋资源的动态演化及市场需求的变迁，对产业体系进行多次提档升级。然而，在探索文化旅游方面，农科村仍存在一些匆忙上马的现象，亟待调整。

第二节　"三个管控""三文融合""三个协同"：大邑县安仁镇案例

一、案例介绍

大邑县隶属成都市，历史文化繁荣，旅游资源丰富，辖区内拥有国家 4A 级旅游景区 4 处，自然景观和人文景观俱佳。大邑县依托当地自然条件和人文特色，整合资源，形成了特色小镇集群发展模式。例如，韩场镇在政府的引导下，以农民专业合作社的组织形式进行葡萄种植和食用菌栽培，形成了远近闻名的葡萄生产和食用菌供应基地。在此基础上，韩场镇通过开发酿酒产业和开展乡村旅游业拓展农业产业链，大力培养畜牧业"三中心、两基地"建设，显著推动了当地农业现代化。又如，中国国家地理标志产品王泗白酒的产地王泗镇，紧抓县域经济开发区拓展的契机，以白酒为主体，进一步拓展综合食品加工业。"1+2+17+N"的新型城镇体系（1 个区域中心城 +2 个小城市 +17 个特色小城镇 +N 个农村新社区），使大邑县经济发展提升显著，全县城镇化率在 60% 以上，2018 年人均地区生产总值达到 50 895 元，相当于四川省平均水平的 1.041 倍。其中，安仁镇作为大邑县的副中心城市，以"文化"立足的乡村振兴路子独具特色。

今安仁镇为古安仁县的县址所在。安仁县设立于唐武德三年（公元 620 年），距今已 1 400 年。公元 1284 年，元朝撤销安仁镇建制，下辖区域归大邑县管辖，这一行政管制的变迁一直沿袭至今。"安仁"之名取自《论语·里仁》中的名言："仁者安仁，知者利仁。"安仁镇交通通达度较高，成温邛高速公路和川西旅游环线环绕辖区，只需 40 千米的行车里程即可直抵成都市。安仁镇作为成都市建设的重点镇之一，文化底蕴丰富，经济实力雄厚，荣获国家级重点镇、中国历史文化名镇等称号，是国家名镇、四川重点镇中发展的翘楚。

成都市大邑县安仁镇在推进全国重点镇建设试点中，勇担"链接城市、辐射农村"的示范引领使命，注重系统性地推进城镇化建设。安仁镇针对城镇化建设中存在的无序扩张、产业同质化、二元结构分化等问题，立足自身文化资源禀赋优势，从发展理念、体制机制入手破题，强化"三个管控"、促进"三文融合"、注重"三个协同"，探索出了一条"文化产业+新型城镇化"的发展道路。在推动乡村振兴的实践中，安仁镇先后获评中国历史文化名镇、国家园林城镇、中国博物馆小镇和中国文物保护示范小镇，被列入全国特色小镇、四川省文创产业示范区、成都市文创文博集聚区。

（一）强化"三个管控"，精准标定长远发展坐标

一是以空间管控推进集约节约发展。安仁镇对标新发展理念，坚持"跳出安仁规划安仁"，全面落实全国重点镇建设试点要求，与市县两级规划无缝对接，聘请中国城市规划设计研究院、四川城镇规划设计研究院等知名规划机构，科学编制城镇总体规划、村庄规划和控制性详细规划，统筹生产、生活、生态三大布局，确立"一心、两区、双轴、多点"空间结构，划定城乡开发边界，合理确定土地用途和建设时序，摒弃"摊大饼"建设和粗放无序发展方式，确保有限的土地资源开发利用效益和价值最大化。

二是以产业管控推进高质高效发展。安仁镇坚持"放眼未来定位安仁"，将全镇产业发展自觉置于全县、全市乃至全省、全国发展大局，立足安仁镇独具特色的历史文化底蕴和农业产业化优势，确立了"文创文博文旅+都市现代农业"的主导产业发展方向，并制定了相关产业发展目录和扶持激励政策。安仁镇严禁新的工业类产业进入，对原有工业企业实施"腾笼换凤"，采取土地置换到县经济开发区或货币补偿等方式，共腾出 652 亩建设用地用于发展符合规划方向的主导产业。

三是以生态管控推进绿色低碳发展。安仁镇坚持公园城市理念，将良好自然生态资源作为最核心竞争力，严控生态红线，按照"景区化、景观化、可进入、可参与"原则，对全域生态资源进行全面梳理，规划形成了"一心、一楔、两环、两带、八园、多点"的全域绿地生态系统，"一湖、一环、两河、七湿地"的全域水生态系统和 60 千米的全域绿道系统，重现"岷江水润、茂林修作、美田弥

望、蜀风雅韵"的锦绣画卷，高标准建设宜居、宜业、宜游的美丽乡村公园城市。

（二）促进"三文融合"，倾力打造文化产业新高地

一是以文博为核心加快产业聚集。安仁镇坚持把历史文化保护传承与产业发展有机结合，大力实施"文博品牌化"战略，做强中国博物馆小镇品牌影响力和辐射带动力，打造国际文博文化交流中心。安仁镇创新市场化投入运营机制，采取"政府+企业""以奖代补"、集体建设用地流转等方式，引入华侨城集团、建川集团、川报集团和成都文旅集团等企业开展公馆活化工程。全镇开放博物馆场馆达 37 个，馆藏文物 800 余万件，在全国同类小镇中位居前列。安仁镇强化国际国内文博交流，先后举办尼泊尔国家文物中国首展、全国红色收藏交流会等。"安仁双年展"吸引全球 20 多个国家和地区的 180 位知名艺术家参展，被评为"《国家美术》第九届全球华人金星奖年度十大展览"。

二是以文创为动力促进产业升级。安仁镇坚持把文创产业作为区域经济增长新引擎，深化校院企地合作，发布产业发展扶持政策，建立专项产业发展基金和专业化人才引进激励机制，推动文创产业要素聚集，打造西部最大的文创产业生态基地。安仁镇构建文创产业从孵化培育、创新创造到市场运营的全生命周期服务体系，建成华侨城创意文化园、建川博物馆文创街坊、1458 文创园、四川电影电视学院创新创业园文创产业四大载体，搭建文博交流、藏品交易、大数据运用、城市交流、版权交易、媒体发行文创产业"六大平台"，全力推动文创产业聚合成链发展。2017 年，安仁镇共聚集文创企业 14 家、文创团队 26 个、文创人才 350 余人，实现产值 12 亿元。

三是以文旅为载体推动产业增效。安仁镇坚持国际化视野，在深挖文博文化、公馆文化、川西民俗文化等特色文化旅游资源基础上，主动对接游客多元化、多样化的新消费需求，强化新场景、新业态植入，打造世界文化旅游特色小镇。安仁镇以国家 5A 级旅游景区创建为抓手，对安仁坝子、停车场、游客中心等基础设施项目"补短板"，实施民国风情街、乐道美食文创街、精品民宿酒店群等服务配套项目"强链条"，构建一体化旅游要素。安仁镇积极举办第十四届成都国际旅游美食节、中美国际乡村音乐节、民艺嘉年华、大地之声音乐节、穿着旗袍到安仁、中秋长桌宴等活动，游客参与度、体验度明显提升。2017 年，安仁镇共接待游客 570 万人次，实现综合旅游收入 14 亿元，与 2014 年相比分别增长 36.2% 和 59.1%。

（三）注重"三个协同"，统筹构建区域发展新格局

一是以镇村协同优化城乡形态。安仁镇坚持把新农村建设贯穿新型城镇化建设的全过程，按照大集中、小分散，宜聚则聚、宜散则散的原则，积极推进以"整田、护林、理水、改院"为主要方式的高标准农田建设和农村土地综合整治项目，着力构建"产田相融、城田相融、城乡一体"的新型城乡形态。2014 年以来，安仁镇共建设新型社区 8 个，1.6 万名群众进镇成为"新镇民"，城镇化率从 48.5% 提高到 63.8%。

二是以产城协同增加群众收入。安仁镇坚持把带动群众增收作为重点镇建设的核心要义，按照宜农则农、宜商则商、宜旅则旅的原则，将田园风光、农耕文明与文创、文博、文旅产业进行有效嫁接，改造建设了一批音乐村、画家村、文创村、民俗村，推动群众实现就地就近就业。2017 年，安仁镇从事与文创、文博、文旅相关产业人员比例达到 60.1%，城乡居民可支配收入分别达到 28 570 元和 19 300 元，比 2014 年分别增长 23.5% 和 30.1%。

三是以服务协同提升政务环境。安仁镇坚持便利化导向，积极推进行政管理体制配套改革。大邑县规划、国土、建设、环保等部门设立职能延伸机构，将县级各部门 95 项审批事项下放到镇便民服务中心办理，全面实行相关证件"一站式"办理和群众事务村（社区）"一把手"代办制，形成上下联动、左右协同的便捷高效政务服务格局，企业和群众满意度明显提高、获得感明显增强。

集约发展

　　集约发展显然是与粗放型增长相对的。我们知道，经济增长一方面依靠要素的投入，另一方面则依靠全要素生产率的提升，即各类要素的生产率的提高。粗放型增长模式强调通过单纯的增加要素投入数量来实现经济增长。与之相反，集约发展更加注重提高要素的生产效率，包括强化管理、优化配置、提升技术等内涵式的增长方式。

产城协同

　　产城协同属于产城融合范畴，是指城市与产业之间相互促进、相得益彰的一种状态，即产业与城市之间存在共生的组织关系。产城协同会减少产城之间的摩擦，降低矛盾导致的内耗。产城协同本质上会促进城市资源的合理配置，通过对城市公共服务资源的不断完善、城市产业区位的合理布局以及产业结构的渐次优化等实现人的全面均衡发展。

二、案例分析与理论解读

1826 年，约翰·杜能撰写的《孤立国同农业和国民经济的关系》出版，标志着第一部考察空间区位的著作问世，约翰·杜能的农业区位论也成为考察农业布局、城乡分割等问题的基础理论。杜能在对农业区位的分析中，借鉴级差地租理念，分析得出农业围绕中心城市呈现分圈层的带状布局形态的结论。可以看出，农业区位论是针对单一的城市体系的，且最终目的是实现农业生产布局基础上的集约化经营，即各类农作物实现销售利润最大化。该理论具有较强的启发意义，对后续区位理论的发展有重要影响。然而，"孤立国"的假定过于严格，在现实中较难得到满足。与此相比，田园城市理论具有更强的实践意义，而且内含城市与乡村统筹规划、一体化发展的理念。

田园城市理论由埃比尼泽·霍华德（Ebenezer Howard）于 19 世纪末期提出，在理论提出后的 100 余年中，田园城市理论指导了一些城市的发展，尤其是对二战后的城市的繁荣起到了积极作用。不仅如此，田园城市理论也在实践中不断丰富和发展，如联合国教科文组织提出的生态城市概念等，也多是对田园城市理论的拓展。我国提出的国家森林城市、公园城市等也较为符合田园城市的理论。简单而言，田园城市理论包含三个层面的内容，也体现了产城协同、产城融合的理念。首先是城市的发展，其次是乡村的发展，最后是城乡统筹发展。霍华德认为，城市应呈低密度发展，并与农业圈层交错布局；城市规模小且不能过度蔓延、突破基本农田面积，城市周围应有永久性的农业生产带；中心城市由多个卫星城拱卫，城市之间地位相等、绿带环绕且能够自给自足；各城市由快速交通连接组成"社会城市"；城市与乡村协调发展，乡村不能因城市发展而凋敝，城市因土地所获增值应归公所有，统一由专业委员会负责。田园城市理论的本质是打造一种兼具城市和乡村优点的新型城市形态。霍华德在其著作《明日的田园城市》中将"城市""乡村""城市-乡村"比作"三磁铁"来分析中心区人口的去向。霍华德提出城市和乡村必须"结婚"的观点。在田园城市理论中，虽然城市低密度的发展模式不符合城市发展规律，但是兼具城市和乡村优点的设计理念对城市规划的发展影响深远。

安仁镇位于成都市西部地区，在推进文化旅游的同时，也通过推动特色农产品种植丰富旅游资源。一方面，这体现了"农业区位论"的生产布局特征；另一方面，乡村推进城镇化具有田园城市理论的特点。

第三节　厚植文化基因、打造农旅精品、绽放"五朵金花"：成都市三圣街道案例

一、案例介绍

成都市锦江区三圣街道为城乡统筹的示范点。"五朵金花"，即成都市锦江区三圣街道（原三圣乡）的五个村，是著名的统筹城乡示范项目村，面积12平方千米，距离成都市区二环路5 000米，是以观光休闲农业和乡村旅游为主题，集休闲度假、观光旅游、餐饮娱乐、商务会议等于一体的城市近郊生态休闲度假胜地，包括花乡农居（红砂村）、幸福梅林（幸福村）、江家菜地（江家堰村）、东篱菊园（驸马村）、荷塘月色（万福村）五个景区（村）。景区先后被住房和城乡建设部、文化和旅游部、国家林业和草原局等部门授予国家4A级旅游景区、全国首批农业旅游示范点、中国人居环境范例奖、国家文化产业示范基地、市级森林公园以及省、市首批干部教育培训现场教学点。"五朵金花"是我国乡村旅游发展的典范。

（一）标定方位，推进"四化一式"

三圣街道的发展建立在明晰优劣势、科学规划、合理定位的基础上。三圣街道隶属于成都市锦江区，属于成都市核心城区之一，交通便利，毗邻成龙大道一段、成渝客运专线、成都机场高速、绕城高速等，经济发达、公共服务设施齐备、人口密集。三圣街道的五个乡村地处城市通风口绿地，依据成都市发展规划要求，不能作为建设用地。三圣街道的土质系龙泉山脉酸性膨胀土，粮食产量不高。因此，锦江区创新思维，充分利用城市通风口背靠大城市的地缘优势，结合现有的旅游资源、人文资源以及自然资源优势，因地制宜，创造性地打造了花乡农居、幸福梅林、江家菜地、东篱菊园、荷塘月色"五朵金花"，推进社会主义新农村建设和旅游产业发展的结合，大力发展都市旅游，整体提升以农家乐为载体的乡村旅游，形成了社会主义新农村建设的示范点以及特色鲜明的多元化城郊农业发展模式。其具有先导性的打造方式可以概括为"四化一式"。

"一化"，即农房改造景观化。环境营造上，田园变公园，农村变景区。三圣街道以"资源有限、创意无限"理念为指导，按照宜散则散、宜聚则聚的原

则，对城市通风口的农房，以农户出资、政府补贴的方式进行房屋的外饰改造。一幢幢赏心悦目的老成都民居和仿欧式建筑群构成了一道道风景线，展现在都市游人的眼前。

"二化"，即基础设施现代化。三圣街道以城市道路、污水处理、天然气配套等现代生活设施标准对基础设施进行整体规划，完善乡村基础设施建设，让农民就地享有城市文明成果，给游人提供较为舒适的观光、休闲环境条件。

"三化"，即景观环境田园化。三圣街道在保护原生态植被和农田利用的基础上，以田园风光为主体，以符合都市人生活、消费的要求为标准打造观光、休闲场所和建设满足都市人乡村情趣的农耕文化。三圣街道新建绿地，打造湿地，建成微水治旱工程、农业文明记忆馆和迁建牛王庙，同时举办梅花节、菊博会等吸引人气、传承文化的活动，营造优美的生态环境。

"四化"，即土地开发集约化。三圣街道对土地硬化严格监督，整合农宅，拆除违建，严禁乱搭乱建，减少农户占用耕地。三圣街道充分利用荒山、沟渠、坡坎等土地修建会所，盘活土地资源，使有限的土地资源发挥最大的效益。

"一式"，即产业内涵式开发。三圣街道注重产业支撑，促进传统农业向休闲经济发展，培植生态产业，实现可持续发展。三圣街道通过文化旅游与传统农业相结合，赋予花乡农居花卉文化内涵，挖掘幸福梅林梅花传统文化，注入荷塘月色音乐、绘画艺术内涵，展现东篱菊园菊花韵味，再现江家菜地农耕文化，变单一的农业生产为吸引市民体验、休闲的文化旅游活动。

（二）独具匠心，高标准打造支撑项目

在结合自身发展条件的情况下，三圣街道着力专注打造全国社会主义新农村示范地和都市乡村旅游目的地，致力于突出"三圣花乡——天府金花，乡村旅游"的形象定位。三圣街道依托自身优势，以"花文化"为媒，巧妙运用景区内的丰富农业资源，打造春有花乡农居，夏有荷塘月色，秋有东篱菊园，冬有幸福梅林的四季花卉主题景区以及以农耕文化为主题的江家菜地景区，形成一村一品一业的乡村旅游景观。这不仅极大丰富了三圣街道的旅游景观，响应了国家"一村一品"的政策号召，更推动了三圣街道成为乡村旅游的翘楚。

其一，幸福梅林。幸福梅林景区内遍种梅花，由此得名。景区内建有吟梅诗廊、精品梅园、梅花博物馆、梅花知识长廊、湿地公园等人文景观，衬托出梅林的秀丽与典雅。这里不仅有梅花盆景和中国稀有的梅花品种，还能使游人了解到梅花与中国精神，梅花与中国文学、中国书法、绘画艺术的渊源，让游客全面领略到梅花文化的独特魅力。

其二，花乡农居。花乡农居景区以建设中国花卉基地为重点，全方位深度开发符合观光产业的现代化农业，主办各种花卉艺术节。游人走进花乡农居，置身于花海之中，充分体验大自然的美妙。另外，几十幢老成都民居特色的建筑与万亩花卉显得相当和谐，一户一景，一户一色，各不相同，有原汁原味的农家风格，也有苗圃环抱的川西四合院。

其三，江家菜地。江家菜地景区总面积 3 000 余亩，以蔬菜、水果种植为主体，以江家绿色蔬菜为品牌。在这里，都市人可以在农户的指导下，自己耕作播种，体验吃农家饭、干农家活、住农家房的田园生活。

其四，东篱菊园。东篱菊园景区总面积 3 000 余亩，以种植菊花为主，春、夏、秋、冬四季都有各种美丽的菊花。东篱菊园迎合了现代人返璞归真、回归田园的内心愿望，精美的乡村酒店形成融居住、休闲、餐饮、娱乐于一体的综合功能性特色产业，是品味菊文化、乡村旅游的度假胜地。

其五，荷塘月色。荷塘月色景区以花卉和莲藕种植为主，以生态荷塘景观为载体，以绘画、音乐等艺术形态为主题，将湿地生态、荷花文化与艺术形式统一在一起，景色独特，艺术气息相当浓厚，是一个可以供游人观光休闲、体验艺术魅力的理想之地。

（三）精益求精，通力开创三圣街道旅游新时代

其一，科学规划，规模经营，创新品牌。"五朵金花"具有浓郁的文化品位，既具有兼收并蓄、博采众长的品格，又具有吸纳外来文化的风格，"同化"的能力也非常强。"五朵金花"在规划时，注重突出蜀文化民居风格，形成一村一品一业的产业特色。"五朵金花"的快速发展，主要得益于其规模化经营，连片联户开发，共同扩大发展的市场空间，降低农民"单打独斗"闯市场的风险，走出了一条专业化、产业化、规模化的发展之路。在产业布局上，围绕共同做大做强观光休闲农业这一主导产业，五个景区实现一区一景一业错位发展的格局。

其二，注重挖掘文化内涵，提升文化品位。将文化品位融入发展观光休闲农业之中，增加其文化和人文价值，是"五朵金花"创新发展模式的不竭动力。例如，花乡农居的休闲餐饮文化，幸福梅林的传统花卉文化，荷塘月色的音乐、绘画艺术文化，江家菜地的农耕文化，东篱菊园的环境人文文化，无一不是精心

挖掘打造的符合当地民俗风情的佳品。同时，"五朵金花"注重改变单一的农业生产为吸引市民体验、休闲的文化活动，使文化产业与农业产业相得益彰，以文化支撑产业，以品牌塑造形象，按照"一村一品"的文化格局不断推出和延伸新的品牌项目，接连不断地萌发出新的生命力和凝聚力。

其三，政府主导，政策扶持，资金支持。休闲观光农业是一个高投入且关联性很强的产业，打造精品观光农业示范点和旅游农家乐，需要政府给予政策倾斜和资金扶持。政府主导是休闲农业与乡村旅游发展的重要前提。发展过程中，政府应充分发挥在促进乡村旅游发展中的主导地位。各级政府应围绕发展思路、政策导向、设施建设、市场推介、人才资源建设、资金投入等诸多方面给予全力支持。"五朵金花"从建设到管理，始终体现了政府的强势推动。在旧村庄改造中，涉及拆迁等各种农民实际利益的问题，各级政府不回避矛盾，采用宜拆即拆、宜建则建、宜改则改等办法改造了许多户旧民居，把原来的 6 个行政村合并成 5 个景区，农民在新景区就地转为市民。在政府的推动引导下，企业和农户一起投资整修民居、新建花卉市场和游泳馆等经营性项目。

二、案例分析与理论解读

成都市三圣街道现代农业蓬勃发展的案例顺应了 2005 年 10 月党的十六届五中全会在关于建设社会主义新农村的重大历史任务方面提出的生产发展、生活宽裕、乡风文明、村容整洁、管理民主等具体要求，同时也符合美丽乡村建设的基本要求。以文化产业为底色，融合现代服务业发展理念，三圣街道探索出了城乡统筹的基本路径。

三圣街道积极打造城市近郊生态旅游，是产业融合的具体体现。农业服务化扭转了传统农业生产的低附加值困局。第一，产业融合理论。产业融合，即处在价值链不同环节的产业之间相互打破产业边界，实现产业之间生产技术、产品以及服务形式等的相互交融，体现为新兴产业的动态发展。一方面，技术革新是推动产业融合的内生动力；另一方面，产业融合将改进产品生产工艺，改变产品生产形式，如从产销分离到产销一体等。同时，产业融合开发出的新产品和新服务也将改变市场结构，影响原有商品和新产品的市场需求。另外，随着"互联网+"等新兴业态的涌现，现代产业融合更加呈现出加速态势，也为新产业或新增长点的出现提供了契机。农村三次产业通过融合发展，将出现休闲农业、观光农业、采摘农业、工业化农业、信息化农业等新产业形态，实现产加销一体化、农工贸一条龙等新产业模式，提供更多就业岗位，延伸农村产业价值链，让农村产业增值空间最大化。"五朵金花"农旅融合发展正体现了现代农业和旅游产业的相互融合发展的理念，不仅丰富了旅游业、农业的内涵，同时也促进了当地农民收入水平的提升。第二，农业多功能性理论。发展乡村旅游和休闲农业的主要理论依据是农业多功能性理论。借助三圣街道的农业服务化模式可以看出，农业多功能性主要并不是体现在农业可以提供粮食等农产品原料上，而是主要体现在农业资源的旅游价值、文化价值、生态涵养、环境保护、食品安全等非商品功能上。农业多功能性理论的研究产生于 20 世纪 80 年代末至 90 年代初。现有研究认为农业多功能性理论最早发端于日本"稻米文化"，日本众多的节日均与稻米种植以及生产有关，突出了农业的文化传承功能。1999 年，日本出台相关法律，将农业多功能作为《食品·农业·农村基本法》的四大理念之一。与此同时，欧盟各国也开始出台各类措施鼓励发展农业多功能。农业多功能之间是相互依存、相互制约、相互促进的有机统一体。农村三次产业的融合发展体现出农业多功能性，如休闲农业、生态农业、都市农业都是农业多功能的延伸与拓展。"五朵金花"打造的休闲观光农业体现了农业多功能性理论。第三，产业结构升级理论。产业结构演进是学界关注的焦点问题之一，在较早时期就得到相关学者关注。17 世纪时，英国经济学家配第就已经对产业结构问题进行了相关探索。在此基础上，霍夫曼于 1931 年依据"消费资料净产值÷生产资料净产值"提出了"霍夫曼比例"，该理论是产业结构变动的基本理论之一。霍夫曼认为，随着经济的发展，以第二产业为主导会转向以第三产业为主导。20 世纪 40 年代，克拉克在配第的理论的基础上考察了劳动力在三次产业的分布中随收入的变动情况，发现了劳动力有随收入增长逐渐从第一产业进入第二产业，最后转入第三产业的趋势。在克拉克的研究的基础上，库兹涅茨进一步通过统计数据将产业结构变迁内容具体化。"库兹涅茨法则"认为，随着经济发展和人均收入的增长，第一产业的产出份额及劳动力份额会下降，工业部门保持上升，服务业部门相对稳定或略微上升。在工业部门中，制造业份额较大，并且现代制造业发展较快，传统制造业相对会出现规模收缩。从我国发展历程来看，制造业服务化的趋势也使得一些地区第二产业就业人数开始下降，第三产业就业人数增加。可以看出，随着经济的发展，三圣街道单一从事农业的劳动力逐渐减少，农业服务化使得第三产业就业人数增加，体现出产业结构变迁的演变趋势。

第四节　文创立村与深耕治理：
蒲江县明月村推进现代化案例

一、案例介绍

看演出，观展览；品农家美食，学制陶手艺；听竹涛骇浪，赏苍翠松林，这里是文创立村的新地标——蒲江县明月村。明月村位于四川省成都市蒲江县甘溪镇，辖区面积 6.78 平方千米，总人口 2 218 人。2018 年 12 月，明月村获评"2018 年十大中国最美乡村"称号，成为四川省唯一上榜的村落，同时获得"全国百佳乡村旅游目的地"称号。蒲江县成为四川省深入实施乡村振兴和建设幸福乡村的示范点。诗意新蒲江，最美新乡村，蒲江县也成为四川省乡村旅游的一张亮丽名片。

明月村坚持将历史文化资源的挖掘融入自然景观的开发的发展理念，并在实践中践行"绿水青山就是金山银山"的"两山理论"，以文化艺术创新为核心，塑造了生态宜居美丽乡村形态。同时，明月村厚植乡村旅游的文化土壤，积极引进文创项目、艺术家、文化创客，发展文创旅游产业，助推生态农业产业提档升级，实现农商文旅融合发展，打造"茶山·竹海·明月窑"美丽乡村名片。2017年，明月村共接待游客 18 万人次，文创及乡村旅游总收入超过 9 000 万元，全村人均可支配收入达 20 327 元。

（一）以绿色田园为本底，打造文创产业集群

《成都市城市总体规划（2016—2035）》明确提出加快建设各具特色、错落有致、全域景观化的林盘、聚落，强调要打造以农民居住为主、与自然融为一体的生态型林盘、聚落。川西林盘有着多样化的生态物种、宜居的地域性独立小气候、独特而历久弥新的文脉传承。川西林盘是四川省独特的乡村景观，是四川省乃至中国农耕文化的遗产。川西林盘"随田散居"的分布形态使其承载着根植于特定地域环境的农耕文明，是成都市建设公园城市的核心内容。成都市林盘分布广泛，具有保护价值的林盘逾 5 600 个。多年来，成都市对川西林盘进行了重

点保护。近年来，成都市伴随着"公园城市"的打造以及乡村振兴战略的推进，又启动了新一轮的林盘保护工作。预计到 2022 年年底，成都市按照"特色镇+林盘+农业园区""特色镇+林盘+景区""特色镇+林盘+产业园"三种类型分类推进川西林盘保护修复利用，得到全面保护和修复的林盘数量将达到 1 000 个。

依托成都市川西林盘保护和修复工程，蒲江县积极打造全域景观式的新村落、新风貌。按照"整田、护林、理水、改院"的要求，明月村挖掘生态资源、文化资源价值，打造 7 000 米绿道，串联田园、林盘、新村、院落的田园景观；村民简陋的农房也整改成为乡村民宿，"厕所革命"、垃圾分类、污水处理等"七化七改"以及民众环保意识的强化保障了环境治理效果的提升。为了将村民闲置的林盘院落利用起来，明月村深挖本土农耕文化，以陶艺手工艺文创园区为核心，引进文创项目及文化创客，形成以陶艺手工艺为特色的文创项目集群和文化创客聚落，精巧设计并系统改造民居院落，使之成为散落于林盘间的乡间博物馆、文创工作室和特色民宿。在明月村，游人不仅可以住民宿，还能感受乡村艺术生活，到明月窑、蜀山窑、火痕柴窑、张家陶艺等陶艺家院落体验手工制陶的乐趣，在松林、竹海和茶园间骑单车，品尝春笋宴、豆花饭、柴火鸡等地道的乡村生态美食。绿道串联景区、生活区，尽显旅游功能、生态功能与宜居功能。明月村研究社社长陈奇向慕名而来的参观者介绍明月村的"文创+"名片，指出"要留住川西林盘推窗见竹、开门见山、清雅闲适的传统美，并赋予院落新功能、新产业，营造既有文化记忆，又符合现代人需求的品质文创空间和乡村文化客厅"。

为了激发村民参与社区营造的兴趣和积极性，明月讲堂、明月夜校、明月画室等活动已经在定期开展。明月村开展了乡村文化、垃圾分类、陶艺制作等培训上百期，促进城市文明和农耕文化交汇融合，不断提升村民道德素质、卫生习惯和文化素养，增强村民文化自信，让创新创造、时尚优雅、乐观包容、友善公益的天府文化根植乡村。

"社区营造+文化创意气息"的氛围在明月村渐成气候，"诗和远方"迸发出强大的生命力。截至 2019 年年底，通过产权流转，明月村已将 28 座闲置农房改造成为文创院落，带动发展陶艺、民宿等旅游项目 45 个，引导村民发展创业项目 23 个，实现农商文旅融合发展。

（二）以机制建立为舵手，推动乡村治理现代化

党建和村规民约是制度推进的根本保障。明月村的发展建立在良好的运作机

制基础上。做好党建工作是明月村推进开发开放的首要引领。以党建工作为核心，市、县政府积极搭建平台。明月村依托自身优势，在政府与村组织的协同考察下，积极紧抓文创产业集群发展的契机，推动形成公益互助和合作社联动的明月村发展模式。明月村积极推动党建工作，成立文化产业示范园区党委，下设两个党支部，依托特色旅游资源形成了多个专业合作社，包括旅游合作社、雷竹合作社等19个专业合作社。明月村形成了以村党支部为核心，自治组织和其他组织共同参与的"一核多元、合作共治"的治理机制，制定了森林资源管护、城乡环境治理、旅游规范化服务等村规民约18项，构建自治、法治、德治相结合的乡村治理体系。

　　文化培育、自组织孵化与社区情感是明月村发展的重要保障。明月村积极推动各类培训工作，开展了明月讲堂、明月夜校等培训活动。培训内容涉及农商旅游、乡村文化等。明月村还孵化了多个村文化自组织，包括各类乐队、舞队等，增进了人民福祉，增添了旅游趣味，厚实了文化气息。明月村推出诗集《明月集》和原创歌曲《明月甘溪》《守望》，连续举办"雷竹春笋艺术月""月是故乡明·中秋诗歌音乐会"等文化艺术活动。明月村进一步促进城市文明和农耕文化交汇融合，不断提升村民道德素质和文化素养，增强村民文化自信，让天府文化植根乡村。"你们赶紧来啊，民宿管理专家要和大家分享管理经验，我把位置都给你们留好了！"明月讲堂要在晚上开讲，茶农张家营虽然没有经营民宿，却在催着经营民宿的新邻居曹佳和希婵一起去讲堂听讲。从帮忙选址，到民宿"无名简居"的落地，再到参与农家小院的设计改造，热心的张家营总有些放心不下这两个从深圳辞职回归乡村生活创业的年轻人。"乡村和城市的生活截然不同，两个小姑娘要适应的还有很多。"对于曹佳和希婵来说，城乡的差异并未引起不适。由一个又一个像张家营这样热情的村民组成的社区，正源源不断地带给两个异乡人家一般的温暖。在村子的另一头，年轻的村民彭双英已经开始"创业"了。利用跟"新村民"寒山学习半年后获得的草木染技艺，她开起了草木染坊，仅"草木染体验"这项业务就收入了2万多元，"还不包括销售草木染衣物"。明月村邻里之间的关系是社区发展的纽带。现在的明月村，带项目入驻的"新村民"与当地的村民相互融合，成为社区共同体，实现共同发展。"营造社区氛围，建立一个安居乐业的家园，为文创发展积蓄动力。"甘溪镇党委副书记李忠海心中的明月村不只是一个"诗和远方"，更有轮廓清晰的发展方向。

品牌化经营与合作社专业化管理是明月村发展的基石。2014 年 6 月,"明月国际陶艺村"正式开村。2015 年年初,首批文创项目在明月村签约入驻。2018 年,明月村荣获"全国十大最美乡村"称号。明月村开启了品牌化经营之路。明月村的发展还离不开合作社的专业化经营。2015 年 3 月,甘溪镇引导成立了明月乡村旅游专业合作社,发展明月村乡村旅游产业,带动村民增收致富。专业化体现在以下几个方面:其一,运营的专业化。专业合作社股本金共 90 万元,由村集体、村民、财政产业扶持资金各出 1/3。"财政资金不参与分红,三年后可转股退出。"李忠海说道。其二,人才的专业化。李忠海强调合作社要依靠专业人才来管理。专业合作社决定从外引才,聘用在北京做销售管理的双丽担任专业合作社的职业经理人。2015 年 10 月,专业合作社正式运营,双丽把握"明月国际陶艺村"的目标游客群特性,开办了陶艺体验坊、手工烘焙坊,又依托 8 800 米的旅游环线,采购了 50 辆自行车、5 辆游览车,并着手开发旅游产品。目前,"明月村"商标已经注册,明月酿、明月茶、明月豆腐乳、明月矿泉水等也相继开发出来。专业合作社还通过为游客提供餐饮、住宿等预订服务,赚取餐馆、民宿的中介费。2017 年年底,专业合作社再次进行了分红,每股分红 760 元,是同期将等额的钱存入银行所获利息的两倍。

二、案例分析与理论解读

专业合作社虽然只是明月村创新乡村治理模式的一个缩影,但其中涉及了委托-代理关系、集体行动理论以及乡村治理结构理论等。首先,合作社属于一种集体行动。集体行动理论与分利集团理论由美国著名经济学家奥尔森提出。该理论认为,集体行动具有个体所无法比拟的优势,如集体行动可以实现优势互补、团队协作等。然而,个体理性不能导致集体理性,虽然集体获益后个人都会从中获益,而且集团中的个人都是理性的、有利益目标的,但是集体与个人追求利益的行动不同,集体行动中个体成员并不会为达到共同目标而行动,因此集体行动中"搭便车"现象较为普遍。对此,该理论提出几类路径来解决"搭便车"问题。一是控制集体规模。该理论提出个体理性不能导致集体理性的排他行为是因为有强制政策或成员较少,大组织则可以通过组织结构的调整分设小组织。二是选择性激励。该理论提出匹配集体成员努力程度与所获收益,通过事前鼓励与事后激励,具体化成员可得利益,使个人理性融入集体理性。在我国农业合作社的实践中，基于社会情感、熟识信任、乡土纽带等形成的农村特有的社会资本促进了农业合作社的农民合作，并为走出集体合作困境提供了经验借鉴。明月村通过积极推动各类培训工作，开展明月讲堂、明月夜校等培训活动提升农民的文化素养，构筑由新老村民、社会组织以及政府管理者等群体连接而成的社区共同体，强化牢固的社区情感，从而尽可能降低个体农户与其他群体之间发生利益冲突的可能性。其次，明月村在合作社的运营中使用专业人员管理合作社，产生了委托-代理的关系。一般而言，由于委托人和代理人之间信息不对称或利益最大化目标不一致，因此容易产生委托-代理问题。针对委托-代理问题，有效的解决方法是通过制度设计实现委托人与代理人之间的激励相容。明月村聘用双丽管理合作社，从而实现分红收益的增加。职业经理人的收入与合作社经营绩效挂钩，职业经理人会将自己置于合作社所有者的位置上来考虑合作社的发展问题，从而有效缓解委托-代理矛盾。最后，明月村的发展还体现了乡村治理理论。在治理理论中，治理的主体不仅包括政府，也包括各类非政府组织及个人。英国治理问题的研究者罗茨指出，治理应不设固定界限，包括政府、第三方组织以及营利组织等，各治理组织之间要相互促进，同时要具有一定的独立性，此外还要充分发挥社会信任在维系社会治理中的作用。我国有关治理问题的研究起步相对较晚，相关内容涉及政府与社会组织之间的通力合作、充分调动人民的参与积极性、满足人民的多样化需求等内容。因此，合理的乡村治理结构应将宏观国家制度和乡村社会视为统一体，在国家治理、政府治理和社会治理的多重视野下对国家与乡村社会之间的制度权力结构关系、多元治理主体互动关系进行有机整合。一元化的治理结构不仅不利于在乡村社会治理中调动多方面资源，而且也因为治理权力的过于集中，影响治理的过程与实际效果。因此，合理的乡村社会治理，仅仅依靠政府的力量是不够的，应在乡村社会治理中广泛引入社会力量和市场力量，充分发挥政府、市场和社会三方面力量组成的协调的多元治理结构的作用。明月村形成的以村党支部为核心、自治组织和其他组织共同参与的"一核多元、合作共治"的治理机制，正是在政府主导的基础上，同时还积极引入社会组织，借助市场的力量管理农民运营的专业合作社，实现产业经营效益的提升。

第五节　以改革促发展，成就华丽"蝶变"：
崇州市道明镇竹艺村案例

一、案例介绍

"竹里房栊一径深。静悄悄。乱红飞尽绿成阴。有鸣禽。"一种田园气象，一份太平心境。该诗句为陆游担任蜀州（今崇州）通判期间所作，名为《太平时》，正是对川西林盘的精妙刻画，也体现了古代文人墨客的艳羡。以此为突破口，竹艺村的"蝶变"之路即发轫于"竹里"建筑的构思，名字即取自《太平时》。2018年4月，竹艺村正式对外开放。凭借优美的自然景观和改造后的田园风光，依托网红建筑"竹里"，竹艺村一跃成为网红"打卡"地，成为成都市乡村"农商文旅体"融合发展的典范。

道明镇竹艺村位于成都市西部。深受游人喜爱的竹艺村，以前只是一处寻常朴素的林盘村落。近年来，竹艺村积极响应成都市修复保护林盘的部署，按照"特色镇+林盘+农业园区""特色镇+林盘+景区""特色镇+林盘+产业园"的保护修复模式，打造了林盘经济发展的典范。青青的竹林中，一座座古朴的农家小院掩藏其间，惬意的生活、独特的乡间小径，崇州市道明镇竹艺村吸引了众多慕名而来的游客。

（一）引经据典，打造"竹里"生态

步入村内，一幅悠然自得的田园风光图徐徐展现在眼前——绿意盎然的菜田为冬日带来一丝绿意，青砖白墙的农院里，从城市而来的游客独享这份闲适。在竹艺村中，人气最高的莫过于网红建筑"竹里"。

2017年，崇州市市属国有公司四川中瑞锦业文化旅游有限公司（以下简称"中业文旅"）正式接手竹艺村的打造工作。本着产业升级，打造竹编文化城市名片的目标，中业文旅对当地产业进行了深入研究。负责竹艺村打造的中业文旅营销总监杨剑等在调查中发现，当地虽然有精湛的竹编手工艺，但设计和创新理念不足，要想实现产业升级，还需引进创意、艺术、设计类人才进入竹艺村。"我们认为，当地需要一所能真正吸引人才关注的典范型建筑。"道明镇具有深厚的历史文化，曾任蜀州通判的陆游在当年造访道明镇白塔禅院时写下《太平时》，并以"竹里"作为开篇词。设计师团队由此获得灵感，并尝试将当地的传统竹编工艺以巧妙的方式融入其中，"竹里"项目应运而生，并希望这种古老技艺能借此得到传承和复兴。

设计项目确定及建筑材料到位后，经过 52 天的建设，巧妙绝伦的"竹里"建筑便呈现在世人眼前。2017 年 3 月，"竹里"正式投入运营，一亮相便收获大批业内外粉丝。依托"竹里"，中业文旅思考如何将客流量进一步落地转换。因此，以"竹里"建筑为依托，竹艺村又进一步衍生了住宿、旅游、文化手工体验等相关业态，众多新村民也纷纷被招募加入竹艺村，为这座川西平坝村落增添了丰富的文化魅力。杨剑说："我们希望将竹艺村打造成一个自然生长的艺术聚落。"随着人才和新兴业态的不断加入，竹艺村不断扩展，影响力逐渐蔓延至周边乡镇。

（二）引才聚智，合力培育发展新业态

日本濑户内海用艺术介入乡村建设的经典案例对竹艺村的发展具有重大的启示意义。二战后，日本广岛都市圈的迅速崛起诱发了一系列城市病：濑户内海的诸多岛屿废弃，居民搬迁，各类农业不同程度萎缩。日本商人福武总一郎斥巨资购买了濑户内海直岛部分，并邀请著名建筑师安藤忠雄对酒店和艺术馆进行设计，并对原有住宅进行改建。一时间濑户内海名声大噪，成为吸引游客的重要目的地，也成为艺术家举办艺术展和生产艺术作品的重要聚集区，村民自治组织等也逐渐发展起来。以此为借鉴，竹艺村也希望引入更多与其理念一致的外来"新村民"，让这些拥有"艺术家的眼睛、人文者的心、经营者的脑"的人才成为竹艺村发展的新起点。"新村民"带来了新的发展理念和视角，创造了更多的发展红利，而原有居民则通过土地、房屋入股和出租等方式参与其中，共享乡村振兴成果。

三径书院的马嘶是竹艺村最早的一批"新村民"，这位来自成都市的青年诗人，骨子里既有传统文人传播思想文化的理念，也有一份寄情于山水之间的潇洒闲适。因为喜爱当地的竹编文化和自然风光，在参与竹艺村改造的过程中，马嘶将农家房屋改造成一个公共阅读空间，取名"三径书院"。马嘶表示，诸如此类的书院虽然常见于城市内，但在乡村中很少见。让马嘶意想不到的是，书院在开业初期就受到很多年轻人喜爱。马嘶说："我们不定期举行讲座和文化沙龙，经常邀请村民来参加活动，大大丰富了他们的文化生活。"在日常时间，三径书院免费对村民开放，村民不仅来自竹艺村，周边的白头镇、大邑县的村民也时常慕名前来。

冯玮也是第一批"新村民"之一，同时是一个传统文化爱好者。来到竹艺村后，冯玮设计打造了一座传统川西民居风格的庭院，取名"遵生小院"。小院的名字取自明朝高濂所著《遵生八笺》。该书记录了古代人合于道法又富有诗意美感的生活方式，这些细节在小院中处处得到体现。遵生小院的桌子上铺着蓝色的土布，葡萄架上挂着各式各样的香囊，每月不定期举行的各类传统文化活动，不仅吸引了城市游客，也丰富了当地村民的产业业态。在遵生小院的村民学堂内，冯玮会将香囊、薄荷膏、紫草膏等自创物品的制作技艺教授给当地村民。此外，村民学堂还会定期开展公益讲堂活动，教村民如何更好地打造文创村落，实现致富创收。

（三）振兴乡村，共建共享公园城市

竹艺村提振乡村产业的探索是成都市实施乡村振兴战略的重要实践，契合建设美丽宜居公园城市的愿景。打造公园城市，不仅要让天府田园里的日子过得如诗如画，而且要为新老村民们走出第一产业和第三产业互动融合发展的致富增收之路。

2017年，村民胥念勇结束了近30年的在外奔波，回到村里。"村里的变化实在让人惊喜不已"，胥念勇回家参与村里的环卫管理，同时也过上了与竹林、田园为伴的日子。村里处处是颇具风情的黛瓦土墙，干净规整的村间小路，友好和睦的乡亲邻里，遍地开花的文创产业。除了每个月协助村里管理卫生得到的约2 000元，胥念勇还有一笔固定收入。2017年11月，胥念勇与崇州市竹湖乡村旅游农民专业合作社签订《农村宅基地（房屋）租赁协议》，将自家总面积318.22平方米的宅基地和地面上的房屋整体租赁给该合作社。租期为10年，年租金为1.2万元。该合作社再同中业文旅合作，将这处旧屋改造成竹编博物馆。胥念勇所租赁的房屋曾为自己居住所用，堆放着家居用品或农具。外观上未动一砖一瓦，而内部被翻新出文艺气息。胥念勇说："各间屋子被打通，陈列着各式各样的竹编用品，以前完全没有想过房子能够进行这样的改造。"展出的竹编作品实用又美观，博物馆小巧且精美，来竹艺村的游客都会到这里打卡，根本不用担心生意不好。

这是崇州市探索推行宅基地所有权、资格权、使用权"三权分置"改革试点，帮助农户盘活闲置资产，促进农村新产业、新业态萌生的一个缩影。像胥念勇一样出租闲置房屋的村民还有很多。如今，那些记忆中陈旧杂乱的小院，摇身一变成了书屋、博物馆、餐厅……形成以文创为魂的多种业态。这些新兴项目的发展，也源于村外的"活水"。在对闲置的农地资源合理利用的同时，竹艺村也欢迎与竹艺村发展契合的人才作为"新村民"入驻。竹艺村党支部书记方科说："让他们带来新想法和新实践，并积极融入乡村产业振兴和社区发展治理。"在竹艺村，院墙只有半人高，院门时常随意敞开，让人自由出入，没有疏远隔离之感，院内外的景色尽收眼底。在方科眼中，这也透露了竹艺村"新""老"相融发展的哲学：打开的不仅是院门，更是心门。方科说："有的'新村民'在这里开起书屋，不定时就会开展一些分享活动，邀请村民一起参加。"同样，老村民也会主动帮助"新村民"熟悉环境，了解当地原本的竹编文化和饮食习惯。这样的相辅相成也为竹艺村竹编产业注入生机，带动了文化的传承和共振。

二、案例分析与理论解读

竹艺村的发展模式也充分体现了产业融合理论、产权理论、产业结构升级理论以及集体行动中的小组织治理模式等。竹艺村在原有文化积淀的基础上，通过集成现有文化资源，设计了具有丰富文化内涵的"竹里生态"，推动了竹艺村商旅文化的发展。一方面，农业发展的内容服务化，是产业间融合的典型现象，农业服务化趋势也将农产品消费的特征由生产、消费的非同时性转变为生产、消费的同时性。与此同时，竹艺村居民开始由职业农民转为兼业农户，并从事第三产业，乡村旅游与休闲农业的生产份额增长，体现了产业结构的升级趋势。另一方面，崇州市作为"三权分置"的试点区域，土地确权使得土地归属权更加明晰，降低了交易成本，盘活了农村各类资源。加之专业合作社以及自治组织等的治理，竹艺村制度变革仍会继续收获红利。

本章参考文献

[1] 马建云."乡村旅游+文化创意"产业融合发展的发力点 [J]. 人民论坛，2019（16）：138-139.

［2］张雪竹，余小琳，郭方轶，等.乡村振兴背景下发展农村特色产业：以成都市郫都区友爱镇农科村为例［J］.中国集体经济，2019（17）：7-8.

［3］刘献丽.城中村改造中的"搭便车"行为：基于集体行动理论视角分析［J］.中国集体经济，2018（33）：1-3.

［4］何立猛，王理.创新土地流转机制 推进城乡要素融合：农村集体经营性建设用地使用权作价出资（入股）有限责任公司的郫都实践［J］.农村经济与科技，2018，29（3）：29-32.

［5］郭凌，王志章.乡村旅游开发与文化空间生产：基于对三圣乡红砂村的个案研究［J］.社会科学家，2014（4）：83-86.

［6］何刚.近代视角下的田园城市理论研究［J］.城市规划学刊，2006（2）：71-74.

［7］中共四川省委组织部.两化互动、城乡统筹发展战略［M］.成都：四川人民出版社，2014.

［8］谭崇台.发展经济学［M］.太原：山西经济出版社，2000.

［9］张玉帆.乡村旅游高质量发展的路径研究：基于成都市农科村的调查［J］.大众文艺，2019（10）：262-263.

［10］黄橙橙.郫县农科村新农村建设调研报告［N］.山西青年报，2016-06-19（11）.

［11］王凡.四川省新农村建设典型模式探析：成都市郫县友爱镇农科村个案研究［J］.未来与发展，2014，38（9）：110-113.

［12］张泽一.马克思的产权理论与国企改革［M］.北京：冶金工业出版社，2008.

［13］费孝通.中国城乡发展的道路［M］.上海：上海人民出版社，2016.

［14］贺雪峰.城市化的中国道路［M］.北京：东方出版社，2014.

［15］刘守英.中国土地制度变迁［M］.北京：中国人民大学出版社，2018.

第二章 农村土地制度改革

农村土地制度改革是经济体制改革的重要内容，是关乎农民生计、农村稳定和农业发展的重大问题。农村土地制度是国家经济基础的重要组成部分。历次的土地制度改革都深刻地影响着我国经济、政治和社会结构的变革与发展。自20世纪80年代以来，各地自发地开展了一系列土地产权流转的制度创新，实现了土地承包经营权从所有权中成功分离，奠定了我国农村基本经营制度，一度极大地解放了农村生产力。2002年，《中华人民共和国农村土地承包法》出台，我国农地流转逐步由政策规范进入了由法律保障阶段。2016年，《中共中央办公厅 国务院办公厅关于完善农村土地所有权承包权经营权分置办法的意见》提出，要坚持农村土地集体所有权，稳定农户承包权，放活土地经营权，以解决我国农业耕地条块分散、效能低下的问题。

"三权分置"改革是适应当前生产力发展需要和发展高效现代农业要求的改革。目前，我国"三权分置"改革的土地确权颁证工作基本完成，但仍存在一系列问题，如土地流转流程不够规范、土地流转不够普遍、土地转出意愿比转入意愿更加强烈、农业规模经济的形成难度较大等。为了解决这些问题，作为改革的先行地，四川省先后探索出产权制度改革、集体建设用地入市、土地流转履约保险机制等多种流转机制，并取得了显著成果。

第一节 都江堰市鹤鸣村：
成都市农村产权制度改革"第一村"

一、案例介绍

四川省都江堰市柳街镇的一个偏远小村——鹤鸣村，是成都市第一个开始试点、第一个完成确权颁证、第一个形成了比较完善的配套措施章程、第一个通过了专家评审的农村产权制度改革试点村，被称为成都市农村产权制度改革"第一村"，闻名全国。

选择鹤鸣村作为推行农村产权制度改革的首个试点村并非偶然，而是与该村的改革历史、经济社会环境、干部群众基础等密切相关的。首先，柳街镇鹤鸣村早在 1980 年已率先推行农村家庭联产承包责任制改革试点，被称为都江堰市的"小岗村"。该次改革解决了基本的温饱问题，完善了当地基础设施建设，为未来社会事业发展奠定了坚实的基础。其次，鹤鸣村是位于都江堰市城乡接合部的一个纯农业村，经济基础薄弱且历史遗留问题众多，随着城市化和工业化的推进，人地关系紧张、农民收入少、无人种地等问题迫切需要得到解决，因而在鹤鸣村推行农村产权制度改革较容易积累具有普适性的经验，实现改革探路的目的。最后，正如村支书刘文祥所说："鹤鸣村有良好的干群基础和淳朴的民风，村民具有一定的参与意识和欲望。"鹤鸣村的村干部和群众在农村家庭联产承包责任制改革中已体会到改革的好处，再加上村干部的积极推动，在鹤鸣村进行改革所受到的阻力和所需要的成本大大降低。

2007 年春节，都江堰市统筹城乡工作局接到成都市产权制度改革试点任务的消息，要求"按照改革的部署，积极大胆探索，在成果未论证前不予宣传"。鹤鸣村即将静悄悄地率先开始一场试验性的变革。

2008 年 1 月 1 日，成都市委、成都市人民政府正式出台"一号文件"——《中共成都市委 成都市人民政府关于加强耕地保护进一步改革完善农村土地和房屋产权制度的意见（试行）》，该文件确立了农村产权制度改革的目标任务：建立健全归属清晰、权责明确、保护严格、流转顺畅的现代农村产权制度。都江堰市在此基础上，结合实际，明确提出在加强耕地保护的前提下，建立农村集体土地和房屋确权登记制度和流转制度，实现对农民财产权利的有效保护，农民财产性收入明显增加；建立城乡一体的社会保障体系；实现农村公共服务水平显著提升，发展环境明显改善；推动农村集体经济持续健康发展，基层治理水平明显提高。

2008 年 2 月，柳街镇鹤鸣村被选为改革试点的"点中点"，拉开了都江堰市农村产权制度改革的序幕。鹤鸣村按照调查摸底、确权公示、登记颁证、土地流转的顺序，不断推进产权制度改革。2008 年 3 月 4 日，村干部进行入户摸底调查。2008 年 3 月 10 日，572 户入户调查工作全部完成。2008 年 3 月 18 日，鹤鸣村完成全村的资料汇总、公示等基础工作。2008 年 3 月 31 日，鹤鸣村村主任、7 组组长余跃拥有了农村产权制度改革的第一张农村土地承包经营权证。2008 年 4 月底，鹤鸣村集体土地所有权、集体建设用地使用权确权到村或组，而承包地、自留地、宅基地和农民的房屋则全部确权到户，相关登记、颁证工作基本完成，全村 600 多户村民都领到了各自的权责明晰的农村土地承包经营权证、集体土地使用权证、房屋所有权证和林权证。

2008 年 "5·12" 汶川大地震发生后，灾后重建工作有条不紊地进行，鹤鸣村同步推进宅基地腾退和农民集中居住小区建设。为改变一家一户零散居住的方式，鹤鸣村鼓励农民实行集中居住，在自愿的基础上组团统一修建 "大院子"，如程家院子、黎家院子和独栋房屋建设等。该措施总共集中安置 489 户群众，节约集体建设用地指标约 55 亩，整理出 1 200 多亩耕地可用于流转。由此村级组织获得土地经营权，用于发展农业产业，同时村民也获得了流转租金。此外，都江堰市创造性地鼓励社会资本参与农村住房重建，与集体经济组织达成流转集体建设用地 8 000 多亩的协议，既筹集了重建资金又形成了产业基础。在城乡统筹的思路指引下，村民们都分到了农村产权制度改革的成果，整个都江堰市农村住房得到重建，基础配套水平得到提升，农民的生活水平得到明显改善。2010 年 7 月，第一宗挂牌出让集体建设用地成功流转，在城乡产权交易中心完成流转后，于成都农村产权交易所再次组织流转。

2010 年 11 月末，鹤鸣村着力修建通往镇里的污水管道，将村里的污水集中于镇统一处理，从而达到节约水资源、减少对环境的污染的目的。同时，鹤鸣村建设该村第二个村民集中安置点，汇集 136 户零散居住的村民，对原来住处按两类方法进行处理：一是 "增减挂钩"，保持耕地总量不变。鹤鸣村将空出来的居住用地恢复成农地进行耕作，用以补偿镇中区域较好的地方因发展而占用的耕地数量。二是选择形态较好、位置有优势的林盘开展集体建设用地流转。"增减挂钩" 只是土地流转的方式之一，更多的土地流转还是以外租或是到产权交易市场竞拍实现的。至此，鹤鸣村成功实现了土地确权和土地流传。

二、案例分析

在鹤鸣村的案例中，以下几点做法是具有特色且值得推广的：

首先，明确了土地确权颁证的重要性。明晰土地权属，是土地产权制度改革的核心目标。鹤鸣村的产权制度改革实行先易后难的方法，先对遗留问题少、人地矛盾不突出的组确权颁证；对遗留问题多、人地矛盾突出的组，将问题妥善处理后，再行确权颁证；对争议比较大，农户之间难以达成共识的这部分农户暂不确权。鹤鸣村创造性地采用"鱼鳞图"的展示方式，结合信息技术，公开、清晰地展示每处土地和房屋的归属人，保证所有集体资产确权到户。

其次，联通了土地、资本、劳动力三大要素。一是土地要素。鹤鸣村通过产权制度改革，明晰土地产权、承包经营权权属。在促进土地流转过程中，政府起到积极的引导作用。二是资本要素。都江堰市鼓励社会资本参与农村住房重建，与集体经济组织达成流转集体建设用地8 000多亩的协议，既筹集了重建资金又形成了产业基础。三是劳动力要素。通过政府对种粮户的直接补贴及土地承包期限的变更，务农人员的生活得到保障，种粮积极性大大提高。

最后，干部推动与群众参与并重。在完成确权颁证的过程中，村民创造出了民间新型裁决机构——村民议事会和监事会。村民议事会负责处理本村、组内部争议和集体资产管理，并具有明确的议事规则。

面对复杂的产权制度改革任务，鹤鸣村在实践中产生了一个巧妙的创举——"鱼鳞图"。在"鱼鳞图"中，每户土地依次排列绘制在一起，工作人员入户调查时带着图现场测量核准，就在图上直接标明土地面积、类型、权属等基本情况。农户确认后，签名按手印。这既一目了然又清晰准确地标注出每一块房屋宅基地以及承包地、林地等的权属。后来，工作人员还引入了信息化，把这些基本信息录入计算机，变为电子数据。这样一来，每家每户的土地、房屋等基本信息就通过这张"鱼鳞图"呈现出来了。

2009年11月，鹤鸣村村民手里的农村土地承包经营权证中的土地承包期限从"至2027年"变为"长久不变"。由于政府对种粮户补贴的持续增加和土地承包期限的改变，争地矛盾越发尖锐。鹤鸣村坚持发挥村民的自主性，充分尊重村民的诉求，让村民自行解决在土地确权过程中产生的纠纷。鹤鸣村成立了调解小组，依照五条原则行事：一是"要公道，打颠倒"，保证议事的公平性；二是"多比少好，有比没有好"，强调先来后到的重要性；三是"吃笋子要一层一层地剥"，改革要循序渐进；四是"说话要算数"，只有讲求诚信，才能增加村民的信任感；五是"大家同坐一条船，要同舟共济"，村民之间做到友爱互助，共享改革成果。随着改革的深入，鹤鸣村在村民小组的基础上，相继成立了村民议事会和专门监督议事会执行、落实情况的监事会。议事会除了负责解决村民之间的利益纠纷，也负责村集体资金管理和村域规划等。改造项目的实施必须经过村民户提、户评、户决三项程序。上述新型民间裁决机构的产生，提升了群众对村级事务管理的参与度，对增强村民民主意识起到了促进作用，是农村产权制度改革的伟大创举。

三、案例启示与相关建议

（一）现代产权制度的建立

建立归属清晰、权责明确、保护严格、流转顺畅的现代产权制度，是激发农业农村发展活力的内在要求。

1. 归属清晰

要明确农村集体资产的产权归属问题，首先要确定集体资产的范围，其次要公平合理地界定集体经济组织成员。鹤鸣村通过开展"清产核资"，摸清各家各户家底，并对核验结果进行全村公示，对存在争议的部分进行调解，从而确定哪些集体资产纳入产权制度改革范围，哪些人员有资格享有集体资产的产权。

2. 权责明确

权责明确就是要按照现代产权制度的要求，合理确定农村集体经济组织成员的权利和责任。从权利层面来说，集体经济组织成员按其量化份额享有对集体资产的所有权。从责任层面来说，集体资产经营管理的责任主体需要明确。鹤鸣村将全村集体土地所有权、集体建设用地使用权确权到村或组，而承包地、自留地、宅基地和农民的房屋则全部确权到户，全村村民都领到了权责明晰的"三证"，从而明确了集体经济组织成员对集体资产股份的占有权、使用权、收益权以及包括有偿退出、抵押、继承权在内的处分权。此外，鹤鸣村通过民主投票，成立代表集体经济组织对集体资产经营管理行使决策权的议事会和行使监督权的监事会，从而对集体资产的经营管理风险承担责任，实现了权责统一。

3. 保护严格

保护严格就是依法保护农村集体经济组织及其成员的合法产权。为保障村民的合法权益，鹤鸣村调解小组、议事会、监事会相继成立，《柳街镇鹤鸣村村规民约》《柳街镇鹤鸣村农村产权制度改革摸底调查公示异议处理办法（暂行）》等陆续出台。

4. 流转顺畅

农村集体资产自由进入市场是实现产权权能完整的重要条件，也是实现要素优化组合的必要途径，只有流转顺畅才能实现集体资产的保值增值。鹤鸣村通过挂牌出让的方式成功实现集体建设用地流转，部分土地通过外租或到产权交易市场竞拍方式实现流转。

现代产权制度

产权是所有制的核心和主要内容，包括物权、债权、股权和知识产权等各类财产权。建立归属清晰、权责明确、保护严格、流转顺畅的现代产权制度是完善基本经济制度的内在要求。

（二）加强土地流转与农民增收的联系

土地流转对农业适度规模经营具有显著的正向效应，对农民增收具有显著的负向效应，且不同土地流转形式对农业适度规模经营和农民增收的影响不同。鹤鸣村通过村民集中居住的方式，将分散的土地集合起来，一部分变为耕地，不仅促进适度规模经营，而且为当地农民提供了就业岗位；一部分实现流转，农民获得了土地流转租金，增加了收入。这也充分印证了促进在非农领域有稳定收入的农民放弃承包地的经营权，实现农村土地规模化利用以提高收益的可能性。

（三）相关建议

1. 相关制度保障仍需加强

一是健全相关农村集体产权保护法律制度。政府应探索建立农村土地经营权、林权、农业生产设施使用权抵押等办法和措施，进一步探索建立农村产权制度改革保障性机制，建立地租保证金制度，化解产权改革和土地流转中各类矛盾纠纷，切实保障农民权益，防止不履行合同、不按时交付地租等行为的出现。二是健全农村产权交易市场运行法律制度。政府应制定交易规则，规范交易程序，保障农村产权交易的公开、公正、公平。三是建立纠错和反馈机制。政府应制定规范的纠错程序，对于改革中出现的问题要及时反馈并下达解决方案，方便农户及时纠正错误。

2. 改革后集体经济组织的可持续发展问题亟须统筹考虑

农村集体产权制度改革不能仅仅停留在产权明晰层面，最终落脚点还是要推动集体经济持续发展。部分改革地区的集体经济组织的可持续发展受到资源、政策的制约。一是探索建立集体土地有偿使用和流转制度，为今后集体建设用地进入市场、实现城乡建设用地同地、同权、同价奠定基础。二是解决新型集体经济组织税费负担过重问题。实施产权制度改革后，新型集体经济组织承担着发展集体经济和支持社区管理的双重责任，除依法缴纳增值税、土地增值税、房产税等多种税费外，还承担着应由政府公共财政负担的社区治安、卫生、教育等公共职能。因此，国家应当制定相关税费优惠政策，对集体经济组织利用物业租金收入从事农村公共事务和公益事业建设的部分实行税前列支。三是完善集体经济组织内部治理机制，健全内部治理机制、激励约束机制和资产运营机制，探索推行股权激励、聘请职业经理人等有效办法，提高集体资产经营管理水平，提高集体经济组织的凝聚力、带动力和市场竞争力，推动集体经济健康发展和农民收入持续增加。

第二节　郫都区战旗村土地制度改革的经验与启示

一、案例介绍

战旗村地处四川省成都市郫都区唐昌镇横山脚下、柏条河畔，位于郫都区、都江堰市、彭州市三地交界处。战旗村辖区面积 5.36 平方千米，耕地 2 158.5 亩。战旗村共 9 个农业合作社，506 户农户。2018 年 10 月，经地方推荐和专家审核，农业农村部将战旗村推荐为 2018 年中国美丽休闲乡村。2019 年 3 月，战旗村景区被评定为国家 4A 级旅游景区。2019 年 7 月，战旗村入选首批全国乡村旅游重点村名单。战旗村先后荣获 "全国文明村" "全国社会主义精神文明单位" "省级四好村" "四川集体经济十强村" 等称号，地区生产总值 1.347 亿元。

目前战旗村以生产发展为重点，积极探索村-企-农三合一，强力推进农业产业化。战旗村实施村集体经济股份合作制改革，村集体出资 50 万元，农户以土地承包经营权入股（按每亩土地 720 元折价入股），组建战旗村农业股份合作社，由合作社将土地集中经营，发展订单农业，入股农户按每亩 720 元领取保底收益，经营利润按村集体和农户入股比例进行分红；拆院并院，使农户集中居住；培育产业支撑，壮大集体经济。

　　农村土地制度改革是破解当前农村发展难题的关键环节，在深化农村改革中牵一发而动全身。战旗村的农村土地制度改革也不是一蹴而就、一朝一夕就完成的，而是逐步开展的。

　　（一）第一阶段：集体经济发展的初期

　　集体经济的壮大为土地制度改革提供了经济基础。战旗村集体经济发展势头良好和土地制度改革顺利与其原有历史基础密不可分。战旗村在20世纪70年代就是省、市、县"农业学大寨"的先进村。党的十一届三中全会以后，战旗村率先办起了集体企业，再以"滚雪球"的办法先后办起了12个集体企业，集体经济得到了初步发展。1994年，在郫县首批股份制试点中，战旗村将本村经济效益较好的5个企业改制为股份合作制企业。2003年，村"两委"及时采取措施，与股东签订股份转让合同，由村集体将个人股全部收购。至此，集体资产不再流失，企业成为村集体的独资企业。集体富裕的先决条件为后续土地制度改革打下了坚实的基础。这些年战旗村的村办集体企业历经改制，但土地等集体资产一直掌握在村集体手中，产权十分清晰，村集体拥有绝对的主导权，为新时代土地制度改革储备了集体资产。

　　原有土地治理与获得项目为后续土地制度深化改革创造了难得的契机。2007年，战旗村通过土地整理新增400多亩土地，其中208亩集体建设用地指标通过城乡增减挂钩项目，获得成都市小城投公司融资9 800万元。融资用于新型社区建设。村民向社区集中、产业向园区集中、土地向规模经营集中为土地股份合作社的发展提供了难得的契机。

　　（二）第二阶段：形成新的政治经济管理架构，土地资源股权固化阶段

　　从1984年家庭联产承包责任制在全国范围内基本确立开始，经过30多年的改革探索，我国农村形成了农地集体所有、家庭经营的基本制度框架。土地所有权与使用权相互分离的制度安排，在一定程度上满足了国家、集体、个人多元主体的内在要求。但随着我国农业结构的不断调整，家庭联产承包责任制的制度效益正在递减，土地所有权主体模糊、使用权权能残缺、法律保障不健全等问题已成为实现农业现代化的制度性障碍。显然，战旗村原有的农村土地制度已经不能够满足现阶段农村发展的需要，急需随之改变和调整。

　　为确保农村土地制度改革稳步推进，战旗村创立了农村基层治理"四维模式"：党建引领、法治保障、民主自治、股权固化。党建引领，即以党支部为战

斗堡垒和政治方向；法治保障，即遵循《中华人民共和国农村土地承包法》《中华人民共和国土地管理法》等法律，规范管理，有效盘活农村集体资产；民主自治，即以村民代表大会、村民议事会、村务监督委员会为民主组织形式，以村民委员会为执行机构，以村庄规划为发展指引；股权固化，明晰了产权，减少了产权纠纷，为后续集约利用、深化土地改革和健全农村土地权利保障体系打下了坚实的基础。战旗村股权固化，即以 2011 年 4 月 20 日在籍的 1 704 名村民为股东，实行集体土地股份化（以股份的形式量化集体土地），对一定范围的集体土地，按照一定方式划分出份额，并分配给某一时点所有具备本集体成员资格的农民（或同时为集体配股），使集体成员（或集体成员与集体）以股份的形式享有集体土地权益，并且在一定时期内遵循的"生不添，死不减"的原则，固化集体组织成员权、集体股份收益权、农用地承包权、建设用地使用权和宅基地资格权，形成新型集体经济组织。

（三）第三阶段：存量农村集体经营性建设用地使用权入市阶段

按照全国人大常委会的授权和自然资源部的说明，在符合规划、用途管制和依法取得的前提下，允许存量农村集体经营性建设用地使用权入市。为了用更为市场化的方式盘活农村地区大量存在的分散、闲置建设用地资源，战旗村开始进行存量农村集体经营性建设用地使用权入市。

2015 年 9 月，战旗村拿出一宗面积为 13.447 亩的土地（该宗土地大部分是原属村集体所办复合肥厂、预制厂的用地），在四川省敲响了农村集体经营性建设用地挂牌拍卖的第一槌。四川省"第一槌"入市的这宗土地，并不是"一卖了事"。土地入市本身只是出让一定年限的使用权而非转让所有权，战旗村始终坚守土地集体所有，村集体作为土地所有权的主体。与此同时，战旗村还与投资者充分合作，对开发形成的商铺等物业承担管理和服务职责，开辟集体资产保值增值途径，从中取得相关收益，以促进农户就业。

2017 年，战旗村集体资产达到 4 600 万元，包括资金、房产、土地、无形资产、债权等，一草一木都已经被纳入 2015 年成立的战旗资产管理公司，股份由该村 2011 年 4 月 20 日在籍的 1 704 名村民共同持有。通过土地入股、经营权流转、资产出租等方式，村集体每年可以取得 462 万元的收入。村、组集体资产保值增值后，将为农户提供合作医疗、老年人补助等各项社会保障。

目前，参与经营的主体既有本村成立的专业合作社，也有农产品生产加工企业，村集体经济的组织化、市场化程度不断提升，战旗村在放活集体经济的道路上越走越轻松。

二、案例分析

（一）土地股份合作社

战旗村在进行新的土地制度改革之初就进行了股权固化，有效避免了产权不明晰及其后续争端，为后续入市奠定了产权基础。股份合作是股份制与合作制的融合，即在不改变生产资料集体所有的前提下，把社区内集体经济财产部分或全部地折股量化到每个成员头上，并参照股份制的组织治理结构成立股份合作组织，保持统一经营，实行民主管理、按股分红。土地股份合作的基本特征是土地经营权入股。清产核资是股份合作制产权改革的基础性工作。战旗村在村组集体资产完成清产核资后，组建了战旗村股份合作经济组织，在股东资格认定、股份量化原则、章程制定、年终收益分配等关键环节，严格按规定程序进行规范操作。

战旗村将村民土地承包经营权按每亩 720 元折价入股，村集体注入 50 万元，组建农业股份合作社。为了促进土地流转，战旗村按照"900 元/亩保底+50%二次分红"的办法流转耕地 1 800 余亩，占总面积的 80%以上，实现了集中规模经营。土地流转后，战旗村更容易找到集体增值途径，增加村民分红收入。村民集中居住，形成了新型社区，为推进城镇化进程做出了贡献。

（二）集体经营性建设用地入市

战旗村对全村土地实行有效的统筹，使集体土地的所有权真正得到落实，为土地制度改革建立土地增值收益的合理分配机制奠定了基础。农村集体经营性建设用地出让、租赁、入股，实行与国有土地同等入市、同权同价，给集体经济组织带来了丰厚的土地增值收益，但能否建立兼顾国家、集体、个人的土地增值收益分配机制以及对集体经营性建设用地入市可能产生的问题，目前仍然存在争议。有学者在湖北省的调研结果显示，集体经营性建设用地入市在顶层设计上可能并不完善，导致各试点情况差异明显，现实障碍诸多。同时，集体经营性建设用地使用权入市与征收之间会发生一定的冲突，公共利益与集体利益之间存在矛盾，在实现土地城镇化的过程中很难确保农民的城镇化。

战旗村作为土地制度改革的试点和典型，乡镇企业由村集体收购，不存在集体股份降低的乡镇企业建设用地与集体经营性建设用地入市之间的矛盾。要想解决集体经营性建设用地的入市和征收的冲突，其根本办法就是发挥市场对土地资源配置的决定作用，以土地使用权的市价作为征收补偿的标准。然而在各地基础条件不尽相同的背景下，能否简单复制其经验还很难明确。

三、案例启示与相关建议

战旗村新土地制度改革取得重大成果的原因有多个，有其独到的土地流转历史优势和村集体经济基础，也有可借鉴参考和思考的地方。

（一）坚持土地村集体所有，产权明晰

战旗村从改革开放初期办砖瓦厂，到现在发展股份合作等多种形式的合作或联合经营，无论相关企业或实体如何改制、经营权如何变化，对所涉及的集体所有土地都是实行使用权出租，坚持农村土地集体所有，确保农民主体地位。村集体在实行土地确权登记、流转、入市等方面有话语权，集体资产多，村民信任度高，生产积极性强。但各地不可盲目效仿战旗村的"农地股份合作社制"，还需结合各地实际情况，因地制宜采取措施。

（二）党支部领导下村集体统筹

改革开放以来，战旗村的土地都是由党支部领导下的村集体来统筹。在推动改革中，党组织发挥了坚强的战斗堡垒作用。近十年，战旗村开展土地整理、承包地流转、集体资产确权到户，特别是统筹推进农村土地制度改革三项试点。战旗村的土地调整力度较大，围绕土地数量多少、位置远近、质量优劣，处理不好，群众会产生矛盾。由村集体在全村范围进行统筹，最大限度地保证了公平公正。

战旗村村集体探索创造了在国家征收调节金后集体与个人按照 8∶2 的比例分配的办法。村集体分得的80%包含提取的公益金（30%）、风险金（10%）和公积金（40%）三部分。其中，公益金用于为村民统缴社保和公共基础设施维护等，风险金用于防范各类可能出现的风险，而公积金则用于集体经济组织发展，公私兼顾，全面统筹。

（三）正视土地增值收益困境

农村集体经营性建设用地入市形成的土地增值收益问题是需要首先解决的问题。战旗村把"蛋糕"做大了，下一步就是讨论如何"分配"的问题。根据《农村集体经营性建设用地土地增值收益调节金征收使用管理暂行办法》的规定，土地增值调节金征收比例是土地增值收益的 20%～50%。相关研究显示，现行各类试点的农村土地制度改革中，土地增值收益调节金征收比例差距较大。战旗村的征收比例在 15%～40%，而有些地区的征收比例则高达 48%。

调节金征收比例过高会增加交易成本，必然会影响集体经济组织入市的积极性；调节金征收比例过低虽然将绝大多数的土地增值收益留在了集体经济组织内部，但未能体现出公共投资对集体土地增值的贡献作用，且较高的收益比例使集体经济组织盲目追求入市，增加了政府的土地征收难度。因此，随着城镇化进程的推进，我国还需要不断商榷和调节征收比例，以达到"公私共赢"的局面。政府征收土地、鼓励入市时还应考虑耕地面积，统筹规划，不可盲目追求经济效益而放弃坚守"耕地红线"，导致大面积土地非农化、非粮化。

第三节　眉山市土地规范流转四步走

一、案例介绍

眉山市彭山区位于四川盆地西部，地处岷江中游。彭山区辖区面积 465.32 平方千米，辖 2 个街道 8 个镇 3 个乡，全区户籍总户数为 127 530 户，户籍总人口为 33.0 万人，2017 年年末常住人口为 32.01 万人，其中城镇人口为 17.12 万人，城镇化率为 53.48%。2017 年，彭山区实现地区生产总值 149.24 亿元，其中农林牧渔业总产值 25.28 亿元，人均地区生产总值 46 697 元，农村居民人均可支配收入 16 848 元。2015 年 12 月 27 日，眉山市彭山区被全国人大授予"两权"抵押贷款试点区。2016 年 10 月 17 日，国务院下发文件，确定实施新型职业农民激励计划。2017 年 9 月 25 日，国家发展和改革委等 9 个部门联合发文，确定眉山市彭山区为国家实施新型职业农民激励计划的试点区域。2015 年，彭山区土地流转经验在全国农村改革试验区汇报会上分享，受到国务院副总理汪洋同志的肯定。2016 年，眉山市彭山区成功入选中宣部 12 个重点宣传的改革案例和全国农村改革试验区办公室汇编的《改革实践案例集》。

眉山市彭山区在全国第二批农村改革试验区建设中创新建立"三级土地预推→平台公开交易→资质审查前置→出险应急处理"的土地流转四步机制，形成农民流转有收益、业主投资得效益、政府服务保权益的三方受益新格局，为农村土地流转提供了一个范本。

眉山市彭山区的具体做法如下：第一，政府出资建立中介机构。2014 年，彭山区财政出资 5 000 万元成立国有农业投资公司——正兴农业发展投资有限公司（以下简称"正兴公司"）。第二，三级预推，层层防范。正兴公司在乡镇、村社分别设立 12 个子公司和 88 个村社服务站，区、乡镇、村社三级联动，"零距离"服务土地流转。第三，推行土地预流转，高效整合信息资源。正兴公司将乡镇子公司受托"预流转"的土地进行整合，打包挂牌"上市"流转。正兴公司的介入，解决了流转土地碎片化和业主投资规模化的矛盾，减少了业主与农民户户见面的繁琐，实现了"信息多跑路、业主少跑腿"。

二、案例分析

（一）构建第三方中介组织

土地流转中两个最主要的主体就是土地流出者与流入者，流转的主要问题就是有效解决两者的衔接问题。但现实中，两者难以实现有效识别，有流转意愿的农户找不到流入者，有流入倾向的企业或主体难以协调与农户之间的关系，因此就存在熟人转包、弃耕抛荒的现象。彭山区政府在解决这个问题中通过建立中介组织的形式，有效整合了信息与资源，实现了土地的流转。

（二）健全交易平台，实现资源有效配置

结合具体政策文件，2015 年，彭山区政府投资 350 万元打造农村产权交易服务中心，免费为流转土地的农民及受委托的正兴公司和项目投资业主提供土地流转信息发布、交易鉴证等服务。彭山区规定，10 亩以上的土地流转都必须由土地流转服务公司委托彭山区农村产权交易服务中心挂牌交易，取得交易鉴证，以此作为业主申请办理农村土地经营权证、抵押贷款以及享受农业补贴等政策的前置条件。彭山区以此盘活农村资产，使其具有资本的效应。从具体交易情况来看，通过此种方式流转的土地亩均流转价格均高于农民自行流转价格。流转平台的建立，让业主和农户不需要见面就能进行交易，实现了土地流转程序的规范化、合法化和农民利益的最大化。

（三）资质审查前置，防控交易风险

由于工商资本进入农村市场具体情况的复杂性，确保既引进"真老板"，又防止"非农化"，降低交易风险成了政府需要做的事情。彭山区政府出台《农村土地经营权流转审查审核办法》，根据流转面积的差异，形成了区县—乡镇—流转公司三级审查制度，依规对流转主体的从业资历、资金实力、项目前景等多个方面进行考核，有限降低经营风险与社会矛盾的发生率。

（四）出险应急处理，实现流转风险全程防控

彭山区建立了评估-预防-处置的风险防控机制。正兴公司在签约时，对除粮食生产以外的经营类项目，分类收取风险保障金，建立全区土地流转风险处置专项基金，兜底处置风险。对业主退租的大宗土地，正兴公司采取垫付租金-自主经营-再次招商的模式进行托管和二次流转，确保农民的流转收益不受影响，不引发群体性社会矛盾。

三、案例启示与相关建议

（一）分工理论的实践

社会中介机构是指按照一定的业务规则或程序为委托人提供中介服务，并收取相应费用的组织。土地流转中介组织是指在土地流转过程中孕育出来的、将农地的供给主体和需求主体联结起来的中介组织，其在农地的供给主体和需求主体之间起到了沟通和桥梁的作用。在土地流转过程中，中介组织的具体表现形式有土地信托服务中心、土地信托服务站、土地银行、土地流转协会等。现阶段，国内的主要模式有土地信托服务中心、土地银行、土地托管模式等。

> **土地托管模式**
>
> 这一模式是指在土地密集型种植业中，通过外包农业生产各个环节的服务来实现土地规模经营的模式，即在农业的产前、产中、产后环节，建立完善的社会化服务体系来实现农业的规模化经营。
>
> **劳动分工**
>
> "劳动生产力上最大的增进，以及运用劳动时所表现的更大熟练、技巧和判断力，似乎都是分工的结果。"（《国富论》）
>
> **中介机构**
>
> 中介机构是社会分工的一种体现，也是社会分工的结果。根据诺斯的理论，生产成本包括制造成本和交易成本。在现实市场交易中，并不存在信息完备的交易市场，交易双方总是存在信息不对称，发现均衡价格、数量需要付出一定的成本。社会分工越细，交易成本就越高，就越会产生对中介服务组织的需求。各地区的地理位置、气候条件、自然资源蕴藏等方面的不同导致了各地区专门从事不同部门产品的生产。

在没有中介机构参与时，土地流转多为自发的熟人转包，违约金与租金都比较低，合同形式多为口头协议，流转范围主要集中在农村社区内，且农户的分散性特点导致谈判能力弱。引入中介机构后，一方面可以增强发包方谈判能力，提高其谈判地位；另一方面，割裂了发包方与承包方复杂的社会关系，引入市场原则，可以有效改变违约成本过低的情况。

彭山区政府以政府出资的方式打造农业投资公司，进而整合市场交易信息资源，正是对农村土地流转中介组织的有效实践。一方面，正兴公司与农户特别是散户对接，通过预流转，打造交易平台等形式，整合土地资源、规范流转形式，将土地资源以较低的成本引入市场，纳入市场经营中；另一方面，正兴公司对接大市场，使土地需求方有地可包。整个运营过程兼顾了政府、农户、投资者三方的利益，有效破解了"租不到地""租不出去"的难题。

（二）由土地规模经营向服务规模经营转变

在彭山区的土地流转模式中，政府出资建立农业投资公司，承包主体需要准备保障金，政府要从上而下层层审核，成本较高。农户通过土地流转获得了部分收入，但对于部分素质较低、技能较少的农户来说，农业生产依然是主要的生存与生活方式。因此，考虑成立农机合作社、种植合作社、物流合作社，将劳动力充分利用起来，投入农业生产的各个环节，进而提高农户收入。

（三）相关建议

1. 明晰政府与市场界限，规范交易流程

正兴公司是由政府全资建立的国有企业，内部可能存在行政人员担任相关负责人的情况，而政府本身又是产权交易平台的建立者与监管者，同时也是准入企业的监管者与审核者，多重身份与权力的交叉是否会诱导某些"不正当"行为的产生，进而损害农户的相关权益呢？

2. 培育相关领域的人才

无论是农业中介组织，还是农业投资公司，都是一个新生的、处在探索发展阶段的事物，宏观层面要完善相关法律法规，从而进行约束与规范，微观层面要培育各种高素质的管理人员与专业化服务人才。

3. 提供相关法律与业务咨询服务

政府应主动帮助土地经营者进行开发项目的可行性论证，在信贷、技术、物资等方面建立横向联系，并在法律和政策范围内协调处置土地经营中引起的纠纷，维护土地所有者、承包者、经营者三方的合法权益。

第四节　邛崃市土地流转风险防控探索

一、案例介绍

邛崃市隶属四川省成都市，位于成都平原西部，处在川滇、川藏公路要道上，距成都市区 75 千米。邛崃市总人口约 66 万人，其中农业人口 58.15 万人。邛崃市是 2019 年"中国西部百强县"，是典型的农业大县，农村土地确权面积为65.5 万亩。冉义镇位于邛崃市东部，距市区 32 千米，距成都 55 千米，北靠大邑县，东邻新津县，地处三地交界处，交通便利。冉义镇辖区面积 36 平方千米，辖 24 个行政村，人口约 3 万人。粮食主产水稻、小麦、玉米，经济作物有油菜、花生、甘蔗、川芎、食用菌等，主要养殖品种有猪、鱼、鸡、鸭、羊等。

据邛崃市农林局统计，2011 年至 2016 年 6 月，邛崃市 20 亩以上规模流转土地的行为宗数接近 2 000 宗，面积约 25 万亩，占全市确权面积的 38.17%，涉及农户 1 600 余户。冉义镇发生土地流转违约的宗数为 45 宗，绝大多数违约是业主失约造成合同不能如期存续[1]。在这些违约事件当中，实际造成了较严重后果的有 3 宗[2]，主要发生在设施农业和经果林的经营项目上。

邛崃市在防范及解决土地流转风险的实践中经历了以下一系列的探索，从前期主要依靠行政手段解决纠纷、防范风险的做法，到引入担保公司担保，再到引入履约保证保险，逐渐朝着运用市场经济的手段来防范风险的方向转变（见图 2-1）。

---

① 1% 左右的农民在约定租金时未考虑通货膨胀的因素和流转不规范等原因，造成同一区域不同时期流转的土地租金差异较大，从而要求涨租金与同一区域持平。

② 据农林局提供的材料，在某镇，某农业企业和某企业分别流转 1 000 余亩土地用作大棚蔬菜生产，后因资金链断裂无能力支付土地流转租金而撤走，造成了 1 年的土地租金损失；在某镇，某家农业企业流转 1 000 多亩土地用作茶叶和猕猴桃生产，也因资金链断裂无能力支付土地流转金而造成了 1 000 余亩土地半年的租金损失。

| 前期阶段 行政手段 ·主要由政府兜底解决土地流转纠纷 | 2014年 引入担保公司担保 ·钟山模式 ·非融资性担保 | 2015年 引入履约保证保险 ·冉义试点(2015年) ·全市推广(2016年) |

图 2-1 邛崃市防范土地流转风险的实践历程

第一阶段：以行政手段干预、调节为主。在这一阶段，当农户之间或者农户与业主之间的土地流转产生纠纷的时候，往往是村委会或基层乡镇政府出面进行调解。对于已经实现规模流转的土地，或者支付给农户当年租金后将土地返还给农户，或者继续寻找下一家业主进行再流转。由于目前农地规模流转大多数是在村（社区）的主导下流转出去的，一旦发生业主跑路的失约行为，农户都会找到村（社区）协调解决，若村（社区）不能解决就会上升到乡镇政府，甚至县级政府，成为群体上访问题。如果发生业主跑路的情况，多由村"两委"、乡镇政府来负责追讨土地租金和安抚农户以及处理剩余流转期的问题。村"两委"、乡镇政府在这个过程中不但要解决被拖欠的土地租金问题，还要被迫负责土地后续的再流转问题，经常要通过行政手段干预土地流转的交易行为本身。

第二阶段：引入担保公司分担风险。为了避免土地流转过程中业主违约跑路的风险，同时减少政府的干预行为，2014年邛崃市水口镇钟山社区进行了引入担保公司对交易行为进行担保的实践探索。

水口镇钟山社区距邛崃市区 10 000 米，距水口场镇 9 000 米，辖 15 个村民小组，有 2 430 人，耕地面积为 2 958 亩。汶川地震灾后重建中，钟山社区充分运用产权制度改革成果，在土地"预流转"的基础上将农村产权项目整体包装推介，通过成都农村产权交易所挂牌引进企业投资，同时引入民营担保机构开展非融资性担保，探索出了盘活农村产权资源、规范土地承包经营权流转的"钟山模式"。

"钟山模式"运行机制如图 2-2 所示。

1. 组建村集体经济组织，实施产权"预流转"

为盘活农村产权资源，解决农户外出务工后承包地撂荒、房屋空置等问题，2013 年 12 月，钟山社区按照农村集体经济组织相关程序，工商注册成立了钟山旅游开发公司，专门负责区域内农村产权流转、乡村旅游开发、农业发展服务等事宜。该公司成立后，结合水口镇灾后产业重建规划和钟山社区土地现状、周边环境、产业资源等条件，确定了"一三互动"的产业发展方向，并通过召开"坝坝会"、村民代表大会等收集村民意愿，统一群众思想，与群众签订了 1 650 亩的土地承包经营权和林权"预流转"协议。

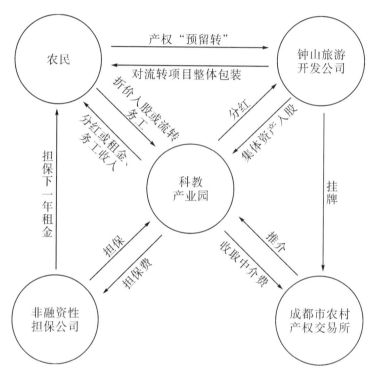

图 2-2 "钟山模式"运行机制

2. 整体包装项目，"挂牌"引进投资企业

形成"预流转"协议后，钟山旅游开发公司对产权流转项目进行整体包装，形成了钟山社区现代农业发展项目推介书，并将项目交由成都农村产权交易所"挂牌"推介。成都农村产权交易所在其项目人投资库中筛选了 20 多家符合要求的投资业主进行推介，并先后组织 6 家业主到钟山社区实地考察，最终引入北京卓乐剑桥文化交流有限公司分三期投入 5 000 万元以上建设四川省青少年科教产业园。

在进行土地流转的同时，钟山社区引入成都首信非融资性担保公司为农户和投资企业的流转行为予以担保，以每亩土地流转租金 325 千克黄谷为交易额，一年期履约行为担保费率为交易额的 3%，其中流入方承担 2.5%，流出方承担 0.5%。如果投资企业中途撤资，担保公司将承担农户下一年的土地流转租金；如果农户中途退出项目，担保公司将与投资企业共同承担损失。作为全国第一例民营企业介入农地流转的非融资性担保行为，这种探索具有积极的意义，是从政府行政管理、兜底的做法走向用市场手段解决土地流转纠纷的有益探索。

第三阶段：引入履约保证保险。由于民营担保公司实力有限，缺乏风险防范的基金和制度，在宏观经济不景气的大背景下，若要大面积推广民营担保势必会有更大的风险隐患。如果国有担保公司介入，最终也是政府兜底，尽管会在一定程度上解决了当年的租金问题，维护了农户的利益，但是政府的行政手段干预程度仍然很高。正式担保方式也有其局限性，出于以上考虑，引入保险公司有针对性地开发一款新的保险品种来解决农村土地流转的风险的方式值得尝试。

邛崃市农村土地确权面积达 65.5 万亩，20 亩以上规模流转面积超过 20 万亩。据了解，2012—2014 年，冉义镇先后有 4 家公司的老板"跑路"，上千亩土地欠下了几十万元的租金。为了保证村民的利益，调动和激发土地流转双方的积极性和创造性，2015 年，邛崃市创新引入保险公司开发履约保证保险产品，探索建立农村土地流转风险防范机制，并在冉义镇成功试点土地流转履约保证保险。2015 年 12 月 4 日，冉义镇政府与中华联合财产保险公司签订了第一单履约保证保险合同，当月共计出单 31 份，参保面积 20 242.75 亩，总保费 417 506.7 元，总保额 1 391.689 万元。由于邛崃市人均耕地面积大，土地流转履约保证保险的保费主要由流出方和流入方按 2∶8 的比例进行分摊，保费按土地流转交易额的 3%收取。在推行初期，政府给予一定补贴，市财政以奖代补分摊 50%的保费。以一年一亩地 1 000 元的租金来计算，保费是 30 元，农民交 6 元，业主交 24 元，政府补贴一半，即农民只要交 3 元钱保费便可享受 1 000 元保额。

2014 年 12 月，大同乡陶坝村 54 户农户签订合同，将 635 亩土地流转给民鑫魔芋种植专业合作社，大同乡陶坝村的保险合同签订于 2016 年 8 月，投保人为民鑫魔芋种植专业合作社，被保险人为陶坝村土地流出村民。合同约定，当合作社违约而不能按期支付村民土地流转租金时，由保险公司承担租金赔偿责任，保险公司赔付后再依法对合作社进行追偿。2016 年，合作社因经营不善导致资金链断裂，无力支付 2017 年土地流转租金 31.75 万元。该事件发生后，大同乡人民政府和陶坝村村民委员会立即通知保险公司启动赔付程序。2017年4月，锦泰保险和平安保险完成了邛崃市大同乡陶坝村10组、12组"土地流转履约保证保险"的理赔支付工作，开出第一份保险赔单，向54户村民支付了31.75万元的保险金。

二、案例分析

土地流转保险属于保证保险，充分发挥了增信保障作用。它不是简单引入商业保险，而是通过一个完整的体系，即"土地合作社+种植合作社+农民+土地流转履约保证保险"，引入保险机制、政府补贴保费、专业合作社搭建平台的方式，大大降低了土地流转的失约风险。

履约保证保险切实保障了土地流转双方的权益。对于土地流出方来说，履约保证保险可以有效防范违约风险，使农民更放心地将土地流转出去。对于承包商来说，履约保证保险延长了土地流转合约期限，有利于促进长久经营和良性合作关系的维系。同时，履约保证保险的出现也使部分村镇开始减少或取消土地押金，提高了大户资本的流动性，有利于其经营规模的扩大和收入的增加，促进双赢局面的形成。

针对目前土地流转中发生最多的业主违约风险，实际应对时基本上按照图2-3中的5种办法解决。

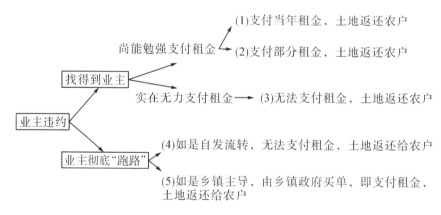

图2-3　现阶段业主违约情况下的实际解决办法

（资料来源：根据邛崃市统筹办相关人员的实地调研内容整理得出。）

　　"业主违约"这种情况，突出的是趋利投机性风险和不完全契约风险。根据业主本身的性质，业主"跑路"的情况可以分为两大类：一类由于业主是当地人，不会离开居住地而彻底"跑路"，在当地也能够找得到其本人，其只是因为经营不善或资金链断裂而无力支付租金，无法继续履约合同；另一类是业主彻底"跑路"，原本就属于外来的投资者，因为多种原因而从该农业项目上撤走，农户与政府找不到业主本人了。此时，如果是农户自发或经由村委会进行流转的，往往无法追回土地租金，土地就直接返还给农户。如果该项目是由镇（乡）政府主导流转的，往往最终会由镇（乡）政府来支付当年的土地租金，土地仍然返还给农户。

　　可以看出，业主违约后的风险主要集中在土地租金和合同内剩余流转期的土地两个方面。土地租金分为长期和短期。长期土地租金是涵盖整个土地流转期的总租金，是农户将土地流转出去时的整体预期收益，同时也是业主流入土地时的整体预期成本；短期租金则是指一年的租金。现阶段业主违约后的 5 种主要解决办法都只针对短期租金的问题，即支付、部分支付、不支付"当年"租金，而无法解决剩余流转期的长期租金问题。同时，合同内剩余流转期的土地涉及的问题，则属于承包地经营权的归属及使用问题。原本依照合同，该土地的"使用权、收益权和经营权"（根据成都市统一的流转合同范本语句）已经从农户让渡到了业主，由于业主的违约，事实上上述 5 种解决办法最终都采取"土地返还给农户"，是将土地的经营权等又重新划归农户所有并使用。按照合同，这些办法是根据"合同期满或中途终止合同，应及时交还出租的土地"这项内容进行处理的。

　　对实际发生的农地流转以及政府和保险公司的做法归纳总结，可以呈现出如图 2-4 的关系，从其运行机制分析当前土地流转履约保证保险的实践。

　　由此可见，现阶段业主违约的风险首先在于长期租金和短期租金无法支付，造成农户经济收益上的不确定性；其次在于对土地经营权的处理上，农户无法预知是"按时收回经营权"还是"中途终止合同"。这两类风险都事关重大：前者关系到农户的利益，后者关系到农业的生产经营、规模经营业主的利益以及区域经济发展，均反映出现阶段在应对机制上还存在一定的缺失。

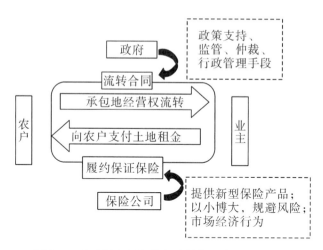

图 2-4 农户承包地经营权流转的多方关系示意图

三、案例启示与相关建议

建立和创新服务于新型农业经营主体的政策性农业保险产品，应该是该类保险的政策目标。本书结合邛崃市的实践和探索，提出以下几点建议：

（一）加强监督，规范流程，完善标准合同条款

土地流转双方应该严格按照各省级人民政府农业行政主管部门的模板签订标准，签订规范的流转合同后方可进行交易。首先，双方一定要签订流转合同。这是合同双方用于防范风险和维权的最基本的法律文书。基层农业经济管理部门要监督土地流转行为中签订政府提供的标准合同后的交易行为。其次，现有合同中关于"租金逾期支付"的内容需要完善。"租金逾期支付"要区分具体情况。由于农业生产经营的特殊性，要允许农业生产周期的调整；由于市场变化带来的波动，要留给农业经营者一定的空间和余地，以保护经营者的顺利成长。双方在达成一致的基础上，可以设立逾期的期限、违约金等。最后，有必要增加"解约条款"的相关内容。流转合同的设计应加入"解约条款"，如逾期支付租金、恶意拖欠租金等情况，土地使用权回归农户。这样使流转合同更加完善，并且给后续行政监督及保险的赔付等提供法律依据。

（二）加强对经营业主的资格审查，制定严格的准入标准

在促进农业规模经营的政策目标下，政府部门需要加强对经营业主的资格审

查，细化审查项目，从严制定审查标准，如：对流转农地 30 亩及以上的流入方主体资格、征信情况、农业持续经营能力以及拟经营项目是否符合本区域产业布局和现代农业产业发展规划等进行审查；将信用保证保险纳入审查内容之中，让业主提供信用保险保单以提高其信用资质。这样可以从源头上控制存在不良目的的工商资本盲目投入农业，并且合理运用市场经济手段，即在履约保证保险的前提下，在租金支付方式、时间上严格按照流转合同执行。

（三）区别对待不同的违约风险，不搞"一刀切"

在土地流转行为中，并非所有的业主都会发生土地违约风险，有些从事粮油规模种植的业主，因为享受了大量政府补贴（部分种粮大户享受省、市两级财政补贴，凡经营规模在 500 亩以上的，亩均补贴为 300 ~ 500 元）一般不会违约"跑路"。与外地业主相比，本乡本土的业主违约"跑路"的风险低得多。对于这些风险低的业主，政府部门不应强迫其购买土地流转履约保证保险，不搞"一刀切"。

（四）建立风险保障金制度

在每一单土地流转初始，流入方（业主）按租金的一定比例缴纳保证金。保证金用作最终归还土地时的复耕费用，也可以作为逾期支付租金时的备用金，以保障长期的风险。保证金可以遵循流入方缴纳为主、政府适当补助的原则。政府部门可以在本级财政预算或在农业支持保护补贴中安排一定数额的资金以建立流转风险金，与业主缴纳的保证金共同组成风险保障金，并将风险保障金制度写入流转合同。

本章参考文献

［1］李宏峰. 社会治理创新与乡村振兴的完美结合：鹤鸣村农村集体产权制度改革实践［J］. 甘肃农业，2018（10）：43-44，52.

［2］马晓河，崔红志. 建立土地流转制度，促进区域农业生产规模化经营［J］. 管理世界，2002（11）：63-77.

［3］薛凤蕊，乔光华，苏日娜. 土地流转对农民收益的效果评价：基于 DID 模型分析［J］. 中国农村观察，2011（2）：36-42，86.

［4］钟甫宁，王兴稳. 现阶段农地流转市场能减轻土地细碎化程度吗？来自江苏兴化和黑龙江宾县的初步证据［J］. 农业经济问题，2010，31（1）：23-32，110.

［5］何宇鹏，武舜臣. 连接就是赋能：小农户与现代农业衔接的实践与思考［J］. 中国农村经济，2019（6）：28-37.

［6］范丹，邱黎源，刘竞翿. 我国土地流转违约风险防范机制研究：以邛崃市开展履约保证保险为例［J］. 四川师范大学学报（社会科学版），2018，45（1）：98-105.

［7］韩长赋，土地"三权分置"是中国农村改革的又一次重大创新［J］. 农村工作通讯，2016（3）：6-10.

［8］钟涨宝，狄金华. 中介组织在土地流转中的地位与作用［J］. 农村经济，2005（3）：35-37.

第三章　农业经营体系变革

中国作为一个人口众多的农业大国，如何推动农业发展以持续满足人们日益增长的食物需求是一个至关重要的问题。2017 年 5 月 31 日，中共中央办公厅、国务院办公厅联合发布《关于加快构建政策体系培育新型农业经营主体的意见》，提出培育复合型现代农业经营体系。我国现行的农业经营体系是由改革开放时确立的家庭联产承包责任制定下的基调，这不仅在很长一段时间内解放了农村生产力，促进了农业的发展，而且还推动了我国农村整体的发展。但是，随着工业化和城镇化的不断推进，我国经济社会逐渐转型，传统的农业生产经营体系在当前经济和社会发展的新形势下的不适应性逐渐显现。首先，我国传统农业以小农经济为主，该模式下生产规模小、生产成本高、物质投入效率低等问题阻碍了规模效益的产生。其次，农地的细碎化与分散化不利于农业机械的使用和农业科技成果的推广。再次，从农户自身角度来看，及时且准确的市场信息对调整生产经营决策起到关键作用，而传统农业生产经营体系中农户能够获取的信息往往是缺少且滞后的，造成农产品滞销现象。最后，部分生鲜农产品对储藏和运输技术要求较高，仅仅依靠农户自身容易导致农产品的大量损耗，降低收益。上述现象表明传统农业生产经营体系已存在不合理之处，我国亟须构建新型农业经营体系，推进农业产业化经营。

新型农业经营体系是由新型农业生产主体、新型农业社会化服务主体、新型农业营销主体三者之间的紧密合作构成的一个系统。构建新型农业经营体系，从大的方面来说，需要培育专业大户、家庭农场、专业合作社等新型农业经营主体，发展多种形式的农业规模经营和社会化服务，实现农业产业化经营，不断提高农业生产的经济效益。从具体内容而言，构建新型农业经营体系涉及土地流转、农村产权制度改革、农业经营体制改革、构建农业社会化服务体系、组建农村合作经济组织联合会、推进供销社综合改革等方方面面。2013 年"中央一号"

文件——《中共中央 国务院关于加快发展现代农业 进一步增强农村发展活力的若干意见》中明确提出，以创新农村经营体制机制为主线，着力构建集约化、专业化、组织化、社会化相结合的新型农业经营体系。在此背景下，四川省各地纷纷开始着手推动新型农业经营体系建设。

第一节　崇州市探索"农业共营制"新型农业经营体系

一、案例介绍

崇州市位于岷江中上游川西平原西部，是隶属于成都市的县级市，辖区面积1 090平方千米，农村劳动力约36.95万人，外出务工人员占比高达73.4%，是农村劳动力的输出大县（市）。2018年，崇州市人口自然增长率为-8.74%，机械增长率为-1.27%。伴随着农村劳动力的不断外流，"农业边缘化"问题日益突出，农村务农的大多是60岁以上的"高龄农民"。崇州市耕地面积为52.14万亩，是成都平原的粮食主产区，但农民人均耕地面积只有1亩左右，细碎化问题严重。

在经济和社会压力之下，崇州市的农业急需解决无心种田、不会种田、谁来种田、怎样种田等种粮断代的问题。为尽快解决这些问题，崇州市在农业经营方式创新方面做了多方面的探索。遗憾的是，无论是鼓励生产大户进行农地流转，还是引进龙头企业进行规模经营，均未达到预期效果。转折点出现在2009年，农业龙头企业鹰马龙食品有限公司因为经营失败，试图退租桤泉镇3 000余亩土地，当地农户却不愿意接收被退土地，并要求政府承担鹰马龙食品有限公司的责任。在这种情况下，崇州市"被逼着"进行新的农业经营方式的探索，并最终将其发展为"农业共营制"模式。其具体做法如下：

崇州市按照农户入社自愿、退社自由、利益共享、风险共担的原则，引导农户以土地承包经营权作价折资、折股入社，工商注册成立土地股份合作社；按照章程选举理事会、监事会，产生理事长、监事长，建立健全土地股份合作社内部管理制度。理事会负责合作社的经营管理、聘用农业职业经理等，监事会负责监督合作社经营管理和财务收支执行情况。

入社社员是土地股份合作社的经营主体，生产决策、农业职业经理人聘用、分配方案等由社员全程参与决定。生产成本由社员出资，理事会统一进行经营管理。生产支出由农业职业经理人提出申请，理事长和监事长共同审签列支入账。农资和农机具的放置、申领、使用和处理，实行专人负责。收支和分配及时公示，接受社员和监事会的监督。

利益联结模式有以下三种：

第一，超产分成。土地合作社与职业经理人签订目标产量（保底产量），生产成本由社员支付，利益共享、风险共担，超出保底产量的按一定比例进行分红。监事会全程监督所有收支，按生产进度定期向社员公示财务收支情况。目前，崇州市超产分配比例有1∶2∶7、1∶1∶8、0.5∶1.5∶8（提取公积金∶职业经理人分成∶社员分成）等不同的分配方案。

第二，纯利润分成。土地合作社与职业经理人签订协议，生产成本由社员支付，扣除生产成本后，利益共享、风险共担，纯收益按约定的比例分红。监事会全程监督所有收支，按生产进度定期向社员公示财务收支情况。2015年，崇州市大部分地区按纯利润分配比例有1∶2∶7、1∶1∶8（提取公积金∶职业经理人分成∶社员分成）等不同的分配方案。

第三，保底与二次分红。职业经理人与社员约定保底利益，向社员承包经营，如每年每亩100千克大米等。社员不再支付生产成本，在扣除职业经理人的生产成本和支付社员的保底费用后，职业经理人与土地合作社根据约定，可以实行二次分红。

实际的生产成本和收益，根据当地干部与群众自行计算可知：按每亩水稻产量450千克，每千克2.6元，计1 170元；每亩小麦产量275千克，每千克2元，计550元；每亩毛收入约1 720元，总成本约1 170元，纯收入约550元。大春种植水稻、小春种植小麦或油菜是成都平原一直以来的传统轮作方式。表3-1展示的是农户分散经营成本明细，包括了各种农资与用工成本。

表 3-1　农户分散经营成本明细　　　　　　　　　单位：元

项目	育秧及栽插				大田管理			收获阶段			其他	总计
	机耕	种子	育秧及人工	运转栽插人工	肥料及人工	农药及人工	放水	机收	搬运	晾晒	抱草及口袋等杂项支出	
水稻	80	60	60	130	130	60	30	80	30	50	30	740
小麦	40	60		20	120	50		60	20	30	30	430

数据来源：根据崇州市锦江乡共营制模式实践中宣传资料整理。

　　表 3-2 展示了不同种植模式的成本收益比较。对于自己种植、保底经营、除本分红三种方案，基于农户熟知的成本来横向比较，具有较强的说服力。

表 3-2　不同种植模式的成本收益比较　　　　　　金额单位：元

种植模式	土地收益小计	合作社收入	其中：合作社奖励政策（按500亩计算）	其中：资金互助补贴	政策补贴	效益比较
自己种植	约 500		0	0	耕保金等政策性补贴归农户	费时、费工、费神，收入不高，影响务工
保底经营	约 500	约 400	约 100		耕保金等政策性补贴归农户	土地确权归群众；帮农户种地，农户不操心；农户收入稳定，不误打工；种好种差有保障
除本分红	约 550	约 400	约 100	约 42	耕保金等政策性补贴归农户	土地确权归群众，帮农户种地，农户不操心；农户收入稳定，不误打工；社员决定财务分配；种好多得，种差少分

数据来源：根据崇州市锦江乡共营制模式实践中宣传资料整理。

实践中的群众问答

　　疑问：合作社导致村里低价流转土地吗？

　　答：合作社是群众自己说了算，是群众搭伙请人种田，群众自己选择合作社和种田人，村里只是把群众组织起来成立合作社。

　　疑问：合作社的收益比租地收益少，划得来吗？

答：合作社成立后，解决了帮群众种田的问题，只能种植粮油、蔬菜作物，保护土地。合作社的收益和群众自己种田的收益基本一样。遇到农地流转，群众可以退社。

疑问：加入合作社后，农户能收益多少？

答：合作社是请人种田，收益分配由群众和职业经理人协商。收益分配可以是先保证社员的，剩下的归种田人；也可以是先确定种田人的，剩下的归社员；还可以采取双方认可的其他方式。

疑问：入社后，农户收益稳定不稳定？

答：入社后，为保证农户收益稳定，一是由社员选择信得过的职业经理人；二是合作社种田收益由社员信任的当家人监管；三是国家补贴发放到合作社公账，不经过职业经理人。

疑问：群众要粮食怎么办？

答：合作社可以分钱，也可以分粮。

二、案例分析

崇州市的案例的核心内容是以土地集体所有为前提，以家庭承包为基础，以农户为核心主体，农业职业经理人、土地股份合作社、社会化服务组织等多元主体共同经营，尤其在以下三点上实现了大胆的探索与突破。

（一）大力推行土地股份合作经营，推动粮食经营规模化——破解"谁来经营"的问题

崇州市坚持在落实农村土地集体所有权和稳定农户承包权的基础上，充分运用农村土地承包经营权确权颁证成果，迈出了在全国探索以土地经营权入股成立土地股份合作社的第一步，积极推进粮食适度规模经营，着力解决"谁来经营"的问题。

"农业共营制"是一种对土地股份合作制的制度创新。该制度主要是在充分尊重农民意愿，采取"入社自愿、退社自由"和"利益共享、风险共担"原则的基础上，引导农民配合农村产权制度改革，推动其联合组建土地股份合作社来实现农地的规模经营。崇州市"农业共营制"的创新之处及特点主要体现在三个方面：

一是创新组织形式。崇州市在引导农户以农村土地经营权作价量化入股成立土地股份合作社后，按合作社章程建立由社员、社员（代表）大会、理事会、监事会构成的组织架构。

二是以社员为主体，确保农民的主体地位。崇州市借鉴现代企业治理制度，公开竞聘农业职业经理人，形成"理事会+职业经理人+监事会"运行机制。理事会代表社员决策"种什么"；监事会负责监督合作社财务收支执行情况；农业职业经理人负责"怎样种"，提出具体生产计划、生产成本预算、产量指标等。监事会代表全体社员负责监督理事会和农业职业经理人的工作。

三是以利益联结为保障，由职业经理人与社员共同协商，探索形成了除本分红、保底+二次分红、"佣金 + 超奖短赔"等利益联结机制，保障社员收益。其中，除本分红模式是最常用的模式，如集贤乡梁景土地股份合作社将经营纯收入的5%作为土地股份合作社公积金、25%作为农业职业经理人佣金、70%作为社员土地入股分红。截至2016年5月底，崇州市土地股份合作社达246个，入社面积31.6万亩，占崇州市耕地总面积的60.8%。

（二）推进职业经理人种田，推动农业生产专业化——破解农村"谁来种地"的难题

崇州市大力开展以农业职业经理人为重点的新型职业农民培育行动，并建立完善相关资格认证、政策扶持等制度，着力解决"谁来种地"的问题。截至2015年年底，崇州市新型职业农民为6 712人，其中农业职业经理人1 887人，初级、中级、高级农业职业经理人分别达342人、116人、19人。崇州市新型职业农民和职业经理人的数量增加得益于以下几种机制：

一是建立选育机制。崇州市选择有志于农业的大中专院校毕业生、返乡农民工、种养能手等作为培育对象，建立专家学者、农技推广人员互为补充的教学师资队伍，探索形成职业农民"双培训"机制，培训生产经营型、专业技能型、社会服务型人才。

二是健全管理机制。崇州市建立农业职业经理人初级、中级、高级"三级贯通"的晋升评定制度、管理制度、考核制度等，对符合评定条件的颁发农业职业经理人资格证书，实行行业准入及退出制度，并每两年进行考核。崇州市构建形成了"农业职业经理人+职业农民"的专业化生产经营管理团队。

三是构建激励机制。崇州市设立了农业职业经理人专项培训经费，纳入本级

财政预算。崇州市制定并完善粮食规模种植补贴、城镇职工养老保险补贴、信用贷款贴息扶持等配套扶持政策，切实加大对农业职业经理人的扶持力度。例如，中级以上农业职业经理人享受提高 10% 的粮食规模经营补贴；农业职业经理人以个人身份参加城镇职工养老保险的，财政补贴 60%；初级、中级、高级农业职业经理人分别可以信用贷款 10 万元、20 万元、30 万元，给予银行同期贷款基准利率 50% 的贴息等。

（三）成立农业综合服务组织，推进农业服务社会化——破解生产"谁来服务"的难题

崇州市按照"政府引导、资源整合、市场参与、多元合作"的原则，建立起科技、品牌、金融、专业化服务四大服务体系，着力解决"谁来服务"的问题。

一是农业科技服务。崇州市依托四川农业大学、四川省农业科学院、成都市农林科学院"一校两院"，形成了"专家 + 农技人员 + 粮食规模经营主体"的科技服务体系，组建农业科技推广团队（人员达 225 人），促进农业科技产、学、研、用各环节融合发展，实现了农业科研成果与田间地头的无缝对接。

二是农业品牌服务。崇州市创建国家农业综合标准化示范市，依托成都市"天府源"公共品牌，推出"崇耕"区域品牌，培育"稻虾藕遇·天府好米"企业品牌。崇州市搭建农村"公共电商平台+垂直电商平台"，建成"土而奇"公共电商平台、"宫保府"等垂直电商平台，实现优质粮油主导产业产品上线销售。崇州市搭建"互联网+农村金融""农贷通"平台，探索形成农村产权抵押融资"1+3+7"模式，开展农村产权创新贷款，畅通金融资本注入农业全产业链发展通道。

三是农村金融服务。崇州市健全完善农村产权融资担保中心、农村产权交易中心、农村土地承包流转服务中心、农业农村投融资平台，探索实践农村产权抵押贷款、农业职业经理人信用贷款、农业产业风险互动、合作社社员资金互动，从制度上构建起农村金融服务体系。

四是农业专业化服务。崇州市开展政府购买公益性服务试点，提升基层公益性农业综合服务能力；引入社会资金参与，建成农村社会化服务总部基地、"一站式"农业服务超市多个，满足适度规模经营对耕、种、管、收、销等环节多样化服务的需求。

第二节　崇州市"林业共营制"打造集体林权制度改革全国样本

一、案例介绍

崇州市林地资源较为丰富，林地覆盖率达 42.1%。自发展农（林）业共营制以来，崇州市组建土（林）地股份合作社 299 个，入社土（林）地 37.8 万亩，土地适度规模经营占比达 75%，林地适度规模经营占比达 65%，农村居民人均可支配收入达 19 543 元，接近全市平均水平。2018 年，崇州市第一产业产值为 65.2 亿元，同比增长 4.9%。其中，林业产值 1.2 亿元，同比增长 6.7%，且近年来呈稳定增长趋势。林业一直为崇州市的经济社会发展和生态建设做出重要贡献。

自 2010 年以来，崇州市开始探索"农业共营制"，并将其移植到林业经营中，坚持家庭承包经营的主体地位，以放活林地经营权为主攻方向，首创并探索实践"股份合作社+职业经理人+林业综合服务体系"三位一体的林业共营制，打开了现代林业经营的新局面。

借鉴农村土地改革经验，崇州市开展林木所有权和使用权确权登记颁证工作，研究制定出台《崇州市林木（竹、果）权证颁证管理办法（试行）》，对非林地上营建的特色水果、花卉苗木等在自愿申请且无权属纠纷的基础上，进行确权登记颁证，核发林木（竹、果）权证，明确特色水果、花卉苗木等所有权，并赋予所有者买卖等相关权能。崇州市从法律层面明确了林地、林木归属问题，增强农民信心，为合作社的成立奠定基础。

2018 年，《国家林业和草原局关于进一步放活集体林经营权的意见》指出，加快建立集体林三权分置运行机制，落实所有权，稳定承包权，放活经营权，充分发挥三权的功能和整体效用。为落实相关政策、意见，崇州市结合地区农业改革经验制定出台了《崇州市林地经营权流转管理办法（试行）》，将林地所有权、林地承包权、林地经营权、林木所有权、林木使用权进行有效配置，并向程序规范、权责明晰的流入方颁发林地经营权交易鉴证书，核发林地经营权流转证。此外，崇州市健全公共资源交易中心林权流转交易平台，促进林地经营权的流转。

崇州市按照合作社基本原则，组建林木股份合作社，并引导农户以林地经营权折资入股，促进林地适度规模经营。截至 2018 年 6 月底，崇州市已组建林地股份合作社 53 个，入社林农 5 300 余户，入社林地 6.2 万亩。

在合作社培育发展过程中，社员大会主张根据社情、林情，共同商议讨论股权设定原则、计算方法等。同时，合作社引入第三方专业公司现场测算和测量，依据入社林地位置、坡度、林木种类等因素，确定林地、林木折资折股基准价，锁定入社原始股份，形成"原始股+新增股""受益股+预期股"的股权机制。

崇州市探索生产成本的筹集比例由职业经理人与合作社共同协商，职业经理人筹资后的缺口由林权抵押贷款补足，合作社通过使用林地经营权流转证、经济林木（果）权证、农业生产设施所有权证等产权向银行申请抵押贷款的方式筹集资金，形成利益联结机制。崇州市坚持经营收益多方共享、分配方式灵活多样的原则，充分兼顾入社社员、林业职业经理人、新型集体经济组织各方利益，通过林业职业经理人与社员（代表）大会充分谈判、协商的方式确定利益联结机制。同时，崇州市采取"纯收益按比例分红""保底+二次分红""佣金+股份分红"等灵活多样的分配方式，保障入社林农收益。

在平台搭建方面，崇州市林业共营制是协同"职业经理人+科技服务平台+金融平台"的方式，给林业发展提供了全面支持。

首先，保障人力资源，即新型林业职业经理人。崇州市从政策层面给予林业经理人优抚优待，完善职业经理人个人以及相关项目的政策和资金支持，支持林业经理人参与林业专业化、社会化服务，形成诱导机制；同时，建立考核制度，对培训后的职业经理人进行等级评定、绩效考核，通过市场化机制优化配置职业经理人；培育职业农民，建立林农培训机制，培育一批懂林业、爱农村、爱农民的新型职业林农，形成"职业经理人+职业林农"的生产经营管理团队，进而破解农村劳动力转移而无人经营的局面。

其次，大力搭建林业现代科技服务平台。崇州市积极走出去，寻求技术与科学服务，打通产、学、研、用各个环节，与四川农业大学、四川省林业科学研究院、四川省农业科学院等高校和科研院所组建集科技创新、成果转化、项目合作、人才培养为一体的林业专家大院、林业科技示范基地，强化技术支持；依托成都农村产权交易所和崇州市国家级大数据产业园，结合农业公司，建立智慧农业管理系统。

最后，为林业发展搭建金融平台，完善各项金融服务。崇州市整合"银政企保担"五方资源，建立"农贷通"融资综合服务平台，健全流转交易、价值评估、融资服务、信用评价、风险防控、担保收储、政策支持七大体系，推动"互联网+农村金融"，2017年撬动社会资本13.55亿元投入现代林业发展。此外，崇州市引入平安保险、太平洋保险、锦泰保险等保险机构，对流转双方的合同行为进行担保，保障林地流转当事人的合法权益，提升林地生产经营者抵抗自然风险的能力。

二、案例分析

崇州市在探索林业共营制实践中，通过确权颁证，健全公共资源交易中心林权流转交易平台，推动了产权交易与流转。在建立股份合作社过程中，崇州市引导林农自愿以林地经营权（含林木所有权、林木使用权）作价折资折股，工商注册成立林地（木）股份合作社，制定章程，成立成员（代表）大会、理事会、监事会等组织机构，并建立健全内部管理制度，明确了权责主体与当事人。在经营过程中，崇州市积极搭建金融服务平台，健全风险防控、担保收储机制，引入保险公司，推出农业险种，加强对土地流转双方当事人的行为约束。

（一）推进"五权分置"，完善经营治理结构

"五权分置"的理念借鉴了土地流转中的三权分置，区别主体（林地与林木），剥离权利（所有权、使用权、经营权），通过确权颁证，实现了对林农还权赋能、盘活资产、促进要素的合理流动与有效配置，针对不同地区的具体情况具有普遍性的指导意义。在具体的模式复制中，各地应抓住产权主体不松手，在明确产权的基础上，完善顶层设计（承包权与经营权可以进行抵押贷款等），使资源变为资产，使资产变活资本。

（二）多次分配，利益共享

"纯收益按比例分红""保底+二次分红""佣金+股份分红"，既不是单纯的按劳分配，也不是单一的按股份配。在利益分配过程中，崇州市既考虑到了成立合作社时的折股资本，也考虑到了新入社农户的直接资本投入，还有合作社、社员、职业经理人各个主体的不同贡献值，建立了多元的利益共享机制。

（三）第三方机构的进入，形成了良好的制约机制

一方面，在折股测量计算过程中，第三方专业机构的进入，增加了结果的可

信度与公信力，减少了纠纷发生的可能性；另一方面，在股份合作社的运行过程中，形成了"理事会+职业经理人+监事会"内部监管机制，确保农民说了算，保障了农民的合法权益。

（四）完善顶层设计

在林（土）地所有权分化后，在《中华人民共和国土地管理法》中，所有权归集体所有，农户拥有承包权与经营权。在赋予了经营权与承包权产能后，经营者可以通过相关证书进行抵押贷款融资，但在经营者破产后，相关林地、土地权利如何进行处理，还需要从法律层面进行规范与完善。

（五）强化现代农业经营政策体系

崇州市为林业共营制合作社提供风险保障，采用政府和市场相结合的手段，开发适宜的金融保险产品，全面推广符合需求的林业保险、履约保险、意外保险等新险种。在崇州市"林业共营制"建设过程中，已经出现了履约保险的赔付案例。针对农业本身的弱质性特点，未来可以探索是否增加保险种类，开发适宜的林业保险、意外保险等金融保险产品。

（六）引入市场资本，适度拓展经营体系

原有的"股份合作社+职业经理人+林业综合服务体系"三位一体的"林业共营制"适合在区域内发展区域性产业。农（林）市场是一个全国乃至全球范围内的大市场，要推动区域产业的市场化必然需要资本的助力，未来可以探索出一种"新型林业经营主体+林业职业经理人+产业化主体+林业综合服务体系"四位一体的产业化导向的"林业共营制"，为林业发展注入新的活力。

第三节　自贡市荣县"六农对接"机制走出农村综合改革试验区新路

一、案例介绍

荣县位于四川省南部，属自贡市管辖，地处长江上游沱江、岷江水系的低山丘陵地带，自然资源丰富，交通便利。荣县面积 1 605 平方千米，人口 70 余万。荣县是首批国家农业可持续发展试验示范区、成渝经济区最具投资环境县、四川省县域经济发展先进县、四川省扩权强县试点县、四川省新农村建设示范片建设试点县、全国百个油茶示范林基础建设县、全国五百个粮棉大县、全国农产品加工示范基地县、四川省社会治安综合治理模范县、四川省统筹城乡综合配套改革试点县。随着承启东西和贯通南北的成自泸赤高速公路、乐自高速公路和内威荣高速公路的建成，荣县正加快步伐融入成渝经济区。

2016 年 2 月，《四川省农村改革综合试验区实施方案》出台，该实施方案确定 20 个县（市、区）为四川省农村改革综合试验区，力争通过两年的综合试验，形成一批可复制、能推广到全省、全国的成功经验。荣县被纳入第二批农村改革综合试验区。农村改革综合试验区聚焦农村集体产权制度、农业经营制度、农业支持保护制度、城乡发展一体化体制机制、农村社会治理制度和扶贫开发脱贫攻坚体制机制等领域开展综合试验。该实施方案要求，综合试验区建设在具体实践中，应先行先试，对具有基础性、全局性试验的内容要全域、全面深入推进，根据自身优势和特色，一体谋划、统筹推进，注重扩大覆盖面，避免出现仅在部分乡镇或少数村组试点的现象。荣县开始了农村综合改革试验区的探索建设之路。

荣县的具体做法是通过"建基地、创品牌、搞加工"，形成以"农社对接、农企对接、农科对接、农网对接、农商对接、农旅对接"为特色的"六农对接"机制，促进农村一二三产业融合发展和乡村振兴，走出了一条产、销、研、创一体化的农村综合改革试验区新路。

（一）"农社对接"建基地

荣县壮大新型农业经营主体，在大宗粮食、果树、蔬菜等专业合作社（协会）基础上，组建种粮大户联合社、四川绿色荣州果蔬产业联合体，与种植大户、农业开发有限公司等 11 户重点龙头企业开展合作，通过"公司+专合社（协会）+农户（家庭农场、种植大户）"模式，采取土地单因素参股、"土地+劳务"双因素参股、土地流转、订单生产等方式，推动土地适度规模经营 32 万亩，建成菜-稻轮作标准化基地、畜-沼-菜（果）循环农业生产基地、茶叶标准化生产基地等万亩产业园区 21 个，带动农户年户均增收 1 600 余元。

（二）"农企对接"创品牌

荣县出台最高奖励 20 万元的新型农业经营主体品牌创建办法，采取"以奖代补、先创后补"的方式，开展"三品一标"认证工作。荣县成功创建龙都茶叶、巴尔饲料两个中国驰名商标，荣县油茶创建为中国地理标志商标，新桥枇杷成为国家地理标志保护产品，辣椒、南瓜、黄瓜等 25 个产品取得绿色食品认证证书，沙溪土花生等 48 个产品取得有机农产品认证证书。同时，荣县有力提升"双溪湖"油茶、"龙都"花茶、"荣州"水果等具有地域标识的知名品牌产品附加值。

（三）"农科对接"搞加工

荣县大力推进农产品初加工和精深加工，与清华大学、浙江大学、四川省农业科学院等 10 余家科研院所签订战略合作协议，开展优质稻产业化开发示范、粮经作物复合高效种植以及关键生产技术攻关等科技合作，建立起产、学、研相结合的农业科技研发体系，为壮大农产品加工业提供了坚强的技术保障。荣县已累计引进推广各类农业新品种 216 个、新技术 103 项，成功申报制茶、蚕茧抽丝等涉农发明专利 44 项。荣县投入 3 186 万元，研发出具有发明专利的萌芽糙米新工艺，显著提高了稻米的附加值和营养价值。

（四）"农网对接"拓销路

荣县建成电商综合服务中心，依托电商企业开发出"大农和""农业信息化管理平台""大农汇""荣州淘""邮乐购"等农产品产地直供平台。荣县借助苏宁云平台，接入京东、淘宝等大型电商平台，拓展"农村社员电商+城市社群电商"路径。近百种荣县特色农产品实现线上销售，网络销售额连续 3 年增长 20% 以上。荣县联合研发大田数据自动采集系统、校餐安全自动监管系统、大农和农产品追溯系统，积极打造田间数据可采集、生长全程可掌控、加工过程可监控、制作过程可视化的追溯体系，提高消费者消费意愿，增强产业发展后劲。

（五）"农商对接"连市场

荣县引导农业龙头企业、专业合作社等经营主体，加强与粮油公司、餐饮集团、连锁超市等商贸企业合作，实现农特产品直接进仓库、上餐桌、入超市。种植大户和农业公司牵头，与地方粮油公司、中央储备粮自贡直属库签订委托收储合同，将订单优质粮作为县级储备粮存储轮换，节约收购资金 5 329 万余元，解决近 2 万吨稻谷存储问题，保障了粮食收储企业的优质粮源。荣县 10 余家涉农企业、200 余个专业合作社与沃尔玛等 27 家餐饮公司和企事业单位、400 余家超市及专营、便利门店合作，推行农产品直接上餐桌、入超市的去中间商化农商对接模式，最大限度保障农户利益。

（六）"农旅对接"促融合

荣县坚持"园区随着景区走，景区跟着园区建"的理念，充分利用菜、果、茶等得天独厚的农业资源，集中连片建设高档次现代农业产业园区，深度挖掘玉章精神、农民漫画、双石花船、留佳麒麟灯等文化资源和特殊地质资源，赋予园区生动的人文内涵，实现生态、文态、业态"三态合一"。荣县成功创建"玉章故里·漫画小镇"国家 4A 级旅游景区，建成集文化创意、景观创意、体验创意于一体的"山王茶旅"综合园区 5 个，精心打造"乐德红土地"等农村旅游精品线路 13 条。墨林乡吕仙村成功申报并列入中国传统村落名录，旭阳镇马石村等 5 个贫困村纳入世界地质公园扩园范围，度佳镇白坡村、胡家巷村列入 2017 年四川省旅游扶贫村。荣县以"吃农家饭、观自然景、赏民俗情、享田园乐"为主题，包装文化活动、升华文化体验，开展"田园荣州·美丽乡约"乡村旅游文化节活动 13 场，带动农户增收近亿元。

二、案例分析

在现代农业经营体系的建立过程中，如何将各类主体的利益有效地联结起来，如何利用好各类平台资源，成为解决实际问题的重点与难点所在。在荣县的案例中，我们可以看到立足于"大农业"，"社、企、科、网、商、旅"被有机地结合起来（见图 3-1）。"社、企"融合了新型农业经营主体中的农民专业合作社和涉农企业，试图挖掘农民专业合作社与涉农企业不同主体的功能并形成合力。"科、网"是指打造科技平台，充分利用科技人员及科研院所的智力贡献，同时借力智能系统与电商平台。"商、旅"则充分体现了全域发展观，即统筹考虑乡村振兴的各方面布局。

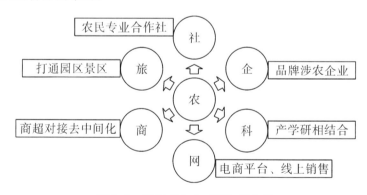

图 3-1　荣县"六农对接"概念图

　　荣县案例的特色之一，在于构建利益联结机制，创新农户入股方式，撬动村域经济发展。荣县在"农社对接"建基地中通过"公司+专业合作社（协会）+农户（家庭农场、种植大户）"模式，构建"业主+专业合作社+贫困户""村集体+专业合作社+贫困户""公司+基地+贫困户""微商+村集体+贫困户"，形成村集体、农民和经营主体捆绑发展、利益共享、风险共担的利益联结机制，不仅联结了各类经营主体、普通农户，还将贫困村和贫困户捆绑在产业链上。截至目前，6 000 余贫困人口以劳资入股、耕地入股、资金入股等入股分红方式，实现人均增收 1 000 余元。

　　荣县案例的特色之二，在于创新财政项目资金量化参股方式，采取"政府+龙头企业+专业合作社+贫困户"合作模式，建立支农项目资产收益和财政扶贫资金投资收益扶贫新机制。荣县在铁厂镇、双石镇等 4 个乡镇试点，将 450 万元财政支农资金优先量化给 3 个专业合作社的 400 余户建档立卡贫困户；参股四川巴尔农牧集团、绿茗春茶叶公司等 3 户龙头企业，采取"保息+分红"方式，发展生猪、茶叶产业，保障持股贫困户优先收益权，带动贫困户年人均收入增加370 元。

第四节　内江市供销社综合改革试点实现"四大转变"

一、案例介绍

　　内江市位于四川省东南部，处于沱江下游中段，东邻重庆，南交泸州，西接自贡，西北连眉山，北与资阳相邻，是东南至西南各省交通的重要交汇点，素有川中枢纽之称。内江市的地形以丘陵为主，东南、西南有低山环绕。内江市总面积 5 385 平方千米，下辖 2 个区、2 个县，代管 1 个县级市；2018 年户籍人口411.77 万人。

　　为贯彻落实中央深化供销合作社改革相关文件，2017 年，内江市人民政府办公室印发《内江市深化供销合作社综合改革工作方案》（内府办发〔2017〕90号）文件，计划到 2020 年，建设和运营好"农融网·天府农场"平台，通过该平台实现电商交易额 20 亿元；改造提升农民专业合作社 120 个，改造提升农村社区综合服务社 320 个，改造提升庄稼医院 200 所，改造提升再生资源回收网点

500 个，改造和新建基层社 90 个。

为实现上述目标，内江市采取以下措施：推进农资服务保障体系建设，创新农业社会化服务方式，搭建城乡社区综合服务平台，实施"互联网+供销社"行动计划，培育新型农业经营主体，加强农产品流通体系建设，稳妥开展农村资金互助合作，积极参与脱贫攻坚，实施"基层社示范建设工程"，创新发展农民专业合作社，创新联合社治理机制，密切联合社层级联系，推进行业协会与联合社融合发展，理顺联合社与社有企业关系，建立支持供销合作社发展的长效机制，建立供销合作社综合改革工作督查考核机制。

（一）转变之一：强化乡镇基层社、农民专业合作社、社区服务社，供销社阵地由小变大

一是创新乡镇基层社建设。内江市按照开门办社、规范办社、示范办社的理念发展乡镇（街道）基层社，着力建设产权多元、机制灵活、功能完备的新型基层社。内江市吸收社会资本，对现有乡镇（街道）基层社进行改造，实行商品化经营、股份制合作，激活经营服务；吸收当地业主和农村种植、养殖大户入社，建设一批经营性与公益性相结合的基层社。截至 2017 年年底，内江市因地制宜新建和改造基层社 114 个，基层社已 100% 覆盖全市乡镇。2015 年，东兴区椑木供销社荣获中华全国供销合作总社基层社标杆社称号。二是创新农民专业合作社建设。内江市借助"农融网·天府农场"平台优势，创新利益联结机制，引导农民立足当地特色产业，以合作社带动规模化生产，创新发展农民专业合作社。通过股权介入、项目扶持、业务指导等方式，全市供销社系统发展农民专业合作社 347 个。其中，项目资金扶持的占 3.5%（12 个），供销社参股的占11.5%（40 个），引导组织建立的占 85%（295 个）。三是创新农村社区综合服务社建设。内江市按照地域相近、规模适度、便于服务的原则，在新农村综合体、新村集聚点、幸福美丽新村和中心场镇建设主体多元、功能完备、便民实用的农村社区综合服务社，围绕农民生产生活需求开展科技咨询、养老幼教等综合服务。内江市已发展农村社区综合服务社 563 个。

（二）转变之二：招商引资、企业重组，壮大社有企业经营体系，供销社总体实力由弱变强

一是引进大型龙头企业。近年来，内江市供销社先后引进 2 个全国供销合作总社控股企业。中国再生资源投资开发有限公司计划投资 32 亿元，在内江市建

设西南再生资源产业园区，建成废旧物资交易市场，主营废旧家电拆解、废旧塑料加工等项目的 7 户企业入驻园区；中国供销农产品批发市场投资开发有限公司计划投资 17 亿元，在内江建设综合农副产品批发市场，已完成一期展示展销中心建设。二是实施企业重组。内江市供销社充分利用闲置资产、社有资金、项目资金，通过控股、参股、合作等形式，投入有发展前景的企业，吸引各类经济组织加入供销社，壮大企业经营实力。截至 2017 年年底，内江市双安机动车驾驶员培训学校、盛宏食品有限公司、川老妈食品有限公司等 45 个公司成为社有企业。内江市供销社系统各类独立核算企业由改革前的 56 个增加到现在的 159 个，内江市供销系统资产规模由 7.5 亿元增加到 23.64 亿元，年经营服务总额由 30 亿元增加到 81 亿元，年汇总利润由亏损到盈利 5 000 余万元。

（三）转变之三：拓展公益性、经营性社会化服务，供销社服务内容由少变多

一是拓展公益性服务。内江市大力发展社区综合服务社、城镇商贸服务综合体、消费合作社，围绕城乡居民生产生活需求，提供家电及农机具维修、科技咨询、文体娱乐、养老幼教、信件报刊收发、代办便民金融刷卡取款、代收水电费、代收电话费等公益性服务。内江市供销社系统公益性服务项目由改革前的 10 个发展到 20 余个。二是拓展经营性服务。内江市实施"农业社会化服务惠农工程"，建立农业服务公司，在巩固传统的农资、农副产品、日用消费品销售及再生资源回收等经营项目的基础上，推进新建和改造庄稼医院，培训配备庄稼医生，开展优质种子种苗供应、测土配方施肥、病虫害防治、坐诊巡诊等服务，推进农资经营服务规模化。截至 2017 年年底，内江市发展各类经营服务网点 4 500 余个、庄稼医院 600 所，内江市供销社系统经营性服务项目由改革前的 30 余个发展到 100 余个。

（四）转变之四：创建内江特产网上商城、天府农场、农产品对接电商平台，农产品流通方式由传统变现代

一是建成内江特产网上商城。内江市建设内江特产展示展销中心，在互联网和移动互联网上利用第三方平台建设内江特产网上商城，抢注以"内江名优土特产"命名的微博、网店（站），推出移动应用客户端，买断"内江特产""四川家电""西部糖酒会"三个信息名址关键词并对域名进行注册，加盟"中国搜索——中国特产频道"，建立内江特产便捷实用的信息追溯系统，实现内江特

产集中展示、触网销售。二是建成"农融网·天府农场"电商平台。内江市投资 300 余万元，建成四川省首家大宗农产品 B2B 模式"农融网·天府农场"电商平台，着眼大宗农产品供应链管理与服务，在产品集中区建设农产品集配中心或集配点，在销地农产品批发市场建设农产品专销区，在城市社区建设线下配送体验店，将本地大宗农产品和销地市场订单组织起来，畅通农产品产销渠道。截至 2017 年年底，内江市已建成农产品集配中心 8 个、农产品销地市场专销区 2 个、社区配送体验店 20 个，通过平台累计实现网上交易额 30 余亿元，助推了农产品流通现代化。三是对接"供销 e 家"电商平台。内江市将辖区内地标性农产品和有知名度的农产品引入全国供销合作社统一的"供销 e 家"电商平台，与 5 家专业合作社签订合作协议，计划挂网销售 25 种农产品，实现农产品线上线下融合发展。

二、案例分析

供销社是供销合作社的简称，我国供销合作社产生很早。1950 年，中华全国合作社联合总社成立，并在全国范围内形成了供销合作社的组织系统，统一领导和管理全国的供销、消费、信用、生产、渔业和手工业合作社。从 1958 年开始，供销社几次与国营商业合并又分开。1982 年，供销社开始体制改革。1995年，中华全国供销合作总社恢复成立。现阶段，供销社以打造全新供销合作社为主线，以赶超发展为战略，以建设"三个力量"为重点，坚持为农服务宗旨，全面深化供销合作社综合改革，大力推进农资、棉花、再生资源等产业转型升级，加快发展物流、金融、节能环保、文化等现代服务业和战略性新兴产业，狠抓"新网工程"、农业综合开发等项目的实施，加快农产品流通体系建设，提升了经营实力、服务能力和发展活力。

供销社在全国农村地区具有良好的群众基础和完备的网络体系，然而其产权制度的复杂性和独特性导致其当前面临着定位模糊、组织基础涣散以及经营绩效不理想等诸多问题，迫切需要继续深化改革。同时，更加适应市场经济体制的基层合作社具有诸多好处：一方面致力于维护全体社员的利益，提高了农民的组织化程度和竞争力；另一方面促进新经济的联合，即在社会主义新农村建设中，发挥了主渠道作用，积极参与构建现代农村物流体系，促进了农民增收和农村经济发展。

2015 年，中共中央和国务院出台文件，就深化供销合作社综合改革做出部署。《中共中央 国务院关于深化供销合作社综合改革的决定》分 5 个部分共 19 条，包括深化供销合作社综合改革的总体要求；拓展供销合作社经营服务领域，更好履行为农服务职责；推进供销合作社基层社改造，密切与农民的利益联结；创新供销合作社联合社治理机制，增强服务"三农"的综合实力；加强对供销合作社综合改革的领导。

当前，互联网和电商平台的蓬勃发展，给传统实体经济带来巨大冲击，彰显出线上贸易相对于实体贸易在流通中的突出优势，如节省交易费用、提高交易效率等。供销社在农产品流通中发挥着主渠道作用，互联网时代要求其转变传统的供销职能，根据当前消费者的需求扩展现代流通职能，实行"互联网+"新模式。在农产品跨区域流通过程中，农业生产者呈现出规模小而分散的状态，再加上生鲜农产品易腐的特点，对储运物流有较高要求，这些都需要由实体型组织来发挥中间媒介作用。供销社如能恰当利用网络平台的积极作用，可以突破时间和空间因素对农产品交易范围的诸多限制，通过线上线下的打通来全面促进农产品流通。此外，供销社在与电商企业组建平台的同时，应广泛与各类电商企业开展合作，提高综合服务能力。

内江市积极推进"两会一中心"建设，广泛吸纳各类农村合作经济组织、为农服务企事业单位和行业协会等，积极筹备建立农村合作经济组织联合会；按照供销社章程和有关政策要求，建立承担供销社日常工作的供销社理事会；创新社有资产管理体制机制，实现联合社与社有资产运行一体化。

内江市积极建设经营性和公益性结合的基层社；推进农民专业合作社建设，并借助网络电商平台，组织农民专业合作社相关负责人参与电商技能培训，为农产品互联网贸易建立基础；促进农民专业合作社的联合社建设，以此增强农民专业合作社之间的合作，降低交易成本，增强市场竞争力；推进农村社区综合服务社建设。内江市拓展合作社服务项目范围，探索经营性服务与公益性服务相结合的运行机制。

内江市供销社通过招商引资的方式，参股社有企业。内江市供销社利用招商引资、新网工程、农村社会化体系建设等形式，参股、入股了一批社有企业，如由内江市供销社与社会能人联合，共同出资组建了内江供销土特产有限公司、四川通泰丰电子商务有限公司等，直属企业不断壮大，实力不断增强。内江市供销社整合闲置资产、项目资金、社有资金，协助社有企业变大变强。

内江供销土特产有限公司通过注册微博、建立网站、开发应用程序和客户端等方式，成功探索构建内江特产营销网络模式，并建成内江特产展示展销中心，实现内江特产的集中展示和触网销售。内江市供销社通过组建公司实施平台建设与运营，建成了"农融网·天府农场"电商平台，并组织引领全市重点农产品龙头企业、基层社、农民专业合作社参与建设农产品集配中心或集配点、配送线下体验店等。内江市供销社通过构建线上线下双线运行机制，实现农产品对接大市场。

内江市供销社抓住机遇在以下几个方面取得较大的突破与创新：第一，促进供销阵地变大变强；第二，壮大自身经营实力；第三，拓展现有服务内容；第四，创新多种流通渠道（见图3-2）。

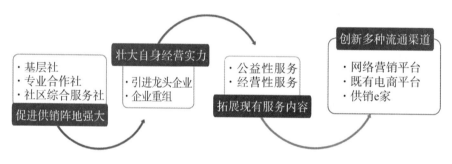

图3-2　内江供销社综合改革示意图

第五节　成都农村产权交易所
聚合资源挖潜力，打造区域大平台

一、案例介绍

2008年，在成都市大力推进统筹城乡改革背景下，按照"打破城乡体制机制障碍，实现城乡生产要素自由流动"的改革思路，成都市在拉开农村土地确权颁证大幕的同时，计划在成都市高新区孵化园盈创动力园区成立成都农村产权交易所。

2009 年 12 月 29 日，成都市人民政府办公厅下发通知，确定了成都农村产权交易所的组建方案、交易范围、组织机构等。

2010 年 7 月 7 日，成都农村产权交易所有限责任公司正式注册成立（对外挂牌成都农村产权交易所），是按现代企业管理模式运营的综合性产权交易所。这是对产权交易所企业化运营进行的初步探索，为确权后的农村产权流动做好交易平台准备。同年，成都市开始探索农村建设用地指标交易制度。成都市国土资源局相关负责人介绍，这一制度从我国"城乡建设用地增减挂钩项目"发展而来，要求取得首次出让的国有建设用地的开发商必须持有相应面积的建设用地指标，这就为农村社区通过土地综合整治和集中居住改造后所节约的建设用地指标提供了需求市场。建设用地指标交易为城市反哺农村开辟了一条重要渠道，同时也为成都农村产权交易所创设了一项核心业务。

2014 年年底，成都农村产权交易所完成股权划转，由成都投资控股集团有限公司和成都市现代农业发展投资有限公司持股，注册资本金已达到 5 000 万元，进一步完善了公司治理结构，在向建立现代企业体制的道路上迈出了一大步。

2015 年，四川省政府提出"扩大提升成都农村产权交易所功能覆盖面，将其建成省级交易平台"。根据该要求，各县（区、县级市）整合现有各类农村产权流转交易机构的职能，成立县级综合交易平台。自贡、德阳、广元三市建立市级交易平台。成都农村产权交易所作为省级综合交易平台，负责对县（区、县级市）级交易平台建设进行业务指导。与此同时，成都农村产权交易所也提出了"做大做强、建设区域性农村产权交易中心的战略规划"。2015 年 5 月开始，农村产权交易机构颁发的交易鉴证书作为办理农村土地经营权证的必要条件之一，为农村产权交易所介入农村土地经营权流转提供了一种制度保障。

成都农村产权交易所是成都市政府挂牌成立的全国首个综合性农村产权流转综合服务平台，秉承"以创新为手段，以市场为导向"的发展理念，在建设用地指标、集体建设用地、农村土地综合整治以及多项农村产权服务中探索全新的服务模式，建立配套完善的交易制度和规则，通过信息集成、要素集成、服务集成，创新实践，统筹城乡发展，以公开、公平、公正的服务助推"三农"发展，同时连接各地农村产权交易分所，旨在搭建市、县（区、县级市）、乡三级农村产权流转信息发布和组织交易的综合型平台。通过该平台，农民的土地承包经营权、林权、集体建设用地等可以通过市场原则实现有序流转。作为转让方的农户并不需要缴纳任何服务费用，受让方也只被收取交易服务成本费。目前，成都农村产权交易所的业务范围包括农村土地承包经营权、林权、农村房屋所有权、集体建设用地使用权、农村集体经济组织股权、农业类知识产权等农村产权的交易；农村土地综合整治腾出的集体建设用地挂钩指标、占补平衡指标的交易；资产处置等。

成都农村产权交易所下设行政部、信息部、财务部、农村产权交易部、综合交易部、风险控制部、市场拓展部等。成都农村产权交易所自成立以来，完成了交易硬件设施建设、交易制度及规则建设与完善、信息系统建设等工作。成都市三级农村产权交易机构实行"六统一"的管理模式，即统一交易规则、统一交易鉴证、统一服务标准、统一交易监管、统一信息平台、统一诚信建设，逐步形成税费一致、信息共享、统一的产权交易体系。

目前，在成都市范围内，成都农村产权交易所已经初步搭建起市、县（区、县级市）、乡三级农村产权流转信息发布和交易平台，建立了14个县（区、县级市）分所和257个乡镇农村产权交易服务站，培养了2 000余名农村产权信息员和经纪人。在交易所各类产权交易中，建设用地指标交易稳居榜首。自2010年12月17日，成都农村产权交易所将2 000亩建设用地指标首次大规模进行公开拍卖转让起。截至2015年5月底，成都农村产权交易所进行的建设用地指标交易超过1 000宗，交易金额近160亿元。通过这一制度，成都市约200万农村居民受益，实现了居住环境的"改头换面"。

在建设用地指标之外，耕地占补平衡指标、农村土地综合整治项目也陆续进行入场交易。数据显示，截至2015年5月底，成都农村产权交易所耕地占补平衡指标交易76宗，交易金额9.48亿元；农村土地综合整治项目交易16宗，交易金额10.32亿元。

与土地指标入场交易的繁荣相比，近年来流转活跃的农村土地经营权、林权等入场交易比例却不高。据统计，近年来成都市土地承包经营权交易超过1万宗，而进入成都农村产权交易所交易的不足10%（这一比例不包括各区县、乡镇设立的土地流转服务中心等机构的交易）。由于在政策上，相关部门并未对土地经营权、林权等农村产权入场交易做出要求，仅停留在鼓励层面，且土地经营权、林权流出方和流入方往往具有地域上的亲近性，自发交易很容易达成，因此目前大量流转的土地经营权、林权等农村产权入场交易并不活跃。在解决如何吸引更多农村产权入场交易，最大限度挖掘市场价值方面，2014 年，成都农村产权交易所承接四川省林业厅林权改革试验任务，负责建立全省集体林权交易试点平台和交易信息发布平台，拉开了林权入场交易的序幕。

成都农村产权交易所相关人员表示：目前，成都农村产权交易所已经建立了系统化的投资人信息库系统及短信宣传服务平台，可以实现项目信息的快速精准推送。

同时，农村产权处置中存在的不公开、不透明现象，已经成为引起基层矛盾的主要原因之一。规范、公开的入场交易，可以避免这一系列问题。此外，针对农村土地经营权流转交易的普遍需求，成都农村产权交易所在其信息平台上专门开辟了自主发布窗口，土地流出方可以自行登录、发布流转信息。

二、案例分析

成都农村产权交易所作为全国首家综合性农村产权流转综合服务平台，其意义重大。成都农村产权交易所自成立以来，总体绩效状况良好，服务体系覆盖度不断提升。当前，成都农村产权交易所已发展为全国交易规模领先、交易品种齐全、交易体系完善的综合性乡村振兴发展平台、专业性农村产权交易平台、特色性农村金融服务平台，正逐步发展为立足四川省、辐射西南地区、影响全国的区域性农村产权交易中心，其在激活农村产权价值、实现农村要素的市场化配置、助力乡村振兴等方面的建设中做出了贡献。

我们应该看到，成都农村产权交易市场目前的入场交易还受到诸多限制，虽然能够交易的品种多，但由于受到市场环境和政策环境的影响，实际交易的种类较少。成都农村产权交易所实行公司制治理结构，但其管理运行按照事业单位进行。其既具有公益性事业单位性质，又是依靠政府购买服务的经营性机构，难以更好地以市场化运作方式培育平台的综合服务能力，难以在市场竞争中占据优势。

在未来的建设中，成都农村产权交易所应完善其机制，以市场为导向，加强内部管理；政府有限度地干预，借鉴先进地区推动农村产权入场交易的做法，在完善相关政策的同时加强市场指导和监管制度建设。成都农村产权交易所应立足成都市，服务四川省，加快推进与省内有关市（州）的合作，在此基础上，逐步推进跨省合作。

　　出于粮食安全、政治平衡和区域经济均衡等方面的考虑，我国实行了严格的农地非农化制度安排，采取建设用地指标的指令性计划分配制度。该制度虽然取得了一定的效果，但随着经济发展阶段的演进和市场经济体制的深化，越来越缺乏经济绩效，需要进行改革。现有研究表明，构建非农建设用地指标交易市场，在保障既有制度目标的同时，是一项可行的举措。

　　2013年，党的十八届三中全会审议通过的《中共中央关于全面深化改革若干重大问题的决定》指出，建立城乡统一的建设用地市场。在符合规划和用途管制前提下，国家允许农村集体经营性建设用地出让、租赁、入股，实行与国有土地同等入市、同权同价。

　　农村集体建设用地是指农民集体所有的、经依法批准用于非农业建设的土地，包括兴办乡镇企业用地、村民住宅建设用地、乡村公共设施和公益事业建设用地。农村集体建设用地使用权是属于农民在集体土地上从事非农活动的权利。集体建设用地流转包括广义和狭义两个概念。广义的集体建设用地流转主要包括土地所有权流转、土地使用权流转和农民宅基地使用权流转。

　　建设用地指标进城，即指建设用地指标可交易。中国当前城乡统筹发展和区域统筹发展面临着诸多问题，城乡差距日益扩大，区域平衡发展过度依赖行政手段，城市内部社会分割明显。要解决这些问题，必须实施改革，使新增的以及宅基地所对应的建设用地指标成为可以入市交易的资产，让跨省进城务工的农村人口将其拥有的建设用地指标带到其就业所在地，并换取当地城镇户籍、社会保障、公共服务等，促进劳动力和土地资源的再配置。建设用地指标交易不仅能有效推动城市化和工业化进程，促进人口和经济活动的区域间合理布局，而且将成为下一轮经济持续增长与社会和谐发展的巨大动力。

　　成都农村产权交易所的挂牌，符合国家"建立城乡统一的建设用地市场"的要求。建设用地指标在交易所内按自愿原则，公平、公开、自由买卖，既符合农民的利益，也有利于进行土地流转，从而实现土地资源的市场化配置。

第六节 案例启示与相关建议

一、案例启示

本章所列举的几个典型案例,都从不同的角度和领域展现了新型农业经营体系中的革新与探索。近些年,随着城镇化的不断扩张,农村青年大量外流,大量农村劳动力脱离第一产业涌进第二产业和第三产业,且进城后的劳动力很难再回到农村种地,农村"空心化"程度日益加剧。历年中国统计年鉴的数据显示,全国粮食种植面积占农作物播种面积的比重从 1978 年的 80.34% 下降到了 2010年的 68.38%。虽然家庭联产承包责任制有效地避免了"搭便车"的状况,有效地调动了农户的积极性,但同时,其所造成的土地细碎化、分散化也阻碍了土地规模化和机械化的进程。在崇州市农业共营制案例中,"谁来经营""谁来种地""谁来服务"的问题也在这个背景下日益凸显。我们应该注意到这几个案例带来的几点重要启示。

(一) 以农村土地股份合作社为基础的新型农业经营体系逐步发挥新动能

农村土地股份合作社作为中介组织,有利于降低农地流转交易成本,加快土地流转的速度。从崇州市的案例可以看出,2017 年,崇州市入社面积为 31.6 万亩,入社农户为 9.2 万户,均占全市耕地总面积、农户总数的 61%。农村土地股份合作社有利于提高农户和村集体挖掘土地潜在价值的积极性,促进多种经营主体参与农业,并且使粮食生产安全得到保障。农村土地股份合作社还为有效解决传统农业经营方式下融资难的问题提供了可行途径。传统的农民专业合作组织在需要通过融资来弥补资金缺口时,往往因为不能向金融机构提供符合条件的贷款抵押物,而无法顺利取得贷款资金,难以实现资金周转。而农村土地股份合作社利用制度上的优势,可以通过"小证"换"大证"的做法,依法取得农村承包地经营权证,从而向金融机构申请政策性贷款,并且也可以利用职业经理人身份获得信用贷款。

农村土地股份合作社分为多要素农村土地股份合作社和单要素农村土地股份合作社。单要素农村土地股份合作社仅吸纳农户的土地经营权入股,自身并不参与生产经营,也就是说入股要素仅为土地。这种模式下合作社管理与收益都较为简单。多要素农村土地股份合作社以土地经营权以及劳动力、技术、资金等其他要素一起折价入股，其与单要素农村土地股份合作社各有优劣性。崇州市新型农业经营体系中的农村土地股份合作社便是单要素合作社。基于一些学者的研究，多要素农村土地股份合作社综合评价值高于单要素农村土地股份合作社，一大原因在于多要素农村土地股份合作社在"二次分红"等方面的参与度更高。与此同时，组建农村土地股份合作社的成本同样不低，需要政府的支持与农户的积极配合。实际运行过程仍然存在着合作社的普遍问题，如组织治理水平不高、缺乏效率与科学性等，因此仍需积极探索，努力完善制度。崇州市可以结合实际情况推广农村土地股份合作社，并向多要素方向转型。

（二）以职业农民、农业职业经理人为基础的人才队伍建设备受关注

新时代具备高水平知识与技术的职业经理人，往往也能取得较为可观的收入，目前市场上对其需求较大。合作社的品牌效应往往会激发农户的参与积极性。职业经理人的品牌化，一方面可以增加自身收入，另一方面可以减少合作社的寻找时间成本，甚至形成品牌吸引力，同样会提升农户对合作社的信任程度。

（三）因地制宜地布局好三类经营主体的定位，促进全产业链现代农业发展

2017年，在农业部等六部门共同印发的《关于促进农业产业化联合体发展的指导意见》中，明确了以龙头企业、农民专业合作社、家庭农场三大新型农业经营主体为主要定位的农业产业化联合体，尤其是提到分工协作、规模经营、利益联结是这个联合体是否能良好发展的关键。

立足于本书列举的案例，将思路拓宽到新型农业经营体系的建立上，我们建议在全产业链农业发展体系中，以龙头企业为引领，以农民专业合作社为纽带，以家庭农场为基石来区分定位这三类主体，发挥各自在产业链中的功能。

龙头企业相较于其他两类主体，其集约化程度和组织化程度是最高的，由于企业内部的科层制安排，交易费用的节约使得其资金利用效率也很有优势。在全产业链农业生产当中，龙头企业比较适合利用自身优势和资源整合能力，发挥带头引领作用。

农民专业合作社的基本功能是作为农户和市场之间的纽带与中介。合作社本身既可以发展生产，也可以联结生产、加工、销售等多环节，这样的纽带特质比较适合发挥产业链中覆盖全程的技术监督、食品监管、安全风险防控等功能。

家庭农场（包括专业大户在内）的基础性作用是进行农业生产，其可以为

龙头企业、农民专业合作社甚至普通散户提供代耕代种、统防统治、代收代烘等农业生产托管服务。同时，家庭农场可以与农民专业合作社、龙头企业开展产品对接、要素联结和服务衔接。例如，家庭农场的联合与合作，鼓励以家庭农场为基本成员，组建农民专业合作社；以农村土地承包经营权、水面经营权或林权作价入股，建立家庭合作农场，能够实现节约成本、增强效益的功能。

二、相关建议

（一）加大对三类主体的政策扶持力度

在财政政策上，政府应整合财政专项资金以及农业综合开发项目，同时通过贷款贴息、直接补贴、奖励等措施支持龙头企业的发展。在税收政策上，政府应主要通过税收豁免、税收抵免、税前还贷、优惠税率、优惠退税、延期纳税、加速折旧、盈亏互抵等措施支持三类新型农业经营主体。在金融政策上，政府应继续引导金融机构向有资质的、符合条件的三类主体提供贷款，积极支持信誉高、费率低的担保机构发展，同时完善担保机制。在特殊政策上，政府应进一步加大对三类主体在用地、用水、用电政策上的支持，继续落实相关优惠政策，在有特殊需要或重点发展的行业辅以项目制补贴。

（二）支持龙头企业加强生产基地建设

龙头企业要实现农产品的全过程可控，以确保食品安全。农产品生产环节是食品安全的源头，龙头企业对此环节要牢牢把控。对生产环节的把控取决于龙头企业对原材料生产基地的控制。针对目前原材料基地面临的问题，我们提出以下几点建议：第一，加大财政支持龙头企业扩大自有基地面积的力度。龙头企业实际上真正能实现绝对控制的只有自有基地。在支持龙头企业实施全产业链整合的过程中，政府需要保障龙头企业对基地的绝对控制。第二，引导龙头企业对基地进行合理、科学布局。龙头企业基地的分散，加大了龙头企业对原材料基地的管理难度。第三，鼓励龙头企业建设标准化生产基地，升级现有粗放管理与经营的生产基地。标准化生产基地建设是保障食品安全的重要举措。第四，完善生产基地的配套措施。

（三）拓宽农民专业合作社的服务覆盖领域，对接供应链金融

农民专业合作社具有的中介和纽带功能，比较适宜在全产业链现代农业体系建设中联结龙头企业和其他新型经营主体。农民专业合作社在做大做强之后，可

以拓宽其服务领域，自行出资筹办公司性质的实体，延伸产业链，以更好地进行全产业链农业经营。更重要的是，将具有社会公共福利性质的养殖业的动物疾病防控、种植业的防污染、食品安全领域的质量监督管控等功能放到农民专业合作社的体系中，会比龙头企业和家庭农场更适合。

（四）从降低土地流转风险的角度培育家庭农场的可持续发展性

为了更好地发挥家庭农场在全产业链农业发展中的基石作用，各级政府应从政策设计上最大限度降低家庭农场及农户在土地流转上发生的风险，具体来讲就是完善土地流转履约保证保险设计，建立风险保障金制度。

政府应从稳定土地流转、促进规模经营、培育新型农业经营主体的角度出发，在财政、金融、保险的各项政策上对农业生产给予支持和保障。政府应全面完善土地流转履约保证保险设计，建立起长效的风险保障金制度。在每一单土地流转初始，即由流入方（业主）按租金的一定比例缴纳保证金，用作最终归还土地时的复原费用，也可以作为逾期支付租金时的备用金，以保障长期的风险。通过这一政策保障各类新型农业经营主体的生命力和可持续发展能力，政府能够更好地服务现代农业的长足发展。

本章参考文献

［1］白志刚. 如何构建新型农业经营服务体系：谈深化农村改革的主线 ［J］. 中国合作经济，2018（12）：52-54.

［2］董志勇，李成明. 新中国 70 年农业经营体制改革历程、基本经验与政策走向 ［J］. 改革，2019（10）：5-15.

［3］范丹，邱黎源，刘竞舸. 我国土地流转违约风险防范机制研究：以邛崃市开展履约保证保险为例 ［J］. 四川师范大学学报（社会科学版），2018（1）：98-105.

［4］陆铭. 建设用地指标可交易：城乡和区域统筹发展的突破口 ［J］. 国际经济评论，2010（2）：137-148.

［5］林乐芬，顾庆康. 农村土地股份合作社发育类型及其绩效评价：基于215 家农村土地股份合作社的调查 ［J］. 中国土地科学，2015，29（12）：34-41.

［6］罗骏，贺意林. "农业共营制"下土地股份合作社资金融通模式：以四川省崇州市为例［J］. 农村经济，2017（7）：83-89.

［7］何宇鹏，武舜臣. 连接就是赋能：小农户与现代农业衔接的实践与思考［J］. 中国农村经济，2019（6）：28-37.

［8］王小映. 土地股份合作制的经济学分析［J］. 中国农村观察，2003（6）：31-39.

［9］谢琳，钟文晶，罗必良. "农业共营制"：理论逻辑、实践价值与拓展空间：基于崇州实践的思考［J］. 农村经济，2014（11）：31-36.

［10］赵军浩，徐田华. 新型农业经营体系的创新实践和改革思考［J］. 现代经济探讨，2019（3）：93-100.

［11］周小娟，罗加勇，张格华. 崇州市林业共营制创新研究［J］. 中国西部，2018（6）：61-70.

第四章　农村集体经济变迁

在悠久的历史长河中，农村经济问题一直是一个影响国家长治久安的重要问题。我国的农村集体经济发展理论是马克思主义经济理论中国化的产物。农村集体经济作为中国农村经济体系中的一个重要组成部分，其存续与发展，直接关系着我国乡村振兴重要战略的实施以及我国未来经济发展的步伐与方向。在社会化改造后，农村集体经济成为我国经济体系中的重要组成部分，并在不断的政策调整、重大改革中完善和发展。在新时代，习近平总书记指出："要把好乡村振兴战略的政治方向，坚持农村土地集体所有制性质，发展新型集体经济，走共同富裕道路。"有效实现集体经济的创新发展，必须要以维护农民利益为目的，大力深化产权制度改革。本章将成都市温江区、成都市金堂县、凉山彝族自治州（以下简称"凉山州"）会理县以及内江市隆昌市在农村集体经济创新改革中的具体实践作为案例，从不同角度对如何发展新型农村集体经济进行分析。

第一节　我国农村集体经济的发展历程

我国农村集体经济的发展是马克思主义经济理论同我国农村经济实际情况相结合的伟大实践。我国农村集体经济的发展之路是在马克思集体经济思想和列宁农业合作社思想的指导下，在毛泽东、邓小平等领导下不断完善、创新、探索出的一条饱含中国特色的前进之路（张旭，2018）。

从中国农村集体经济发展的整个历史脉络来看，我们可以将其粗略地分为我国农村集体经济与社会主义计划经济相融合、我国农村集体经济与社会主义市场经济相融合两个阶段（刘鹏凌，2019；舒展 等，2019）。在我国社会主义计划经济体制的背景下（1949—1978 年），农村集体经济经历了从初步构建到进一步发展，最终达到高度集体化的人民公社化运动时期。改革开放以后，我国建立社会主义市场经济体制，农村集体经济也开始转型，并在新的经济体制背景下寻求创新（高鸣，2019）。

一、社会主义计划经济体制下的农村集体经济

1949—1978 年，在我国社会主义计划经济体制下，农村集体经济通过农业合作化运动完成了初步构建，并在人民公社化运动时期达到农村集体化的高潮。在这期间，我国的农村集体经济形成了"三级所有，队为基础"的管理体制，促进了农村经济的发展，推动了我国工业体系和国民经济体系的建立，同时也为以后我国经济快速平稳发展提供了坚实的物质基础（舒展 等，2019）。

（一）农村集体经济的初步构建时期（1949—1957 年）

中华人民共和国成立初期，我国乡村社会经历了土地改革运动，国家政权对乡村社会进行了整合。土地改革运动通过"打土豪，分田地"将所有权集中在封建地主阶层的土地归还农民，在根本上废除了封建土地所有制。在土地改革后的三年之间，全国范围内农业生产力和农民生产热情得到空前提高。据统计，1952 年同 1949 年相比，全国农业总产值为 483.9 亿元，较 1949 年增加了 48.5%，年均增长 14.1%（叶明勇，2011）。此后，国家开展了农业合作化运动，土地私有制转变为社会主义公有制，完成了农村个体经济向集体经济的转变。农村集体化的进程经历了初级队、高级队、人民公社的演变进程。通过农业合作化运动，我国摆脱了中华人民共和国成立初期农村生产资料不足导致的生产效率不高的问题，同时也使农村的生产经济模式摆脱了小农经济私有制的束缚，进一步提升了农村经济效益和生产效率，初步建立了农村集体经济体系。农村集体经济体系的建立，为我国工业化打下了重要基础，为我国当时的工业化进程积累了宝贵的资本。

（二）农村集体化的高潮时期（1958—1978 年）

农业合作化运动后的集体经济组织还仅仅是一种经济组织，并不具有行政和自治职能，但随着 1958 年人民公社化运动的推进，我国乡村社会形成了高度集中化的"政社合一"体制。人民公社化运动是我国在社会主义制度建立初期对社会主义经济美好的愿景。从 1958 年夏季开始，只用了短短几个月时间，全国 74 万个农业生产合作社就被改组成为 2.6 万余个人民公社，参加人民公社的农民

占全国总农户的99%以上。在人民公社化运动时期，农村集体经济在最初得到了一定程度的发展，在生产资料向集体靠拢的情况下，生产力得到了进一步解放。粮食产量从1958年的2亿吨增长到了1982年的3.5亿吨，平均每5年增产5 000万吨。同时，我国通过集中力量搞发展，将农业的盈余投入工业化生产中，也为我国日后的工业化改革完成了原始而宝贵的资本累积。但是由于我国当时的经济发展并不成熟，工业体系仍处于初级阶段，总体生产力并不高，因此人民公社化运动对经济的促进作用是有局限性的。人民公社化运动时期的农村集体经济过分强调"绝对平均"，在生产积极性的调动上大大打击了农民的生产积极性。部分人不劳动也可以共同分享集体的劳动成果，这大大打击了人民群众生产的主观能动性。加之后期的"大跃进""大炼钢铁"运动，人民公社化运动不再以提高生产力为准绳，浮夸风盛行。最终，通过人民公社建设社会主义制度的美好愿景消逝在了历史的长河中。

二、社会主义市场经济体制下的农村集体经济

"一大二公"与"政社合一"的经济体制暴露出了许多弊端。随着1978年党的十一届三中全会的召开，农村经济体制进行改革，原有的人民公社体制逐步解体。改革开放后，随着家庭联产承包责任制的实行，生产力再一次得到了解放，农村集体经济也步入了调整变革的时期。进入改革新时期，农村集体经济面临着创新发展的新问题，如何探索出因地制宜的新型农村集体经济体制成为新的难题。

20世纪80年代初，以包产到户为主要内容的家庭联产承包责任制在农村广泛推行。我国建立了家庭联产承包责任制，解决了在传统集体经济时期"大锅饭"模式导致的绝对平均主义下的慵懒问题，进一步解放了生产力，使得农村经济效益得到了进一步提升。家庭联产承包责任制作为农村集体经济的一种体现形式，将生产资料和农村劳动力群体直接且有机地进行了结合。中华人民共和国成立初期，由于生产资料不足，我国被迫进行集体化生产，利用有限的生产资料发展生产力。虽然农村经济发展并未止步，但如何更有效地解放生产力，成为新时期的难题。家庭联产承包责任制看似是将集体经济"私有化"，实际上是将集体经济分众到户，以承包生产的形式使农户能够直接进行农业生产。此时，由于土地资源和农户的生产行动紧密地结合在了一起，因此农户的生产积极性得到了空

前提高。"保证国家的，留足集体的，剩下的都是自己的。"这句话作为家庭联产承包责任制时期的农村经济发展的口号，充分激励了农户的生产积极性。乡村集体经济在短时间内取得了巨大的发展。1984 年，我国的农业生产总值达到了 2 380 亿元，较 1978 年年底农业生产总值（1 117 亿元）增长了约 113%，人均粮食占有量也向国际水平靠拢，达到了 400 千克。家庭联产承包责任制时期的集体经济在短时期内得到了有效且迅速的发展，不仅快速地缓解和恢复了当时的乡村经济体制，而且使经济发展水平取得了质的飞跃，全民的生产积极性空前高涨，集体经济规模迅速扩张，乡村集体经济能够有自身的经济条件反馈国家经济系统。当时的农业经济成果也直接反映在了我国工商业经济的发展中，为我国的现代化建设打下了坚实的基础。随着家庭联产承包责任制的不断推行与调整，我国的农村集体经济也在不断适应时代变化，进行自身的变革与完善。

自党的十八大召开以来，我国迈入了农村新型集体经济的探索发展阶段，农村集体经济在乡村经济中的地位也愈发重要。近年来，由于我国现代化水平不断提高，城镇化比率不断提升，原本占有我国大部分人口的农村在经历了人口上的迅速流出，经济上的停滞、半停滞发展后，形成了人口上的"空巢村"、经济上的"空壳村"。由于在地理条件、生产结构、生产方式、信息获取等方面与城市经济的发展存在较大差距，农村集体经济的发展一直处于暂缓的地步。农村的经济体系由过去的"农业盈余，补贴国家"到现在的国家投入资金对农村集体经济、农民生产生活进行补贴。对于我国这样的一个社会主义国家来说，高水平的公有制经济发展水平是必须且必要的，农村集体经济作为我国公有制经济的一个重要组成部分，我们是不可忽视其发展、任其停滞不前的。我国的乡村经济体系在经历了数十年的发展之后，已经进入了瓶颈期。我国的乡村经济想要更进一步发展、更进一步释放高水平的生产力，必须进入高水平的集体经济阶段。由于城乡差距日趋增大，同时受到历史因素、经济因素影响，我国的农村集体经济体系想要进一步发展就必须大力改革创新，统筹所有能使用的资源禀赋，不拘一格地使用人才，对乡村集体经济发展形式大刀阔斧地进行改革。对于乡村集体经济出现的主要问题，广大乡村要通过上级部门的政策性、经济性帮助和自身的努力，顽强克服，管理好、统筹好、协调好、使用好一切可以利用的农村经济资源，将我国的农村集体经济体系由原本以初级的、低附加值的农业生产为支柱转变为以工商业为支柱，协调发展各项经济发展模式，建立高抗风险能力、高竞争力的经济体系，使其在市场经济体制中能够大力发展自身原本的优势和特色经济产业，努力弥补经济短板，抓住我国现代化进程带来的福利与机遇，在保障农民生活条件、提高农民收入的情况下，扩大农村集体经济规模，提高农村集体经济发展水平，促进农村集体经济进一步发展。

集体经济

　　集体经济组织属于劳动群众集体所有、实行共同劳动、在分配方式上以按劳分配为主体的社会主义经济组织。在我国，集体经济是公有制经济的重要组成部分，分为农村集体经济与城镇集体经济。集体经济作为公有制经济的重要组成部分体现着共同致富的原则，可以广泛吸收社会分散资金，缓解就业压力，增加公共财富和国家税收，实现共同富裕。

农村集体经济

　　农村集体经济又称农村集体所有制经济。《中华人民共和国宪法》第八条规定："农村集体经济组织实行家庭承包经营为基础、统分结合的双层经营体制。农村中的生产、供销、信用、消费等各种形式的合作经济，是社会主义劳动群众集体所有制经济。"农村集体经济组织是指主要生产资料归农村社区成员共同所有，实行共同劳动，共同享有劳动果实的经济组织形式。党的十一届三中全会以来，我国农村集体经济改变了过去"三级所有、队为基础"的基本经济体制，村级集体经济成为农村基本的经济组成部分。伴随着家庭联产承包责任制的推行，村级集体经济改变了过去"集体所有、统一经营"体制一统天下的格局，在家庭分散经营与集体统一经营相结合的双层经营体制基础上，衍生出多种实现形式。在家庭联产承包责任制基础上，一些农民顺应市场经济的发展，在农村社区或突破社区界限，自发成立了农民专业合作社以及股份制、股份合作制等多种形式的经济组织，提高了组织化程度和收入水平。

第二节　集体资产股份制改革案例

一、案例介绍：成都市温江区"两股一改"创新集体经济经营机制

在统筹城乡发展进程中，成都市温江区积极推行以农村集体资产股份制、农村集体土地股权化和以转变农民身份为主体的村民委员会改社区居民委员会为主要内容的"两股一改"试点工作，创新集体经济管理体制和经营机制，统筹推进城乡发展。目前，作为试点之一的成都市温江区永宁镇开元社区已率先成立开元股份经济合作社，标志着改革工作取得阶段性成果。

（一）清产核资，明确集体资产的权属关系

开元社区坚持明晰产权、集体所有，因村制宜、尊重群众，量化有度、有利发展，公平公正、合理合法，建章立制、民主管理的原则，根据《乡（镇）村集体经济组织清产核资办法》等相关规定，对集体资产（包括经营性资产和公益性资产）、集体土地（包括承包土地和宅基地）、人员情况进行清理核实，在村务公开栏中张榜公布清产核资结果，经社员代表大会确认后报镇政府审核确定，明确集体资产的权属关系。

（二）量化股份，明确村民的持股数量和权益

开元社区在股份（权）量化过程中，坚持"增人不增股，减人不减股"和维护特殊群体权益及村级经营性净资产全额量化等基本准则，对集体资产设"人口股"和"农龄股"，对集体土地设土地股权。股份（权）实行静态管理，可以继承，但不得退股提现；资产股份可以在内部转让，土地股权除向政府转让外，不得向第三方转让。股份（权）按土地股权和资产股份实行量化，其中土地股权按每股 0.01 亩计，量化到人、明晰到户；资产股份为 1 元 1 股，其中 80% 为"人口股"，20% 为"农龄股"。

（三）发展集体经济，明确收益分配

开元社区成立的股份经济合作社从当年净收入中提取 30% 公积金、20% 风险基金后，将剩余部分用于股东分配。开元股份经济合作社积极开展土地整理，挖掘资源潜力，策划土地分类包装，推动土地规模经营，大力引进现代农业项目，积极引进想真企业、国泰君安等农业产业化企业，发展大蒜精深加工及都市生态

休闲农业。同时，开元社区利用温江区的 10 万元财政支农资金和配置的 10 亩集体建设用地，主动同房地产服务项目和万人小区消费需求对接，大力发展服务业，切实推动经济发展。

（四）规范操作，维护和保障群众利益

在推进改革过程中，开元社区先后召开多层面的座谈会 40 余次，深入宣传，统一认识，营造良好的改革氛围。开元社区制定实施《开元股份经济合作社章程》，坚持"六个公开"，即清产核资结果、《"两股一改"实施方案》、股东代表名单、股份（权）量化清册、《开元股份经济合作社章程》以及人口和农龄测算情况公开，做到公平、公正、公开操作，赢得干部群众的理解和支持。"两股一改"的实施，对于推进集体资产、集体土地制度和农村户籍制度的配套改革，综合解决当前的"三农"问题，具有深远意义。

温江区在探索"两股一改"的工作中，重点在推动股份经济合作社高效运营、实现规范化管理和促进农民转移就业等方面进行深入探索。一是推动集体经济的快速发展，增强"两股一改"举措的生命力。股份经济合作社要准确定位，明确发展方向，制订出发展规划，因地制宜地建立起适合自身的发展模式，发展壮大集体经济，确保集体资产保值增值，确保股东利益。二是进一步完善相关政策制度，保障"两股一改"工作的规范有序推进。完成股份经济合作制改革的村（社区）要依法进行工商（变更）登记，建立和完善议事决策制度、股权流转与管理制度、资产管理制度等各项制度，以制度来促进规范管理。三是理顺"两股一改"后股份经济合作社与社区居委会的管理体制。社区应加快改革和发展的步伐，打破双重角色，实行社区管理和经营功能分离，由社区居委会直接负责社会事务，社区股份合作组织则专门负责经营。四是探索建立和完善激励机制，推动股权流转，促进股民转移就业。政府应鼓励和支持有条件的股份经济合作社探索股权流转从封闭性向开放性发展，使股份经济合作社向现代企业的组织形式转变，不断增强股份经济合作社的发展活力。

二、案例介绍：成都市金堂县祝新村深化推进农村集体资产股份制改革

针对农村集体资产产权归属不清、农村各类资源要素流动不畅等问题，成都市金堂县祝新村以清产核资、理顺集体资产产权为核心，以发展农村新型集体经

济为重点，采用托管经营方式，深化推进农村集体资产股份制改革试点，建立起归属清晰、权责明确、运行规范、利益共享、监管有力的农村集体经济组织运作新机制，使原本的"空壳村"有了厚实的集体经济基础，增加了农民收入，甩掉了贫困帽子。

（一）三种方法"清产核资"，资产变资本

一是实行资料印证法，增强规范性。祝新村对尚未进行固定资产核算，但对原始资料完整、会计记录完备的集体资产，采用资料印证法直接确定其资产账面金额。清查人员在村会议室，由主持人将资产原始票据逐笔、逐单、逐项按顺序亮出，由群众代表、会计专业人员、村组干部共同核清认定，按照固定资产入账办法确定入账金额。祝新村采用此方法将养鸡场、养猪场等价值885万元的固定资产核定为集体资产。

二是实行走访座谈人证法，增强公开性。对年代久远且原始记录遗失或无法提供资料查证的资产，清查人员采用走访座谈人证法，组织参与当年修建工作的村"两委"干部、群众代表和建设者进行座谈，共同商议预估资产价值，明确资产入账金额。祝新村采用此方法将村委旧办公室、废弃动力站、电工房等价值15万元的资产核定为集体资产。

三是实行对接部门印证法，增强程序性。对上级部门直接投入、镇村均无原始记录的资产，清查人员采用对接有关上级部门印证法确认资产价值。祝新村采用此方法将村党群活动室、村医疗卫生站等价值137.5万元的资产核定为集体资产。

祝新村在群众代表、村"两委"干部、镇级专业财会人员等组成的集体资产清查小组带领下，按照《金堂县农村集体资产股份量化操作步骤》的要求，采取以上三种方法共核定祝新村集体资产1 684万元，其中资源性资产646.5万元、固定资产1 037.5万元，为壮大村集体经济组织奠定了基础。

（二）三类会议"股权量化"，资本变股份

一是召开政策宣讲会。针对群众关注度高的资产权属、人员界定、享受范围等核心问题，祝新村通过村民议事会、村民代表大会、村民小组坝坝会等形式，做好政策宣传、疑难解答、问题核对等工作，并认真听取村民的意见和建议，使广大村民逐渐从不理解、不理智转变为积极支持、主动配合。

二是召开界定成员会。祝新村通过多方征求意见，依据现行法律法规，坚持让民做主,按照"老产老办法、新产新办法"以及大家共同认定的集体经济组织成员界定时间节点,界定村集体经济组织成员,并提交村民代表大会讨论决定,最终锁定祝新村集体经济组织成员 2 789 人。

三是召开股权设置会。祝新村经村民代表大会讨论通过,将清查出来的 646.5 万元的资源性资产和 1 037.5 万元的固定资产,分别按 2 789 名集体经济组织成员设置为 2 789 股,收益按股权对应资产所获取的利润分配。

(三)三个理顺"强权赋能",股份变红利

一是理顺所有权与经营权的关系,让市场主体"活起来"。祝新村为充分发挥集体资产最大效益,经村民代表大会同意,由村一级新型市场经营主体——成都新祝新现代农业开发有限公司(简称"新祝新公司")对清理后的集体资产进行经营管理。清产核资后的各类资产的所有权为全体股民,新祝新公司受全体股民委托获得资产经营权,破解了集体资产家底不清、经营管理混乱、权益保护不力等问题。新祝新公司利用集体资产,与成都正大公司、新宇公司、双冠食品厂等合作,投资 860 万元建成养殖规模达 15 万只的养鸡场 1 个、养殖规模达 400 头的养猪场 1 个、调味品厂 1 家。

二是理顺经营主体与村"两委"的关系,把运营模式"定下来"。改革后,新祝新公司运营与村"两委"分离。全体股民选举股民代表,召开股民代表大会,选举新祝新公司的董事会、监事会,董事会、监事会选举董事长、监事会主席,聘任总经理。股民代表按月听取新祝新公司董事会、监事会投资合作项目决策和运营状况情况报告,并向股民通报经营情况,增强股民的未来预期信心。股民代表负责及时向新祝新公司董事会、监事会反馈股民对投资合作项目风险的意见和建议,提醒新祝新公司履行集体资产保值增值承诺,确保公司创造最多的利润。

三是理顺利润分配与日常经营的关系,将盈利机制"建起来"。委托经营形成的利润,经股民代表大会讨论,按一定比例提取公积金、公益金、企业风险金,剩余部分通过现金或实物形式按股分红。经营亏损形成的债务,经第三方审计认定后,由新祝新公司在以前计提的公积金、公益金、企业风险金中抵支。当年不向集体经济组织上缴利润,股民不分红。新祝新公司不得将日常办公运营支出、经营所需现金和银行存款提前以利润的形式进行支配。2017 年,新祝新公司实现盈利近 135 万元,其中向股民分红约 36 万元,每股 130 元,分别较 2016 年增长 147.2%和 160%,实现了公司、村集体、农民三方"改革成果共享、合作经营共赢"的局面。

三、案例分析

农村集体经济作为中国经济体系中的重要组成部分，在促进乡村实现振兴中起着重要的作用。在传统的农村集体经济体系中，一直存在困扰着大多数农村经济发展的难题，如经济资产存在产权归属不清、经济流动性差、经济底子薄、发展能力差、发展水平低等。农村集体资产"股份制"改革，作为国家大力发展的一种提升农村集体经济水平的重要方式，将村级的经营性资产量化到户到人，建立村股份经济合作社，颁发股权证书，实现"资产变股权，社员当股东"。以"股份制"改革为中心、多种经济改革方式并存的农村经济体制改革，不仅将困扰农村经济许久的资产产权问题梳理清楚，而且将农村集体经济中各种资源要素和资产形式有机地结合到一起，促进了农村集体经济的稳步发展。农村集体经济股份制改革，作为一种新手段、新制度、新方式，既推动了城乡经济统筹发展，又促进了普通村民的身份发生了转变，村民摇身一变成为股东。同时，随着农村集体经济的快速发展，作为"股东"的村民都能真切享受到经济发展带来的喜悦，促进了农民增收，保障了农民利益。为推动农村经济的和谐有效发展，股份制经济改革不失为一种重要且有效的手段。

（一）明确产权，活用资产

困扰农村经济体系的根本问题有两个：一是农村经济体系中集体资产产权所属不清，二是大部分资产只能停留于账面，无法清查，更无法活用。核资清产是推动农村产权制度改革的重要基础，是保障农民财产权益的客观要求，同时也是加强集体资产财务管理的有力举措，只有完成了这一关键任务，才能继续开展后续的经济改革工作。核资清产的工作的技术水平较高、难度较大、量较多，部分集体资产年代久远甚至没有原始记录依据，这就要靠工作人员采用多种手段、方式和方法进行摸底和排查工作，将所有资产全部整理、逐一分配，将所有集体资产的所有权精确分配给不同的农村集体经济组织成员，并在资产清查完成后，将可用的资本转变为精确的资产账目，用好所有可用的资产，为农村集体经济体制改革打好基础。

温江区在推动"两股一改"的试点工作中以相关的原则以及规定为依托，对集体资产、集体土地和人员都进行清理核实并在村务公布栏中进行张榜公布，在社员代表大会确认后才上报镇政府进行审核，明确产权归属。在改革全过程中，作为温江区试点之一的永宁镇开元社区积极有效地对集体资产和人员进行核实，并依法行事、依规办事，全过程公开透明，完整且具体地诠释了基层民主在农村经济体制改革中的体现。

而同时进行集体经济股份制改革的金堂县祝新村在核资清产的过程中，也遇到了一些极为棘手的状况。其具体表现为：第一，部分资产虽然原始资料完整、会计记录完备，但这部分资产并未进行固定资产核算；第二，部分资产距今年代久远且原始记录遗失或无法提供资料查证；第三，部分资产是由上级部门直接投入的，镇、村均无原始记录。在面对核资清产过程中遇到的问题时，农村集体资产数量较大、底数不清，为了落实"搞实查清"的要求，祝新村必须采用多种清查方式并存的手段，灵活运用各种方式，对各类资产进行清产。以祝新村为例，在面对未进行固定资产核算的资产时，相关的会计人员在村干部协同下共同认清，以原始票据逐笔、逐单、逐项进行确认并入账。为应对年代久远且原始记录遗失的问题，祝新村以走访座谈为基础，积极组织当年参与建设的村"两委"干部、群众代表和建设者进行座谈，共同商议预估资产价值，明确资产入账金额。在面对上级部门投资的资产时，祝新村直接对接相关部门进行印证，确定资产数目。祝新村明确依据有法可依、有法必依的宗旨，在清产核资时依照相关法规和规定，强化程序性、规范性、法律性。此外，祝新村对最终资产结果进行公示，保证基层民主有序进行，保证全程的公开、公正、透明、合规、合法。

清产核资工作技术性强、工作量大，各地情况千差万别，在具体工作中需要注意的事项如下：

（1）要把清产核资做实，要把集体家底的现状摸清楚，在过程中要按照中央统一部署，分类施策、分步推进，指导集体经济组织逐一盘点实物，仔细核对账簿，弄准经营性、非经营性、资源性资产的数量、归属和使用情况，确保农民群众的参与。

（2）要把权属关系理清，在推进过程中，要维持农村集体资产权属关系稳定，将全部农村集体资产的所有权确权到不同层级的农村集体经济组织。

（3）管好集体资产，用好集体资产，构建集体经济运行新机制，健全集体资产管理各项制度，规范集体资产管理和交易行为，加快集体资产监管平台建设，推动集体资产财务管理制度化、规范化、信息化。

（二）量化股权，确定收益

在完成资产清查后，作为集体资产股份制改革重点，确定村民的股份、明确股份的数量和权益，是改革过程中牵动每位村民实际权益的重要问题。农村集体资产作为农村集体经济组织的集体财产，在股份制改革时怎样界定股份内容，是统一界定还是分开界定，在股份下发时如何确定每位村民的股份数量，以及股份的继承、转让、买卖是如何规定的，都是股份制改革中难以应对的难题。只有解决好这些问题，才能切实落实村民的收益与保障。确保所有界定的内容公开并获得民众的认可和信任，才能在后续的农村集体经济创新发展中使村民没有后顾之忧。

开元社区在股份制改革和股权划分的过程中，结合自身经济特点和政策的制度性优势，对集体资产设"人口股"和"农龄股"，对集体土地设土地股权，并坚持本村落的相关准则，将股权和股份资产实行量化，量化到人、明晰到户，保障每位村民的合法利益。在后续的继承、转让问题上，开元社区明确"增人不增股，减人不减股"的原则，对股权设置可继承但不可退股提现、可内部转让和向政府转让等规定，使村民明确权益和责任划分，不再有后顾之忧。

祝新村在股份制改革中，采用民主宣传、民主决策、民主监督的措施，充分发挥基层民主的重要作用，并不断听取群众意见，征求多方建议，在相关法律法规的原则下制定新的分配规范后再由村民代表大会讨论决定，将所有资产统一划分、平均分配给全体村民，召开股权设置会，统一每位村民的股份收益。

如何分配股份、怎样界定分配人员，每个村落都有其实际情况且经济发展水平不同。以村民代表大会的形式公开征求村民的意见和建议，并结合本村的经济发展水平，在不断听取意见和建议后明确相关规范和制度，不但保证了每个村民的权利都能顺利行使，同时也能确定后续的规范和准则，减少后续过程中由于根源的规范性问题未能顺利解决而导致的村民与村民之间、村民与村委会之间的矛盾。

（三）活跃经济，促农增收

传统的农村集体经济发展模式单一、农村经济发展能力不强等问题，一直困扰着农村经济的进一步发展。在完成股份和股权分配后，如何活跃农村经济、如何确保村民后续的可持续收益是农村集体经济股份制改革中的核心问题。合理运用改革完成后的农村合作社的全体资源和资本，使之与外界资本有机连接，活跃整个农村集体经济体系，大力发挥农村已有优势、挖掘农村未来潜力，使之带动农村集体经济的可持续发展，保证村民拥有的股权能够每年得到相应收益，是农村集体经济股份制改革的重中之重。

开元社区在进行了股份制改革以后，成立了开元股份经济合作社。传统的村落经济发展困境是发展模式较为单一，后续发展能力不足，只能以本村现有的经济资源自行发展。开元社区在完成股份制改革、成立经济合作社后，充分发挥自身特色，实现各项资源与资本的整合，挖掘资源潜力，推动土地规模化经营。此外，为了弥补自身资本不足的劣势，开元社区还大力引进外部企业，大力发展农产品深加工业务。在资本开发方面，开元社区紧紧依靠自身地势优点，主动对接房地产服务项目，利用已有的有限资金，大力发展服务业，促使经济发展实现正循环和高效发展。开元社区明确了收益存留与分配比例，不但使每一位村民股东都享受到了集体资源股份制改革后的红利优势，同时还能保证经济合作社后期的正常运营和发展。

祝新村在完成股份制改革后，面对之前的集体资产家底不清、经营管理混乱、权益保护不力等问题，选择成立了新的村一级的开发有限公司作为经营主体。为保证集体经济的顺利、稳定运行，祝新村摒弃了原本传统经济模式中所有权和经营权合一的方式，改为由全体村民股东委托有限公司负责经营，同时将集体资产所在有限公司与村"两委"分开，在源头上控制了可能发生的权力寻租和贪腐问题。村民股东选举出董事会、监事会，并向全体村民负责，保障集体经济公司的顺利运行。在外部经济引进上，为了克服资本单薄问题，祝新村利用所拥有的土地等资本，与外界公司合作，将资本引进来，使产品走出去，做到有序发展。

经济如何增长是农村集体经济股份制改革后的重点与难点。农村集体经济股份制改革后，一方面要保证自身的优势，调动自身资源大力发展经济；另一方面要在解决自身发展潜力不足、资本不足的现实问题时，主动引进外界资本，以自身优势为契机，共同合作、共同开发、共同发展。在经济实现有效性发展后，农村集体经济组织不能盲目地进行红利分发，也不能一味地只谋求更高的发展速度，而是应该在保证日后的发展能力与风险承担能力的情况下，与所有村民股东一同共享经济发展的红利，使得村民股东能以更加高效、更加配合的态度共同参与农村集体经济的改革。

农村集体产权制度改革

　　农村集体资产产权归属不清晰、权责不明确、保护不严格等问题日益突出，侵蚀了农村集体所有制的基础，影响了农村社会的稳定。改革农村集体产权制度势在必行。2014 年 10 月 28 日，农业部开始推行农村集体产权制度改革。

寻租

　　寻租（rent seeking）又称为竞租，是指在没有从事生产的情况下，为垄断社会资源或维持垄断地位，从而得到垄断利润，所从事的一种非生产性寻利活动。

第三节　创新"支部+"经济发展案例

一、案例介绍：凉山州会理县走出民族地区村集体经济发展新路子

　　凉山州会理县紧抓扶持村集体经济发展的契机，紧扣脱贫攻坚主线，以破解"空壳村"为突破口，积极探索"支部+"创新增收模式，促进民族地区农村集体经济由"被动"变"主动"、由"空壳"变"实体"，有力推动村"两委"精准"脱壳"、村民精准脱贫，实现集体和群众双赢共富。2017 年，会理县村级集体经济收益总额达 961.5 万元，同比增长 9%。

　　（一）突出"三个理清"，解决"干什么"的问题

　　1. 理清账目核"三资"

　　会理县制定出台《会理县关于加快发展村级集体经济的实施意见》，通过政府购买服务的方式，聘请会计师事务所，对全县 303 个村资产实物、账户、账本、经济收入收据等集体"三资"进行全面核实，核定村集体资产总额 10 300 万元，债务 368.8 万元，其中"空壳村"88 个、"负债村"69 个。

　　2. 理清关系化纠纷

　　会理县农办牵头成立由审计、统计、财政等单位组成的村集体资产清理小组，按照"尊崇发展沿袭、尊重历史事实"的原则，通过查看历史资料，走访

退休干部、村民,分析租用合同等多种方式理顺村集体资产产权,共化解 30 余起村集体产权纠纷,明确并收回 16 处存在争议的村集体资产产权,总金额达216.3 万元。

3. 理清思路明方向

会理县通过聘请凉山州亚热带作物研究所、西昌学院等的科研人员组成联合专家团,经走访调研,确定"以短养长、长短结合"的总体发展思路,具体细化为盘活闲置物业资产、开展订单劳务输出等 8 条措施。同时,会理县出台项目倾斜、用地优惠、金融扶持等 7 条发展村集体经济优惠政策。会理县财政统筹安排 100 万元村集体经济发展基金,充分发挥全国农村信用体系建设实验区成果,积极引导金融机构开发"石榴贷""烤烟贷"等金融产品,促进村集体经济发展。

(二)创新"支部+"模式,解决"怎么干"的问题

1."支部+服务创收"

一是劳务创收。毛溪村以"村'两委'+村组干部+党员"模式组建了红太阳家政服务队。截至 2018 年 6 月底,加入服务队的党员、村干部有 24 人,辐射带动农户 60 户,实现利润 20 万元,并将 3% 的利润划归集体所有。二是技术创收。南山村创新增收思路,组建农机服务队,贷款集资 25 万元,购置收割、耕地等 10 余台机械设备,采取"村'两委'+群众"模式培训技术能手 10 余名,为周边乡镇、村落提供耕地、播种、采收等上门服务,每年实现利润 15 万元以上,扣除人员工资后,利润的 50% 归集体所有。三是旅游创收。兰厂村利用靠近会理会议遗址的优势,采用"村'两委'+协会+农家乐"的方式,组建兰厂餐饮协会,由村"两委"出面与中青国际等旅行社对接,组织游客到各入会农家乐就餐,为参观会理会议遗址和红旗水库的游客提供接待服务。已入会农家乐12 家,每年增加集体收入 8 000 元以上。

2."支部+租赁托管"

一是"土地银行"模式。南阁村探索建立土地流转机制,发动该村 5 个村民小组,成立"土地银行",整合土地 1 810 亩,在维持土地用途不变的前提下,对存入土地进行打包、整理,增加土地面积,连片"贷"出,规模发展烤烟、果蔬等特色产业。土地存贷产生的收益除去必要的管理开支后,利润按存入土地面积进行二次分红,增加农户和村集体经济收入。二是委托管理模式。回头山村、鱼鲊村积极配合政府开展招商引资,成功引进并成立金砂农业科技有限公

司，流转山地 1 万余亩。支部和公司协商签订合同，采用"支部+农户"模式为公司提供管理服务。公司将 2 万株苗木交给支部管理，支部再分给农户管理。每户农户管理 500 株，看管好、产量高的农户还能得到"绩效"分红。除了支付管理工资外，公司也将支持村集体每年 1 万元以上的发展基金。

3．"支部+产业发展"

一是产业带动。牛筋树村采取"村'两委'+专业合作社+基地+农户"发展模式，成立牛筋树石榴合作社，把农民有序合理组织起来，提高生产经营组织水平，形成规模优势进入市场；经营收入增值部分按一定比例作为村集体分红，增强村集体经济实力。二是副业拉动。铜矿村在大力发展石榴产业的同时，创新思维，延伸石榴相关产业，采取"村'两委'+公司"的形式，成立万顷物流公司，为广大群众提供运输服务，同时看准市场前景，修建氮气果蔬气调库，为群众提供寄存、租赁服务，并收取一定费用，将其全部用作集体经济积累，每年能为集体创收 2 万元以上。三是能人驱动。星火村利用核桃产业发展优势，积极引导外出"能人"返乡创业，支持本地"大户"带动创业。村集体提供苗木、技术、土地等资源，采用"村'两委'+能人"模式，积极发展核桃产业。获得成功后，村集体收取 30% 的利润分红。星火村已经培育大户 34 户，家庭农场 28 家，村集体经济收入在 6 000 元以上。

4．"支部+资产增收"

一是易地置业。毛菇坝村立足集体矿山资源优势，利用获得的收入在县城发展服务业，采用"村'两委'+企业"模式开办金霸宾馆，年营业额在 80 万元以上，实现利润 20 万元以上。村集体增加的收入，除去为村民购买医疗保险等外，剩余部分用于集体积累。二是资金增收。云岩村、星星村积极对接农村金融改革新政策，引导群众将闲散资金聚合起来，91 户农户共集资 500 余万元组建聚源农村资金互助社。互助社开展社员资金存贷、扶持社员发展农业生产等业务。所得利润的 30% 归集体所有，每年集体经济收入在 3 万元以上。三是资产出租。南郊村利用城市建设发展机遇，在县城内修建集体房产，将房产租赁给华联超市，每年租金收入 10 余万元，将其全部作为集体经济收入。

（三）抓实"四大工程"，解决"谁来干"的问题

1．抓实领头雁工程

会理县把懂政策、善管理、晓技术、敢创新的农村优秀人才选进村"两委"

班子，全县共有 165 名致富能人任村党支部书记，412 名 35 岁以下年轻党员进入村"两委"班子。

2. 抓实技能提升工程

会理县以农民夜校为主阵地，成立专业师资队伍，针对村组干部致富创新开展全覆盖培训，开展培训 400 多次，培训村组干部约 1.3 万人次。

3. 抓实保障激励工程

会理县建立村干部养老保障机制和村级集体经济发展奖励机制，由县财政承担村干部 50% 的养老保险金，对村集体经济发展有突出贡献的党组织和村"两委"干部表彰奖励，激发村干部发展村集体经济的内生动力。

4. 抓实领导联系工程

会理县建立村集体经济发展"三个一"联系机制，即一片区一名联系常委、一乡一名县领导、一村一名技术指导员，积极制订符合实际的村集体经济发展规划，规范租赁、委托经营等合同模版，同时建立管理台账，将所有村集体"三资"纳入台账管理，防止村集体资产流失。

二、案例分析

在四川省，以凉山州、阿坝藏族羌族自治州（以下简称"阿坝州"）等为代表的少数民族聚居地区，经济底子较为薄弱且经济发展困难。在少数民族聚居地区，大部分人口集中在农村，传统的经济模式主要是青壮年劳动力外出务工，留守妇女老人靠较为原始的小农化生产方式维持基本生活。在传统的经济模式中，少数民族聚居地区人口分散，留守劳动力不足，农村集体资源较差，工业发展水平低下，交通基础薄弱，外部的资本进不来，里面的特产也出不去，传统的小农经济模式无法形成规模化产业形式，偏远少数民族地区的经济发展水平距全国平均发展水平存在一定差距。在我国现代化进程中，虽然已经大力开展基础设施建设，有效解决了交通问题，但是传统及历史原因导致的少数民族地区经济基础薄弱、发展能力较差等问题一直是少数民族地区经济发展的"拦路虎"。在全国农村集体资产改革的进程中，以凉山州会理县为代表的少数民族地区，通过积极改革、大力创新，以破解"空壳村"为突破口，以"支部+"为创新增收模式，克服传统经济的劣势，集合集体资源，大力发展经济，最终促进了集体和群众双赢的局面。

（一）具体问题具体分析，理清发展思路

农村集体经济中，各种资产形式混杂，原始记录凭证不全，村落数量较多，工作量较大，尤其是一些少数民族地区缺乏相关专业技术人才，因此政府直接开展相关工作的困难较大。一些少数民族聚居区由于经济不发达，农业经济模式仍然较为原始，同时也没有相应资金投入开发。

会理县在进行集体经济体制改革时，积极克服困难。由县政府出台了相关实施标准意见，并由政府购买服务，聘请会计师事务所的专业人士进行统计。在整理记录不全、争议较大等资产时，会理县尊崇发展、尊重历史，通过走访收集群众意见等方式化解纠纷，整理了各村的集体资产产权。在面对资本不清、发展方向不明时，政府主动对接联合专家团，确定总体发展思路，并引导金融机构开发相应的惠及本村、本县的金融服务产品，为集体经济的发展提供相应的金融服务。

（二）转变单一经济模式，支部有效引领

完成集体资产统计仅仅是走出集体资产改革路上的第一步，而想要有效发展本地区经济，需要积极将本地区的资产情况与经济形势相结合，大力创新经济改革发展模式。农村地区需要在保证传统经济优势不缺位的情况下，大力寻找新的发展模式、发展方向和发展路径，利用好自身的优质资源，不断提升竞争力，大力发展经济。此外，在面对自身的经济劣势时，农村地区要克服困难。

在传统经济发展模式中，各个村落虽然都是各自独立发展经济，但是由于所处地域特点和历史传统特点相近，各个村落之间的发展情况并未存在较大差异。此外，由于同样属于一个行政区划，所接受的政策扶持也几乎相同，各村落之间的经济环境也处于一个较为平衡的水平。以凉山州为代表的少数民族聚居区的资本环境不佳，其优质资源仍是较为传统的初级农产品，且由于地理位置原因，旅游资源开发程度不高，因此这些地方一直以来都处于经济发展较为落后的地位。

在会理县进行农村地区集体资产改革时，各个村落纷纷创新"支部+"模式，以自身环境和经济优势为依托，大力补足短板，壮大发展优势。以毛溪村、南山村、兰厂村为代表的村落，党员干部带头，联合所在村庄的村民，整合自身的优势，以不同的手段，通过贷款的方式补足自身资金不足的短板，大力发展各具特色的服务业、旅游业、餐饮业，使村民在不必外出打工的情况下也能够得到比过去在家种地劳作更高的收入，同时也发展了集体经济，扩大了农村经济成果。以南阁村、回头山村、鱼鲊村为代表的村落结合自身的土地资源情况，发动村民小组，探索创新土地流转机制，整合土地规模，增加土地面积，发展高附加值农业项目，并且引入外部资本公司，以支部带头签署协议，不仅使得村民在种植管理过程中就能得到一份收入，还能使村民获得土地流转的租金，扩宽了农民增收的渠道。以牛筋树村、铜矿村为代表的村落深入发展产业，村"两委"带头成立生产基地和专业合作社，实现规模经济，增加自身产品市场竞争力，以规模优势进入市场，促进经济发展。

传统经济模式单一导致各个村落发展情况相似、发展规模不足、发展资源缺乏的问题。在农村集体资产改革的进程中，各个村落通过结合本村的优势和特点，由村"两委"带头引导村民发展相关产业，不但使原本的优势资产得到进一步有效发展，还使村落补足短板，促进经济发展。村民作为集体经济的参与者与拥有者，在改革创新发展进程中不但可以获得一份较为满意的收入，还可以充分发挥自身的能力，提高主观能动性。

（三）充分挖掘人力资源，大力储备人才

人力资源作为各项资源中的关键性资源，一直以来困扰着各个地区的发展与进步。特别是以凉山州、阿坝州为代表的少数民族聚居区，由于经济发展较为落后，与经济发展水平较高的地区差距较为明显，因此一直处于人才流失状态。人才引进来难、留住难，一直都是困扰少数民族地区经济发展的重要问题。

会理县在集体经济体制改革中，注重人才战略。会理县积极任用人才，以能力为准绳，将一大批优秀人才选进了村"两委"班子。同时，一批青年党员主动扛起大梁。会理县积极筹办农民夜校，成立专业师资队伍，对村干部进行全覆盖式培训。会理县以直接的奖励机制对优秀的村"两委"干部进行经济奖励，激发村干部的动力，并以县财政担保50%的养老保障金，使村干部能积极改革，为他们免除后顾之忧。同时，会理县积极制定政策，建立管理机制，防止出现寻租和贪腐行为。会理县以各项保障制度和提升空间为吸引力，以直接透明的上级联系制度为保障，以透明化的管理为监督，使得各项改革稳步推进、经济发展稳步提升。

第四节 "村集体+N"经济发展模式案例

一、案例介绍:内江市隆昌市壮大贫困村集体实力,增加贫困户收入

内江市隆昌市以纳入四川省扶贫集体经济试点为契机,在建档立卡贫困村的普润镇汪家村开展壮大集体经济试点。通过积极引进社会资本,并有效利用村集体资产、资源、资金,着力创新利益联结机制,隆昌市探索出"村集体+土地设施双集中""村集体+资产资金入股""村集体+服务管理拓展"的招商引资型"村集体+N"经济发展模式,着力打造现代农业园区,大力发展现代农业和乡村旅游业,壮大村集体经济实力,带动贫困户增收脱贫。

(一)"村集体+土地设施双集中"建园引能

隆昌市探索出"村集体+土地设施双集中"模式,做强村集体产业支撑。一是土地向业主集中。隆昌市通过实施"回家工程",引进有创业经验、有经济实力的业主,在汪家村创办四川省馥巍现代农业科技有限公司(以下简称"馥巍公司"),规划建设现代农业产业园区。汪家村引导本村及张佛村等周边4个村的农户,集中流转土地1 800亩给馥巍公司。馥巍公司实行"先付款、后用地"的租金预付制,对租用的土地当年付清第二年的租金。汪家村还通过整理荒山土坡等零星土地,形成村集体土地10余亩,土地流转每年增加村集体收入3 700元。二是基础设施向园区集中。针对产业园区游客餐饮、购物、住宿等需求,隆昌市用争取到的省、市发展村集体经济项目资金135万元,建设综合服务大楼、风情文化街等服务设施和水渠、公路等水利交通基础设施。现代农业园区发展集休闲、观光、旅游、康养等产业为一体的现代农业,举办"美丽乡村游""梦幻灯展""梦幻嘉年华"等乡村旅游节活动,直接吸纳大部分当地农户尤其是贫困群众就地就业,带动村民增收和集体经济发展。

(二)"村集体+资产资金入股"村企联姻

隆昌市致力于壮大村级集体经济实力。一是集体资产入股。村集体牵头成立汪家村集体资产管理公司,由汪家村集体资产管理公司与馥巍公司签订合作协议,用建设的服务设施、基础设施等各类设施形成的村集体资产折价入股,共同经营,按照投入资金占比将股权量化到村集体、企业、集体成员,按股权比例进

行保底分红、二次分红等，每年可增加村集体经济收入7.8万元。二是产业扶贫基金入股。全体村民通过村民代表大会，采取村民"一事一议"的方式，共同议定，将四川省给贫困村的50万元产业扶持基金入股馥巍公司，发展特色产业，每年为村集体增加3万元收益。村集体获得的年收益除30%用于村集体积累外，其余收益用于扶持贫困户、公益服务和分配给村集体经济组织成员。

（三）"村集体+服务管理拓展"增加收益

为带动贫困户脱贫致富，隆昌市通过三大服务管理促进农民增收。一是订单服务，增加农产品销售收益。汪家村集体资产管理公司与四季花海农民专业合作社、花漫水乡民俗农民专业合作社等合作经营，建立村级信息网络，积极收集信息，为新型经营主体提供有偿服务。村级信息网络围绕乡村旅游节活动以及花卉苗木、秋葵、皂角、土鸡、水产等特色农产品，与农民签订产销合同，开展产、购、销一条龙服务，按照成交额的1%提成，形成利益联合体，每年为农民增加收入530元以上，村集体收入增加0.8万元。二是就业服务，增加务工薪金收益。村集体与馥巍公司积极协调，馥巍公司把贫困户就业年龄放宽到68岁，优先聘请已流转土地的贫困户到产业园区从事电工、栽植、除草、采摘、保洁等工作。园区常年有200人务工，其中贫困户35~45人，年人均务工性收入15 000元，实现了"就业一人、脱贫一户"。三是管理服务，增加管理酬金收益。汪家村集体资产管理公司与馥巍公司积极商议，创新土地返包方式。在花卉、果树栽下后，馥巍公司按照统一管理的原则，把种植园区划成10~100亩不等的小地块，返包给本村贫困户管理。馥巍公司提供有机肥、生态农药，支付承包管理费；贫困户负责施肥、除草、摘果等，每年收取管理费300~500元/亩。2017年，馥巍公司将产业园区380亩土地返包给12户贫困户，贫困户人均实现收入800元。

二、案例分析

在农村集体经济体制改革的进程中，贫困村的经济体制改革和经济发展是一块难啃的硬骨头。贫困村原本的经济实力就颇为薄弱，经济底子差且资源不足，先天劣势严重阻碍了其发展的步伐。如何整合贫困村仅存的集体经济资产，如何管理好、利用好、发展好这部分资产，追上其他村落的经济发展水平，同时获得实际性的经济增长，并切实为村民提供实际性的福利，既是农村集体经济改革的难题，也是实现国家乡村振兴战略和全面建成小康社会的必要举措。

（一）整合土地资源

土地作为农村集体经济体系中最为重要也最为主要的资源，是每个农民的立身之本。在传统的农村经济体系中，土地资源虽然占据着重要的地位，但由于没有统一整合，难以形成规模经济。究其原因，我国的传统农村经济体制仍然是极为传统的小农经济体制，虽然在改革开放以后，我国部分农村已经引入了科技化、机械式的种植方式，但由于人口因素及地理因素的制约，我国大部分农村采用的仍然是手工式种植模式。村集体缺乏主要的支柱产业和实际的资本支撑，贫困村的情况更是不容乐观。因此，传统的土地经济仅能为农户带来部分保障性收益，并不能为村民的收入带来实质性改变。

汪家村在传统经济模式中受到的制约因素较多，缺乏优势资产，在市场经济体系中缺乏足够的竞争力，难以实现经济发展。同时，村集体拥有的资金较少，无法以自身为主体进行改善性经济投资，而以土地为主的资源难以变现，导致了经济发展进一步受到制约。在进行集体经济试点改革后，汪家村变土地资本劣势为优势，通过村"两委"实施"回家工程"，引导有实力、有能力、有经验的业主回乡成立实体公司。汪家村进一步引导周边村庄，整合土地资本，同时结合本村劳动力资源，整理过去没有利用到的荒地，"化荒为宝"，扩大集体土地规模面积。在收益与回报方面，村集体通过与馥巍公司协定"先付款，后用地"，提前结清第二年的土地流转租金。对村"两委"而言，提前获得的资金可用来投资发展其他经济项目；对馥巍公司而言，村"两委"的支持和稳定的租金政策，可谓一剂定心针，形成了双赢的局面。此外，汪家村利用争取到的项目资金，结合自身的优质资源，放大自身的优势，大力发展旅游经济，不但吸纳当地村民就地就业，而且带动了集体经济发展。

汪家村通过把仅有的土地资本集中整合转为优势资源，将少量的优势资源集中一处发展，使经济环境得到有效改善，同时在一定程度上解决了村民的就业问题。

（二）积极招商引资

纵观我国以华西村、南街村等为代表的一众经济基础雄厚、经济实力较强的村落的发展历史，我们不难发现，在农村集体经济发展的过程中，实力雄厚的工商业经济是支撑农村集体经济发展的重要支柱。在乡村经济的发展过程中，强大而有力的工商业经济不但可以提升其在市场中的竞争力，同时能够通过强大的经济能力反哺农村集体经济体系。在农村集体经济体系中受益的村集体和村民又能以极高的热情与精力投入下一轮的经济生产活动中，形成有效的正循环经济。

汪家村作为经济体制改革的试点村，首先核资清产并迅速成立集体资产管理公司。针对自身经济底子薄弱、优质资产不足的情况，汪家村集体以汪家村集体资产管理公司的名义与馥巍公司签订合作协议，将村内各项集体资产化作资金入股，将不可流动资产转为可以有效增长的可流动资产，并将每年所得利益在保留集体收益后与广大村民共同分红，增加村民收益。此外，汪家村还将扶贫基金投资入股，将低增长率的资本转化为较高增长率的资本，与馥巍公司共同发展特色产业，以进一步增加村集体收益，增加贫困户及普通村民的实质性收入。

村企结合将村集体中所有可用资产统一整合，将不可增长性资产转变为可增长性资产，在经济层次上使普通资产转化为优质资产，使无法获得收益的村集体资本内容变为可获得实际收益的资本内容。同时，汪家村结合一切可用资本，将原先收益较低的资本通过以汪家村集体资产管理公司为导体的方式入股企业，获得较高的收益，进而反哺村集体，使村集体和村民获得更高的收益，促进所有有效资本动起来、活起来，提升经济效益，促进经济发展。

（三）提供综合服务

村集体资产改革以企业入股作为一种重要的经济发展手段，但是并不唯一。在各种经济手段中，单一的经济发展方式抗风险能力单一，且仅以资本投资的形式无法满足大量人口的就业需求，无法留住劳动力，而劳动力的大量流失会导致经济增速缓慢，无法迅速有效地解决贫困村的问题。在贫困村中，原生人口的单一经济生产模式无法满足其生存需求，而贫困村自身因为各种原因无法在外部获得经济发展机会。单一的作物种植模式导致经济附加值较低、竞争力较差，无法使村集体和村民获得更多的经济发展机会，进而导致贫困。

汪家村在进行集体资产改革后，除了推行村资产入股的模式外，还与其他地区农民共同成立了专业化合作社。汪家村以自身劳动力优势建立信息网络，为其他主体提供有偿服务，增加收入。汪家村依靠旅游节优势背景，以各种特色产品为优势，与农户签订产销合同，形成利益共同体，增产增收。在解决村民就业方面，汪家村以村"两委"牵头，放宽就业年龄，优先聘请已完成土地流转的贫困户在产业园区从事各项工作，使贫困人口通过务工大幅提高收入，从根源上解决因无法就业、就业能力不足导致的贫困问题，切实实现了"就业一人、脱贫一户"。同时，汪家村集体资产管理公司与馥巍公司积极商议，创新开展土地返包模式。馥巍公司按统一管理的原则，提供所有生产资料，并积极支付每一户的管理费用，使贫困人口切实增加收入，完成收入方式的增多与收入数量的增加。

本章参考文献

［1］舒展，罗小燕.新中国70年农村集体经济回顾与展望［J］.当代经济研究，2019（11）：13-21.

［2］贺雪峰.乡村振兴与农村集体经济［J］.武汉大学学报（哲学社会科学版），2019，72（4）：185-192.

［3］高鸣，芦千文.中国农村集体经济：70年发展历程与启示［J］.中国农村经济，2019（10）：19-39.

［4］孔祥智，高强.改革开放以来我国农村集体经济的变迁与当前亟须解决的问题［J］.理论探索，2017（1）：116-122.

［5］方志权.农村集体经济组织产权制度改革若干问题［J］.中国农村经济，2014（7）：4-14.

［6］西奥多·舒尔茨.改造传统农业［M］.梁小民，译.北京：商务印书馆，1987.

第五章　农村金融改革

我国金融发展的最薄弱的环节在"三农"。改革开放以来，我国乡村地区形成了以国有商业银行、政策性银行与农村金融合作机构中的农村信用合作社（以下简称"农信社"）为主的农村银行类正规金融机构。其中，农信社在我国农村金融体系中占据着主要地位。由于正规金融机构的信贷可获得性低、信贷门槛高，因此农村金融市场存在着许多信贷约束。农村金融改革要紧紧围绕加快农业现代化和转变农业发展方式的需要，坚持政策支持和可持续、市场化发展有机结合的基本取向，主动适应农村实际、农业特点和农民需求，以改革创新为动力，以大力发展普惠金融和健全农村金融体系为抓手，全面深化农村金融改革和鼓励创新，充分发挥政策性金融、商业性金融和合作性金融的合力，建立健全多层次、多样化、适度竞争的农村金融体系，以可负担成本实现"三农"融资可获得性的全面提升。

第一节　四川省南充市惠民村镇银行：全国首家村镇银行

为解决我国农村地区银行业金融机构网点覆盖率低、金融供给不足和竞争不充分的问题，2006 年年底，中国银监会发布了《关于调整放宽农村地区银行业金融机构准入政策 更好支持社会主义新农村建设的若干意见》，从机构种类、资本限制等方面，大幅放宽了农村金融机构的准入政策，按照"低门槛、严监管"和商业可持续发展的要求，鼓励各类资本到农村地区创业发展，以有效支持新农村建设，为促进广大农民群众致富奔小康提供优质、高效的金融服务。村镇银行是经银行业监督管理部门批准，由境内外金融机构、境内非金融机构企业法人、境内自然人出资，在农村地区设立的主要为当地农民、农业和农村经济发展提供金融服务的银行业金融机构。四川省南充市惠民村镇银行是经中国银监会批准的中国第一家村镇银行，于 2007 年 3 月 1 日开业。惠民村镇银行经过十多年的艰辛发展，坚持服务"三农"的宗旨，探索出一套符合当地经济发展水平的特色化、优服务、可持续的经营模式。

一、我国村镇银行的发展背景和发展现状

（一）我国村镇银行的发展背景

1. 我国农村金融发展的困境

我国农村金融供需关系不平衡。1999 年之后，国有商业银行进行了机构撤并重组，处于县一级的银行机构全部撤出，农村只有邮政储蓄银行和农信社，这两个机构在农村大多只办理存款业务，开展的贷款业务非常少。随着农村经济的发展和农业对农机具的需求越来越大，农民的贷款需求越来越大。但是我国农村长期处于金融的空白领域，不仅普通农户的小额贷款需求无法得到满足，县域的中小企业也无法正常参与信贷。金融机构的资金逐渐从农村流向经济发达的地区。在农村，商业银行为了获取更多的收益，提高市场竞争力，减少不必要的成本投入，选择向经济较发达的城市提供金融服务，这使得农村的贷款需求长期得不到满足，产生资金供需矛盾。

农户的信贷可获得性非常低。农户与外界联系较少，思想较为封闭，受信息不对称和教育水平的影响，生产和消费具有滞后性与盲目性。农业生产面临着自然风险和市场风险的"双重风险"，产值非常不稳定，这容易给银行造成坏账影响。为了避免这种现象的发生给银行经营带来损害，商业银行选择不贷款给农户或者针对农户的贷款条件十分苛刻，手续非常繁琐，这消磨了农户的贷款积极性，也增加了银行的农村贷款人力成本，影响了农户的信贷可获得性。

金融秩序受到"地下借贷"的影响。农村金融体系以国有商业银行为基础，以农信社为保障，以民间借贷为补充。但是农村借贷风险和成本不断增加。这是因为正规金融机构工作人员的职责不明、能力有限、业务水平较差，这使得业务人员工作效率下降、态度散漫，降低了农民对正规金融机构的好感。加上农村金融缺乏完善的法律体系和内部监管系统，一些非法民间金融机构开始利用法律漏洞进行"地下借贷"。由于贷款的可获得性很高，相关工作人员前期的态度很好，加上农户缺乏基本的金融常识，很多农户选择了非法金融机构，这不仅严重影响了农户对金

融机构的信任度，也严重扰乱了农村金融秩序，使得农村金融市场较为混乱。

2. 我国村镇银行成立的必要性

第一，激活了农村金融市场。村镇银行的建立，填补了农村金融的空白，激活了农村金融市场，使得原本死气沉沉的农村金融市场产生了"汤水效应"。虽然其本质依然是水，但因为加入了一些新的成分而使其发生了质的变化。村镇银行使得农村地区出现了多元化、多样化、全面化的金融服务，打破了以前国有商业银行和农信社垄断农村地区金融供给的局面，从而拓展了农村金融市场，解决了农村金融市场竞争不充分的问题，使农信社和国有商业银行加强对农村地区的服务，在为农民提供金融服务方面多下功夫。

第二，缓解了农村金融供需矛盾。村镇银行的出现为农民提供了一个有保障的贷款渠道。村镇银行专门面向农村，服务"三农"，提供国有商业银行和农信社无法提供或者不愿提供的农村金融服务。村镇银行主要针对农村市场，立足于县域、乡村，服务于弱势群体，给农村发展提供保障，作为农民生产生活的坚实后盾，调动一切积极因素为农村金融的发展注入"新鲜血液"，形成了良好的农村资金供需体系。农民可以为我国金融的发展贡献自己的力量，真正加入农村金融市场之中。

第三，引导民间资金进入合法体系。农村金融的发展严重落后于城市金融，加上农村地区资金大量流向城市和非农产业，我国金融发展呈现出不平衡的局面，农村金融成为我国金融继续发展的阻碍。与此同时，由于正规金融机构的抑制性和逐利性，民间资本开始进行"灰色交易"，扰乱金融秩序。村镇银行的建立为大量民间资本提供了融资渠道，放宽了金融行业的准入限制，使得民间资本、社会资本、民营资本都能介入农村金融体系。建立以村镇银行为代表的新型农村金融机构，最大限度调动了社会资源的积极性，规范了我国农村金融的发展。

（二）我国村镇银行的发展现状

我国村镇银行的建立主要是为了填补农村金融空白，立足农村，从农民的角度出发，以"三农"为宗旨，解决我国农村地区金融产品单一、金融服务水平不高、竞争市场不完善等问题。村镇银行经过十余年的发展，无论是数量还是质量都得到了提升，已成为农村金融必不可少的一部分，但是目前村镇银行仍存在

"痛点"。

1. 我国村镇银行的数量及地域分布

从数量上来看,2007 年,我国村镇银行在初步建立时仅有 19 家,而截至 2018 年年底,全国村镇银行数量已达 1 621 家。11 年间增加了 1 600 余家,平均每个省(自治区、直辖市)有约 47 家村镇银行(见图 5-1 和表 5-1)。村镇银行数量在稳步提升,但是新增数量从 2013 年起就呈下降趋势。

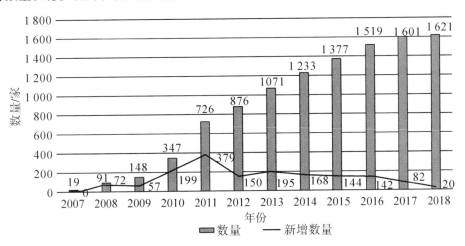

图 5-1　我国村镇银行数量变化

(数据来源:根据前瞻产业研究院数据整理。)

表 5-1　2007—2018 年我国村镇银行数量变化　　　　　单位:家

年份	2007	2008	2009	2010	2011	2012	2013	2014	2015	2016	2017	2018
数量	19	91	148	347	726	876	1 071	1 233	1 377	1 519	1 601	1 621
新增数量	0	72	57	199	379	150	195	162	144	142	82	20

数据来源:根据前瞻产业研究院数据整理。

从地域分布上看,截至 2018 年年底,村镇银行名录共收录 1 592 家村镇银行,覆盖了 31 个省(自治区、直辖市)(见图 5-2)。我国村镇银行分布呈现出东多西少、经济发达地区多、经济较为贫困地区少的特征。如图 5-3 所示,东部地区村镇银行的数量最多,有 542 家,占比 34%;中部地区有 417 家村镇银行,占比 26%;西部地区有 402 家村镇银行,占比 25%;东北地区有 231 家村镇银行,占比 15%。

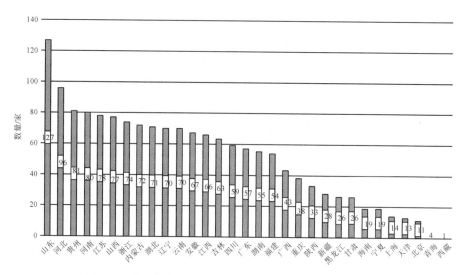

图5-2 我国各省（自治区、直辖市）村镇银行数量变化

（数据来源：全国村镇银行服务中心、前瞻研究院。）

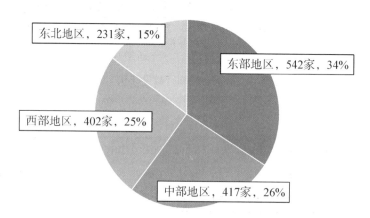

图5-3 2018年村镇银行经济区域分布及占比

（数据来源：全国村镇银行服务中心、前瞻研究院。）

2. 我国村镇银行的规模变化

截至2018年年底，我国村镇银行组建数量已经有1 621家，占银行业整体法人数量的35.2%。在开业数量快速增长的同时，村镇银行的规模也在不断增大。

截至 2018 年年末，村镇银行资产规模已达 1.51 万亿元，负债规模达 1.33 万亿元[①]。数据显示，在农村银行信贷配置结构中，来自农民和小微企业的贷款占各类贷款的 91.18%。村镇银行在 444 个重点县和贫困地区建立了乡镇金融机构，覆盖了 1 286 个县，占总数的 70%。村镇银行通过"金融知识下乡""金融支农""金融流动站"等方式，向各县域乡镇提供金融服务，不断推动农村金融的发展。

3. 我国村镇银行发展面临的问题

第一，定位模糊，存在"政策"与"盈利"的冲突。村镇银行成立的初衷是填补农村地区金融服务的"真空"，发挥服务"三农"的作用，是国家政策的产物，具有政策性。作为商业银行的一种，村镇银行的本质依然是在风险最小化的基础上追求更多的盈利。村镇银行的政策性和盈利性存在很大的冲突，很多村镇银行在营业过程中，因为过度重视政策性和惠农，最终产生亏损和周转不灵的情况。这导致村镇银行不得不倾向于在经济较发达的地区设立。村镇银行大多设立在县域，在乡镇成立的村镇银行非常少，即使向乡村提供贷款，也多偏向于农村大户和龙头企业，偏离了村镇银行的政策定位。

第二，"公信力"不足，造成存贷不平衡。在农村，大部分农民知识水平有限，信息闭塞。国有大型商业银行与农信社仍然在农村占据着重要地位。大多数农民并未听说过村镇银行，甚至有的农民以为村镇银行就是不安全的民间借贷，国有大型商业银行依然在农民心中占据着不可取代的地位，这使得村镇银行的存款业务难以推行。加上风险管理水平不高、缺乏相应的风险防范机制以及员工缺乏专业的金融知识，村镇银行出现了很多不良贷款，陷入存贷不平衡的尴尬境地，又使更多的农民望而却步。

第三，信息化建设落后，人力资源不足。由于政策指向的作用，村镇银行设立在县域、乡镇，这些地区缺乏信息化的基础建设，缺乏高素质的金融人才，加上信息管理人才的人力资本高昂，村镇银行难以吸引也难以负担这批高素质人才。因此，在信息管理系统和风险控制体系建设方面，村镇银行一直滞后。即使有些村镇银行建立了信息管理系统，或者成立了专门的信息管理部门，但由于科技水平有限和人力资本有限，难以控制系统和维持部门良好运行，因此最终草草收场，只能继续以传统的方式运作。村镇银行信息化建设落后和人力资源不足的问题已经成为村镇银行发展的最大阻碍。

---

① 资料来源：中国银行业协会发布的 2018 年年度报告。

第四，政府缺乏对村镇银行的"特殊"管理政策。根据规定，村镇银行设立的地点是经济较落后的地区，这些地区的经济发展水平和金融发展水平大多低于全国平均水平。对于小规模的村镇银行，政府并未采取有针对性的政策，仍然对其实行与一般商业银行基本相同的监管制度。"一刀切"式的监管制度使得村镇银行跟不上其他商业银行的发展，却要遵循与其他商业银行相同的标准，降低了村镇银行的积极性。

第五，主控股行对村镇银行过度控制。为了保证村镇银行的运行专业化和规范化，村镇银行的"主发起行制"强调村镇银行必须由持有一定比例股份的银行业金融机构作为主发起人建立。这种规定强调了主发起行对村镇银行的支持与引导作用，在一定程度上促进了村镇银行的稳定发展。但是随着村镇银行的深入发展，其弊端逐渐显现出来。村镇银行的主控股行抑制了民间资本的投入热情。2012年，中国银监会将主发起行的最低控股比例从20%下调到15%，就是为了鼓励民间资本积极响应。但是大多数主发起行为了实现对村镇银行的绝对控制权，仍然不断扩大其持股比例，抑制了民间资本的投入，村镇银行逐渐变为主发起行的分支机构。在盈利性得不到满足后，村镇银行渐渐失去了对社会资本的吸收能力，难以发展壮大。

金融发展理论

金融发展理论的主要研究内容是金融发展与经济增长之间的关系。1973年，罗纳德·麦金农的《经济发展中的货币与资本》和E.S.肖的《经济发展中的金融深化》两本书的出版，标志着以发展中国家或地区为研究对象的金融发展理论的真正产生。罗纳德·麦金农和E.S.肖对金融和经济发展之间的相互关系及发展中国家或地区的金融发展提出了精辟的见解，他们提出的金融抑制（financial repression）和金融深化（financial deepening）理论在经济学界引起了强烈反响，被认为是发展经济学和货币金融理论的重大突破。许多发展中国家货币金融政策的制定及货币金融改革的实践都深受该理论的影响。

金融抑制理论

罗纳德·麦金农和E.S.肖提出的金融抑制理论认为：发展中国家的金融抑制主要体现在对利率的抑制，国家对金融市场干预太多，政府对利率和汇率的压制使货币市场不能根据市场发展情况来满足供给与需求；对利率和汇率的管制不仅会导致利率和汇率扭曲，出现通货膨胀，还会对信贷市场产生影响，影响了资金的有效配置。受利率和汇率市场的影响，居民不再进行货币积累和相关项目投资，致使经济发展速度随着内部积累的减少和投资的减少而放慢。这就是罗纳德·麦金农提出的金融抑制。这种金融抑制导致国家自身资产储备能力减弱，该国进而只能向他国求助。

金融深化理论

罗纳德·麦金农和E.S.肖提出的金融深化理论主要是为了解决发展中国家面临的金融抑制问题。他们认为，经济发展需要完善的金融体系和健全的金融市场，因为完善的金融体系才能有效地吸收社会闲散资金并将其转化成社会生产力所需要的资本，进而促进经济发展，经济发展也会推动金融发展，这种金融与经济相互促进的发展模式被称为金融深化。E.S.肖提出的金融深化主要体现在以下三个方面：一是金融发展，主要是金融市场规模的扩大，可以用金融相关率来表示；二是金融体系的完善，包括金融机构结构的优化和金融工具的创新；三是金融市场秩序的规范化，资源能在金融市场根据市场需求自由分配。这三个方面的金融深化都针对发展中国家金融抑制问题，三者也有相辅相成、相互影响的关系。

不完全竞争理论

不完全竞争理论的主体思想是在发展中国家的金融市场中不存在完全竞争，提供贷款一方对借款一方的情况不能够充分了解，完全依靠市场机制发挥作用，无法形成一个社会真正需要的金融市场。对于部分失效市场的补救，一些非市场化的因素（如政府的适当介入、借款人组织化等）有必要进入市场来进行弥补。虽然农村地区的金融市场可能存在市场缺陷，需要政府和提供贷款的机构介入其中来弥补市场机制的不足，但我们必须认识到，任何形式的介入，如果能够发挥作用，有效解决市场缺陷带来的问题，前提必须是具有完善的体制结构。因此，非市场要素介入发展中国家农村金融市场，政府首先需要做到改革和强化农村金融，排除阻碍农村金融市场有效运行的障碍。

二、四川省南充市惠民村镇银行案例分析

四川省南充市惠民村镇银行（以下简称"惠民村镇银行"）自 2007 年开始受理存贷款业务以来，走过了艰辛的发展道路。惠民村镇银行以其先进的经营管理制度、独具特色的营销策略、不断创新的金融产品与业务等成为我国最具代表性和借鉴性的村镇银行之一。本部分以惠民村镇银行为例，分析其十余年的发展情况和经验，检视其存在的问题。

（一）发展概况

1. 基本情况

惠民村镇银行是我国第一家村镇银行，于 2007 年 3 月 1 日正式挂牌开业，注册资本为 200 万元。其中，南充市商业银行（现更名为四川天府银行①）为主发起行，发起资金为 100 万元，对惠民村镇银行进行控股②。惠民村镇银行于 2007 年 2 月 6 日获银监会四川监督局批准，进行筹建。2007 年 2 月 8 日，南充银监分局《关于同意四川仪陇惠民村镇银行有限责任公司开业的批复》（南银监复〔2007〕15 号）批准惠民村镇银行开业，由南充市商业银行组建我国第一家村镇银行，并于 2008 年进行第一次增资扩股，注册资本增加为 3 000 万元，其中股东由原来的 6 家变更为 7 家。南充市商业银行增资后持股 1 500 万元，仍对惠民村镇银行有绝对控制权，员工持股 230 万元，占比 7.67%③。

2. 治理结构

惠民村镇银行建立了现代化的公司治理结构与风险控制体系。惠民村镇银行建立了市场主导型的体制，按照管理规范化、标准化、细节化的要求，根据相关法律要求设立了股东大会，并成立了董事会、监事会。惠民村镇银行成立时有 10 名员工，全部来自南充市商业银行。在管理岗位的设置上，惠民村镇银行有行长 1 名、副行长 2 名、专职会计 1 名，行长主要负责全面主持银行工作的开展

---

① 南充市商业银行成立于 2001 年 12 月 27 日，位于四川省南充市。2005 年 7 月 6 日，南充市商业银行成功引进境外战略投资者——德国投资与开发有限公司（DEG）和德国储蓄银行国际发展基金（SIDT），德国储蓄银行国际合作基金（SBFIC）提供技术援助。2017 年 1 月 23 日，四川银监局发文公示，南充市商业银行股份有限公司正式获批更名为四川天府银行股份有限公司，简称"四川天府银行"。

② 四川明宇集团、四川海山国际贸易有限公司、四川康达汽配、南充联银公司和西藏珠峰伟业公司分别出资 20 万元。

③ 资料来源：企查查网站（https://www.qichacha.com/creport_ffde04772d3d6c36a960c9059d383ea4.html）。

和问题识别；副行长主要负责银行的风险控制与柜台管理，掌握着客户资源；专职会计主要负责银行的财务核算工作。发展到现在，惠民村镇银行内部已经设立了综合管理部、业务发展部、风险管理部、合规审计部、计划财务部、安全保卫部 6 个部门。综合管理部主要负责银行各方面的运营管理；业务发展部主要负责宣传和普及银行的各种业务，探索新的业务；风险管理部主要负责银行的风险控制和客户信用管理；合规审计部主要负责对银行的审计资料进行整理，确保银行的经营合规；计划财务部主要负责银行的成本控制与利润核算；安全保卫部主要负责保证村镇银行的信息安全，做村镇银行开展业务的坚实后盾。

3. 发展现状

惠民村镇银行一直坚守"服务三农，惠民共赢"的市场定位，已经有金城支行、新政支行、宏德支行、立山支行、马鞍支行、复兴支行、日兴支行、立山支行、嘉欣支行、德龙支行、大东支行、南街支行 12 家全功能支行，有员工 119 人。惠民村镇银行为仪陇县城乡居民提供包括存贷款、结算、银行卡、网上银行和手机银行的全方位和多终端的金融服务。

截至 2018 年 10 月底，惠民村镇银行的资产总额已达 46 亿元，在存贷款额方面，各项存款余额达 39.01 亿元，各项贷款余额达 26.30 亿元（处于仪陇县银行类机构第 2 名），存款额大于贷款额，存贷比为 67.4%，贷款额在仪陇县金融机构中位居第二，全县户均贷款达 36 万元。2018 年 10 月，惠民村镇银行的所有者权益达 4.60 亿元[①]，每股净资产在 11 年间已实现了 13 倍的增长。2012—2018 年，银行业监督管理部门对惠民村镇银行的监管评级均为 2 级[②]。

2009 年，惠民村镇银行被评为"全国支持中小企业发展的十佳村镇银行"和"中国服务三农杰出贡献创新金融机构"。2012 年，惠民村镇银行被四川省银行业协会评为"百家文明规范示范单位"。在 2013 年，惠民村镇银行被中国村镇银行发展论坛组委会、全国优秀村镇银行评选委员会评选为"全国村镇银行综合业务发展排名 30 强"和"全国优秀村镇银行"。2014 年，惠民村镇银行获得了 3A 级的银行评级，被评为"百家文明规范服务示范单位"。2015—2016 年，惠

---

① 资料来源：四川仪陇惠民村镇银行公众号《四川仪陇惠民村镇银行简介》。

② 银行业监督管理部门现行的评级制度主体文件为《商业银行监管评级内部指引》，确定了具有中国特色的"CAMELS+"的监管评级体系。综合评级结果共分为 6 级，其结果将作为监管机构实施分类监管和依法采取监管措施的基本依据。对于评级结果为 5 级和 6 级的高风险商业银行，银行业监督管理部门将给予持续的监管关注。

民村镇银行获得了"全国服务三农与小微企业优秀村镇银行""全国村百强村镇银行""全国村镇银行资产总额前 50 强"的荣誉称号，并在 2016 年获得了"全国经营管理优秀村镇银行"的荣誉称号。2017 年，中国县镇经济交流促进会、中国村镇银行发展论坛组委会将惠民村镇银行评为"全国经营管理优秀村镇银行""全国百强村镇银行"和"全国 5A 级村镇银行"。一家初始注册资本 200 万元、只有 10 名员工的"小银行"，经过十余年的发展，已在仪陇县开出了一朵"金融之花"。

4. 经营范围

在传统业务方面，惠民村镇银行的业务范围基本包含了国内商业银行业务中除了国际业务之外的所有银行业务，仪陇县民众的一般银行服务需求都能通过惠民村镇银行得到满足①。

随着科技发展和互联网的普及，惠民村镇银行还注册了"四川仪陇惠民村镇银行"的微信公众号，提供业务咨询与金融知识普及服务，并根据银行特色产品进行文章推送。公众号分为"惠金融""惠生活""惠服务"三个版块，三个"惠"字强调了惠民村镇银行"立足支小、服务三农"的定位。"惠金融"版块提供了账户查询、明细查询、储蓄存款和贷款申请。用户点击进行身份验证，就可以随时随地进行线上贷款申请，通过工作人员的信用审核后就能获得贷款。"惠生活"版块提供社保卡查询和手机银行下载业务。"惠服务"版块提供银行简介与网点查询服务，12 个网点的电话和地址都可以在公众号上查询获得，该版块还可以提供银行卡紧急挂失服务。

在存贷款产品方面，惠民村镇银行面向个人客户和公司客户提供了多种产品服务。在存款方面，针对个人客户，惠民村镇银行提供了"安心存单 F 款""安心智能存""天府存单 A 款""乐开薪"等存款业务。其中，"安心存单 F 款"具有门槛低、收益高、每月返息的优点；"安心智能存"和"天府存单 A 款"拥有支取方便的优点，前者每 7 天结息一次，产生的利息直接计入下期本金，后者每月返息一次；"乐开薪"是惠民村镇银行为代发工资客户提供的一款人民币储蓄

---

① 按照《村镇银行管理暂行规定》《关于同意南充市商业银行出资组建四川仪陇惠民村镇银行有限责任公司的批复》的相关规定，惠民村镇银行开展的业务包括吸收会员存款并发放长期、中期、短期的贷款，办理票据承兑和贴现业务，办理国内结算业务，发行银行卡业务等以及经银行业监督管理部门批准的其他业务。

增值服务业务，具有灵活方便、智能存取、手续简单的优点。针对企业客户，惠民村镇银行提供了"熊猫福利""单位协定存款"业务服务。其中，"熊猫福利"是在通知存款产品基础上形成的每个通知周期结息，利息转本金自动转存、自动提前支取的一种对公通知存款；客户可以根据实际情况签约1天或7天的通知存款，避免浪费收益①。在贷款方面，惠民村镇银行专注于"支农支小"，主要业务分为小额农户贷款、小微企业贷款、专业农户贷款三大类，贷款对象分别为村镇银行业务能覆盖到的种植业、养殖业农户和个体工商户、乡镇企业、县域行政人员等。惠民村镇银行推出了"惠民易贷""惠民农户信用贷""惠民专业农户贷""惠民商户信用贷""惠民助商贷""惠民循环贷"多种惠农产品。"惠民易贷"的贷款对象主要是仪陇县行政事业单位的在编员工，最高贷款额度为100万元，贷款期限为5年，可循环使用。"惠民农户信用贷"的贷款对象是从事"三农"生产或经营的相关农户，贷款额度为10万元，贷款期限为3年，可循环使用。"惠民专业农户贷"的贷款对象主要是从事规模化种植、养殖的农户、农场主以及从事农业相关工作的有关人员，贷款额度为500万元，贷款优势是担保灵活、额度高，可以为农业大户提供充足的资金，贷款期限为36个月。"惠民商户信用贷"的贷款对象为与惠民村镇银行长期合作的优质个体工商户与小企业主，贷款额度为20万元，贷款期限为12个月，拥有手续简单、放贷快的优点。"惠民助商贷"的贷款对象为个体工商户、小微企业主及合伙人，要求贷款人有固定的经营场所，贷款额度为500万元，贷款期限为36个月，解决了小微企业资金获取渠道不够、额度低的难题。"惠民循环贷"的贷款对象为有固定住所或固定经营场所的个体经营户或私营业主，贷款额度为500万元，一次授信，3年内可循环使用。惠民村镇银行成立之初只有"惠民无忧""惠民致富""惠民小康"三个主要贷款产品；与成立之初相比，惠民村镇银行业务种类和贷款对象更加广泛，贷款额度也有了很大的提升②。

---

①　单位协定存款是指企业单位与村镇银行签订协定存款账户协议，在合同中表明基本存款额度，然后将账户超过基本存款额度的部分按照协定的存款利率单独计息的一种存款方式。单位协定存款拥有准入门槛低、收益率高的特点，协定存款利率达1.265%。

②　惠民村镇银行制定了为普通农户提供的2万元以下的小微贷款产品"惠民无忧"，为小微企业提供的2万~5万元的"惠民致富"，为专业大户提供的5万元以上的"惠民小康"。

（二）发展经验

1. 建立村镇银行业务联络员制度

惠民村镇银行在创立初期，作为全国第一家村镇银行，要和已经稳健经营几十年的国有商业银行、农信社竞争。要想在农村金融市场占据一席之地，它就必须解决公信力不足的问题。村镇银行规模小，资本不足，必须以低成本的方式进入市场。

经过大量的实践与调查，惠民村镇银行建立了村镇银行业务联络员组织。一是在业务联络员的组成上，业务联络员由当地有威望和了解村民情况的人、农村各类组中有组织能力的人、农村专业协会负责人、农业示范区或村镇社区有一定影响力的人、农产品贸易市场和物流市场中具有一定经济实力或有一定经营头脑的人组成。业务联络员的选聘既要做到各涉农行业全覆盖，也要做到与其他金融机构形成错位竞争。二是严格业务联络员的管理制度。惠民村镇银行建立了业务联络员无法处理现金业务的严格制度。业务联络员选定后，要与惠民村镇银行签订协议，并组成业务员联络小组（2 名以上业务联络员）。每个业务联络员必须缴纳不低于 30 000 元的风险保证金。业务联络员主要负责进行产品宣传、推荐存贷款客户以及做好贷后管理工作。对于推荐的存贷款客户，业务联络员要提供担保，按照营销的存贷款业绩获得相应的劳务报酬。三是建立了灵活的进入退出机制。惠民村镇银行通过对农村金融业务联络员队伍的营销、签约、培训、考核和退出程序，实现了每个业务联络员都是一个独立的主体，可以对不同的存贷款客户提供差别化的服务。

截至 2018 年年底，惠民村镇银行已有 80 多个业务联络员，业务联络员组织已经覆盖仪陇县 25 个乡镇和 360 个行政村。惠民村镇银行通过业务联络员制度将金融服务带到农村腹地。在业务的办理上，惠民村镇银行的工作人员坚持亲力亲为，为客户送业务上门。业务联络员推荐的贷款业务，必须由银行客户经理实地考察、面谈、当面签字，经业务联络员担保后再确定。这一机制强化了业务联络员对贷款的保证作用和贷后风险管理作用，从而可以降低业务联络员的操作风险和客户的信用风险。惠民村镇银行不断进行业务联络员组织的完善，加强制度建设，并对业务联络员进行金融知识培训，择优录取，实行优胜劣汰的制度，不断提升业务联络员组织的服务质量与素质。截至 2018 年年底，业务联络员已累计向惠民村镇银行推荐存款客户 3 270 名，存款金额达 3.7 亿元；推荐贷款客户

2 000 余名，贷款金额约 1 亿元，户均贷款金额达 5 万元，其中最小的贷款金额为 1 000 元。惠民村镇银行的业务联络员的业务量已经占该行传统农村业务的73%[1]。业务联络员制度的创新使更多的仪陇人民认识和接受了村镇银行，为仪陇惠民村镇银行的发展奠定了坚实的群众基础。

2. 深化业务，破解涉农客户贷款难问题

惠民村镇银行坚持深化业务，通过依托"三农"经济，携手"三农"客户，融入"三农"产业，提升市场竞争力。惠民村镇银行始终坚守"服务三农、惠民共赢"的市场定位，发现农户的困难，探索提供新的"三农"服务，填补了仪陇县农村金融的空白领域。"想客户之所想，急客户之所急"，惠民村镇银行在发展中不断完善便民服务区、客户等候区、自助设备区、理财区等相关服务设施，为客户提供良好的体验，为广大企业客户、批发信贷客户以及特殊群体客户开辟了专用绿色通道，以满足不同客户需求，让客户享受真正的实惠。

惠民村镇银行始终坚持着"心存善、水润物"的企业核心价值观，不断增强服务意识、规范服务行为、提升服务水平，通过提供安全、诚信、便捷的服务满足群众不同的需求。根据农村金融需求快速增长而涉农客户存在普遍的抵押物缺失导致贷款难以获得的问题以及村镇银行规模难以满足大客户的大额信贷需求的状况，惠民村镇银行在 2012 年通过深入调查研究，建立了为农业产业化提供金融服务（主要为农民专业合作社、龙头企业等服务）、为农户生产生活提供服务、为乡村环境美化改造提供服务三条主要业务线。惠民村镇银行主要为国有商业银行和农信社覆盖不到的地方的客户提供服务。惠民村镇银行首先利用了"三位一体"的运作模式，实现了城市金融助推农村发展[2]。惠民村镇银行为仪陇县农村市场体系、乡村路网、乡镇村天然气管网、水库治理、幸福美丽新村建设等项目提供了大额的、长期的信贷支持。惠民村镇银行扩大了涉农客户的担保抵押权范围。惠民村镇银行大力推广了动产抵押贷款、联保贷款业务，并积极开展股权、仓储、收费权和应收账款等质押贷款业务。多年来，惠民村镇银行一直推行"一次抵押、循环使用"的最高额抵押贷款。其中，动产抵押贷款、权利抵押贷

[1]　盛开在贫困县的村银之"花"　四川仪陇惠民村镇银行采访记［EB/OL］.（2018-07-12）［2020-06-16］. http://www.financialnews.com.cn/ncjr/focus/201807/t20180712_141906.htm.

[2]　"三位一体"的运作模式主要是指南充市商业银行、惠民村镇银行、四川仪陇惠民贷款公司（南充市商业银行的子公司）三家金融机构共同合作，协调运作，从而达到降低成本和整合资源目的的一种模式。

款、联保贷款业务占全部业务的 40%。惠民村镇银行推行了抵质押物价值协商评估管理办法。惠民村镇银行建立了协商评估模式，这种评估模式不需要第三方评估机构发挥作用，而是由银行工作人员亲自上门服务，与贷款客户平等协商价值，不收取评估费、手续费等其他费用，使得融资更加便捷高效。因此，对客户进行拜访就成了惠民村镇银行工作人员的常态。工作人员不仅经常对贷款客户进行电话拜访，每个月还会对大客户和部分贷款企业进行定期走访，了解客户需求，积极调整小微企业利率定价机制，降低小微企业融资成本，赢得了客户的信赖。

在社会责任方面，惠民村镇银行实施爱心精准扶贫，助力"三农"经济发展。惠民村镇银行每年资助仪陇县贫困大学生 20 名、中学生 30 名；定点帮扶仪陇县龚家沟村、棕桠子村、麻糖湾村、五龙桥村等贫困村，发放了 3 600 万元的扶贫小额贷款、1.9 亿元的扶贫再贷款，获得了社会的广泛认同。惠民村镇银行建立并坚持了银行履行社会责任的制度化机制。

3. "一断一联"，争取更多经营主权

我国村镇银行最大的弊病就是其处于主发起行的绝对控制下，拥有较少的自主权，导致民间资本难以进入，村镇银行难以发展壮大。惠民村镇银行的主发起行是南充市商业银行。南充市商业银行持股 50%，对惠民村镇银行有控制权。主发起行给了惠民村镇银行很多支持，采取了"一断一联"的经营策略。

"一断"是指惠民村镇银行除了董事长以外，包括行长在内的人都完全隶属于惠民村镇银行，由南充市商业银行指派财务负责人负责银行财务，其他的业务管理及日常事务全部由惠民村镇银行自行处理，主发起行一律不干预；"一联"是指在业务开展方面，主发起行给予惠民村镇银行最大化的支持和指导，并不断帮助惠民村镇银行完善流程，为管理人员提供培训和引导。惠民村镇银行根据仪陇县小微企业、农户、农民专业合作社等的具体情况提供特色化的存贷款产品，提升银行业绩。和一般村镇银行相比，惠民村镇银行拥有更多的经营自主权，避免沦为发起行的"子公司"。

（三）存在的问题

1. 业务吸纳能力弱，缺乏与大型商业银行的竞争力

惠民村镇银行是我国首家村镇银行，在发展中与其他大型商业银行相比，仍然具有较大的劣势。惠民村镇银行需要业务联络员的主动营销才能获取一定的客

户，消耗了大量的人力资本。大型商业银行长期在民众心中建立了信任感和安全感，农户有存贷款需求时仍会第一时间主动想到大型商业银行。在发展过程中，惠民村镇银行一直强调以服务"三农"为主的惠民性，这造成了在经营方面的长期投入与短期回报的不平衡。要服务"三农"，就必须立足农村领域，将业务延伸到一般商业银行覆盖不到的地方，而涉农小微企业以及普通农户、农民专业合作社、扶贫互助合作社这些贷款对象拥有回报率低、风险高、资金回收期长的共同特点，而有些股东可能会要求投资回报迅速，对于分红急功近利。这使得在发展中，惠民村镇银行的盈利受到了很大的挑战，难以与大型商业银行竞争。

2. 服务功能具有难以突破的局限性

惠民村镇银行主要为客户提供存贷款支持，解决仪陇县民众的金融难题。惠民村镇银行推出的存贷款产品主要是针对小微企业和普通农户的，以达到金融服务下基层、金融支持进村镇的目的。要实现这一目的，就要找到服务功能的正确展开方向。村镇银行的机构、人员、设施、产品四大要素至少有一样要进驻农村。惠民村镇银行已建立了独具特色的业务联络员制度，保证了人员进农村。但是，推出适销对路的特色产品、提供特色服务、以特色推动村镇银行的发展、突破传统的银行服务功能，是惠民村镇银行和所有村镇银行不得不面临的问题。随着农村经济的发展，我国的小微企业和农户需要的不仅是资金的支持，更需要的是信息与技术方面的支持。全方位、多功能、高质量、持续性的金融服务会提高客户的满意度，从而增加客户黏性，培养越来越多的忠实客户，提升村镇银行的口碑，使村镇银行真正在农村立足和发展，成为"三农"的专属银行。但是，惠民村镇银行的业务还仅局限于存、贷、汇、兑等最基本和最普遍的服务，大额存单与理财业务都不能在惠民村镇银行得到满足，这客观上阻碍了其发展，使其难以达到一个更高的发展阶段。

3. 涉农贷款未落实到位，依靠关系网络建立信用形象

经过十多年的发展，惠民村镇银行不断总结经验和教训，在产品创新、业务深化、风险控制、人员管理等方面都取得了良好的发展，始终坚持服务"三农"，惠民共赢。惠民村镇银行也入股了扶贫互助社并提供信贷资金给互助社，由互助社代理村镇银行业务，帮助贫困户脱贫，并通过业务联络员制度推销银行产品，降低银行信用风险。但是，中华人民共和国审计署发布的《2017年第3号公告：2017年第一季度国家重大政策措施贯彻落实跟踪审计结果》显示：

四川省仪陇县和苍溪县的 14 个单位通过伪造合同、编造虚假信息等方式套取资金共计 1 674.1 万元。其中，2015—2016 年，惠民村镇银行等五家金融机构通过虚报涉农贷款数据，非法获取财政奖励资金 1 279.75 万元①。为了解决银行的资金问题，惠民村镇银行曾谎报涉农贷款扶贫数据，这可能导致贫困户并没有获得贷款，而村镇银行却获得了中央财政的贴息。惠民村镇银行的业务联络员制度可能造成村镇依靠关系网络建立信用，获取村镇银行贷款。这使得处于关系网络之外的真正需要资金的农民或企业并不能获得村镇银行的贷款，也影响了惠民村镇银行的公信力。如何落实国家政策，将涉农贷款真正送到需要的农民手中，这是惠民村镇银行不得不面对的问题。

新型农村金融机构

新型农村金融机构是指 2006 年 12 月 20 日中国银监会发布《关于调整放宽农村地区银行业金融机构准入政策 更好地支持社会主义新农村建设的意见》后，按有关规定设立的村镇银行、贷款公司和资金互助社。

村镇银行

村镇银行是指经中国银行保险业监督管理委员会依据有关法律、法规批准，由境内外金融机构、境内非金融机构企业法人、境内自然人出资，在农村地区设立的主要为当地农民、农业和农村经济发展提供金融服务的银行业金融机构。村镇银行的建立，有效地填补了农村地区金融服务的空白，增加了对农村地区的金融支持力度。

贷款公司

贷款公司是指经中国银行保险业监督管理委员会依据有关法律、法规批准，由境内商业银行或农村合作银行在农村地区设立的专门为县域农民、农业和农村经济发展提供贷款服务的银行业非存款类金融机构。贷款公司是由境内商业银行或农村合作银行全额出资的有限责任公司。这种称谓仅局限在我国境内，与国内商业银行、财务公司、汽车金融公司、信托公司这种可以办理贷款业务的金融机构或公司在定义和经营范围方面都有所不同。2009 年 8 月 11 日，中国银监会印发《贷款公司管理规定》，规范了我国贷款公司的行为。

---

① 资料来源：中华人民共和国审计署。

> **资金互助社**
>
> 2006 年 12 月，《中国银行业监督管理委员会关于调整放宽农村地区银行业金融机构准入政策 更好支持社会主义新农村建设的若干意见》允许农村地区的农民和农村小企业发起设立为入股社员服务、实行社员民主管理的社区性信用合作组织。2007 年 2 月 4 日，中国银监会印发了《农村资金互助社示范章程》。

第二节 成都市"农贷通"打通农村金融服务最后关节

实施乡村振兴战略，是党中央做出的重大部署，是新时代做好"三农"工作的总抓手。农村金融是农村经济的血脉，完善农村金融服务工作是推动乡村振兴战略的迫切要求。2019 年 2 月，农业农村部、财政部等五部门联合发布《关于金融服务乡村振兴的指导意见》，提出推动金融精准扶贫力度不断加大、金融支农资源不断增加、农村金融服务不断改善、涉农金融机构公司治理和支农能力不断提升的发展目标。成都市自 2015 年 7 月成功获批全国首个农村金融服务综合改革试点城市以来，着力推动农村金融服务改革，针对农村金融服务体系不健全、金融基础设施不完善、信用体系不健全、金融有效需求不充分、风险分担不合理等问题，从多个方面寻求突破口。2016 年，成都市启动了"农贷通"平台建设，整合了农村产权、农业政策、农村金融等各类资源，形成了集农业政策咨询、产权流转、融资供需对接、金融风险分担、信用信息共享等多功能于一体、线上线下结合的农村金融综合服务平台。农村金融服务质量不断提高，已成为农村金融推动乡村振兴的重要示范。

一、成都市"农贷通"的发展背景和发展历程

（一）成都市"农贷通"的发展背景

2007 年，成都市获批成为全国首批统筹城乡综合配套改革试验区。2014 年，成都市获批全国第二批农村改革试验区，成为全面推进统筹城乡发展的体制机制

改革的前沿地区。然而随着成都市统筹城乡改革步入深水区，城市金融与农村二元对立的矛盾日益凸显，农村金融服务水平不适应改革发展需要。乡村振兴战略的稳步推进，农业经营模式的不断更新，家庭农场、农民专业合作社、专业大户等新型经营主体发展迅速，农业产业链不断延长，使得农村金融服务需求总量、范围不断扩大，需求主体不断多元，需求种类不断多样。成都市农村金融的发展处于全国领先地位，但相比于城市金融，当前农村金融服务发展仍较为滞后，并不能有效满足农业经营主体的金融服务需求，"融资难、融资贵"和"贷款难、贷款成本高"的问题日益成为统筹城乡发展的突出问题。成都市农业农村改革的加速推进和农村金融发展的相对滞后，是当前我国农村金融发展的一个典型缩影。

2015 年，《成都市农村金融服务综合改革试点方案》发布，成都市成为首个农村金融服务综合改革试点城市，该试点方案提出了 5 个方面的 19 项金融改革任务。随着成都市农村产权制度改革的不断推进，农业经营模式正在不断创新。家庭农场、专业生产大户和合作社等新型农业经营主体快速发展。因此，农业经营主体在资金的数量和结构要求上发生了变化。以前主要由财政资金推动，政府每年发放大量农业补贴资金。随着农业产业链的延伸，资金需求持续增加。政府的财政补贴资金对于农业经营主体的经营活动来说可谓杯水车薪。因此，引导更多市场主体参与进来，活跃农村金融市场成为推动乡村振兴的关键一步。在此背景下，"农贷通"金融综合服务平台应运而生。

（二）成都市"农贷通"的发展历程

1."农贷通"1.0 版

2016 年 2 月，崇州市率先在成都市启动"农贷通"平台建设。2017 年 6 月底，成都市"农贷通"实现区域性试运行，已接入农业发展银行、工商银行、安邦保险等 20 家金融机构，设立了首期规模 1.49 亿元的"农贷通"风险补偿资金，试运行期间已实现累计贷款发放 1.88 亿元。成都市"农贷通"在全市乡镇（行政村）建设农村金融综合服务中心（站）1 924 个，农户足不出村即可办理信息采集、融资对接、小额支付、跨行转账、便民缴费、农村电商等多项业务①。2017 年 7 月底，全市统一的"农贷通"融资综合服务平台正式启动并运行，实现了农业扶持政策和金融产品发布、在线融资对接和征信信息收集等功

---

① 资料来源：成都市人民政府网站。

能。成都市确定成都金控征信有限公司为"农贷通"平台系统建设运营单位，并提供征信产品、征信服务，打造成都市农村金融综合服务改革的标杆和示范载体。同时，成都市不断完善涉农担保服务机制，促进建立全国首家农村财产担保公司，由市县两级政府出资成立了县级农业担保公司，构建覆盖全市的涉农担保服务体系。

2. "农贷通" 2.0 版

2019 年，成都市继续深化农村金融供给侧结构性改革，着力打造"农贷通"2.0 版。成都市修订和完善"农贷通"乡村振兴风险资金管理的有关方法，推进农业信用担保和再担保体系建设，启动"农贷通"风险补偿和财政奖补网上处理功能，完善农村金融风险缓释补偿机制。金融机构对平台的利用更加充分，引导了更多金融机构参与平台的建设和应用；各机构的互动合作和信息共享机制进一步完善。成都市探索使用大数据、区块链、云计算和其他技术来增强平台功能。"农贷通"平台满足了农业经营主体多样化的金融服务需求，与金融机构合作开发特殊的农业相关金融产品。截至 2019 年 12 月 21 日，"农贷通"平台共入驻 308 家金融机构，注册用户 24 340 人，累计发放贷款 12 087 笔，金额达到了162.08 亿元，为农村产业发展发挥了重要支持作用[①]。

金融生态理论

　　金融生态理论是将生态学的概念和研究方法引入金融系统中作为借鉴性分析的一种新研究视角。金融生态系统是指在一定的时间和空间范围内，金融主体与金融生态环境通过货币流动与信用循环形成的、具有自我调节机制的统一整体。金融生态主体主要包括以银行、保险、证券为代表的金融机构、决策机构和监管机构等以及金融产品和金融业务的直接生产者和参与者。

金融排斥理论

　　金融排斥是从金融机构和社会群体两个角度综合考察社会群体不能享受金融服务的现象。判断金融排斥最流行的方法就是由凯普森和威尔力（Kempson & Whyley，1999）提出的金融排斥的维度分析方法。最初金融排斥的研究角度仅在于地理可及性上，即地理排斥（physical access exculsion）。

---

① 资料来源：成都市"农贷通"官方网站。

随着对金融排斥产生原因研究的深入，研究者还提出了评估排斥（assess exclusion）、条件排斥（condition exclusion）、价格排斥（price exclusion）、营销排斥（marketing exclusion）、自我排斥（self-exclusion）五个方面的金融排斥现象。

金融排斥是一个复杂的多维度概念，其判定不是某一单方面的测定，而是多个维度的综合。农村经济发展状况在多方面影响农村金融的发展，经济发展落后地区往往有着较差的金融运行环境，这就导致金融机构在入驻这些地区的时候将分支机构设置在距离其较远的地方，这就容易造成经济落后地区居民的地理排斥。农户在落后的地区往往收入有限，自身经济基础薄弱。农业特质性成本与风险、非生产性借贷导致贫困农户在享受金融服务过程中难以满足金融产品的附属条件以及营销策略，从而造成金融排斥。落后的经济还会导致农户认为自身无法满足金融产品的享受条件，造成农户自我封闭的思想，形成主动的金融排斥。

二、成都市"农贷通"发展案例分析

（一）发展定位

1. 构建完善的组织体系

如图5-4所示，成都市建立了"农贷通"平台建设联席会议制度，加强对"农贷通"平台规范建设工作的组织领导和协调督促，及时跟踪掌握工作开展情况。市农业农村局、市金融局、市财政局、市市场监督管理局、人民银行成都分行等部门定期对接会商工作，研究并协调解决工作推进过程中出现的问题，扎实推进"农贷通"平台建设，落实各项工作要求，形成"政银企保"对接机制。同时，成都市强化督促考核，将推进"农贷通"平台建设工作纳入"三农"工作的重要考核内容，采取多种方式加强督促检查。成都市细化明确各相关部门职能职责分工，加强沟通协调，合力抓好工作落实，确保工作顺利推进。

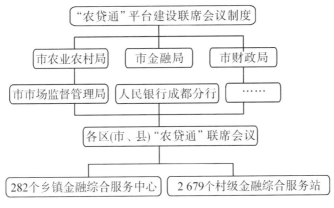

图 5-4 成都市"农贷通"组织体系

2. 依托基层金融服务站

村级基层金融服务站的服务内容如下：第一，相关政策宣传咨询。村级基层金融服务站通过各种形式开展农村金融资产、农村产权流转交易政策和农村电商政策的宣传咨询。第二，农村金融业务咨询代理。作为农业经营主体、农户与金融机构的中间连接器，村级基层金融服务站一方面反映农业经营主体和农户的贷款需求，另一方面协助金融机构开展贷款工作。第三，农村产权流转交易咨询业务代理。村级基层金融服务站一方面指导农业经营主体和农户的产权交易申请工作，另一方面协助农村产权交易机构办理业务，提高工作效率。第四，农村电商业务咨询代理。村级基层金融服务站为农业经营主体和农户提供网上代购商品、网上销售农产品、代收代发快递业务，协助政府相关部门开展农村互联网职业技能培训。村级基层金融服务站的建立有助于解决农村金融服务"最后一公里"的问题，使所有农业经营主体和农户都能得到及时、便捷、高效的金融服务。

3. 多元化的融资实现机制

一方面，成都市运用"互联网+融资"模式，以"农贷通"平台建设架构为蓝图，开展基于互联网的"农贷通"平台系统研发建设并在全市推广应用。李宏伟（2018）认为，现代信息技术通过平台信息网络的互联互通和综合服务系统的全面覆盖，大大改善了农村金融市场环境，有效激活了农村产权要素，提高了农村产业融资能力。另一方面，成都市依托农村金融综合服务体系开展线下服务，在全市科学规划 282 个乡镇金融综合服务中心和 2 679 个村级金融综合服务站①。李波（2018）认为，开展农村金融业务咨询、农村产权流转交易咨询、农村电商业务咨询，及时了解农业经营主体和农户的贷款需求信息、农村产权流转交易需求信息和电商需求信息，较好地解决了农村金融服务"最后一公里"的问题。

4. 坚持市场化发展方向

在农村金融市场发展的初期，政府需要采取积极的政策引导各类市场主体开展涉农金融业务，充分发挥其支农惠农作用，畅通和拓展融资渠道，形成农业农村资金投入可持续增长机制。目前，政府同样通过对金融机构向农村延伸经营网点和投放设备给予补贴，对金融机构通过"农贷通"平台开展贷款业务给予奖励，发挥信贷政策导向作用，综合运用货币政策工具等方式引导金融机构通过"农贷通"平台投放贷款。然而，政策性的农业支持政策并不能从根本上解决问题，更重要的是发挥市场的作用。李宏伟（2018）提出，政策性杠杆率等于金融机构投入与政策性资金投入的比值，政策性杠杆率由违约率决定，即违约率越高，政策性杠杆率越低，违约率越低，政策性杠杆率越高，作用也越突出。随着信用信息共享体系、风险分担机制的完善，各类市场主体进入农业农村投资的意愿将会增强，政策性的风险分担也将被初步替代。

5. 可持续的数据平台运营模式

成都市建立分阶段的工作推进机制，优先建立各参与方互联互通的"农贷通"融资服务平台综合信息系统，整合信息流和业务流，实现信息共享和融资线上对接。成都市逐步拓展信息系统功能，将用户群体扩大到农业（林业）企业、农民合作社、家庭农（林）场等新型经营主体及市民，推广应用线上对接线下交易模式，形成紧密连接农业供需的"生物圈"，建立农业综合业务O2O系统。

（二）管理服务体系

成都市以"农贷通"平台为中心，在乡镇（街道）建立"农贷通"服务中心，在行政村（社区）建立"农贷通"服务站，形成集政府扶持、风险分担、产权交易、信息分享等服务于一体，线上与线下服务相结合的农村综合金融服务网络（见图5-5）。

---

① 资料来源：成都市"农贷通"官方网站。

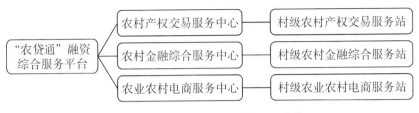

图 5-5　成都市"农贷通"管理服务体系

1. 一个平台

成都市精心打造"农贷通"融资综合服务平台，运用现代信息技术，搭建集信贷需求征集、支农政策集成、农业信息和农村金融产品发布、资金供需对接、农产品供需对接、农产品众筹、信用信息汇集等功能于一体的"政银企"综合性融资服务平台，通过线上线下业务一体化提供融资对接服务。

2. 三个服务中心

成都市在乡镇（街道）便民服务中心，建立乡镇（街道）"农贷通"服务中心，主要包括农村产权交易服务中心、农村金融综合服务中心、农业农村电商服务中心，实行"三块牌子、一套人马"，承担农村产权流转处置，农业农村电子商务、农村金融贷款和保险等供需信息汇集，以及融资审核相关职责，提供一站式服务。

3. 三个服务站

成都市在行政村建立行政村（社区）"农贷通"服务站（农村产权交易服务站、村级农村金融综合服务站、农业农村电商服务站），实行"三块牌子、一套人马、一套硬件设施、一站式服务"，具体承担农村产权流转处置、信息采集、融资和支付服务、金融宣传、农业农村电商服务等职责。

4. 四大体系

为促进现代农业与现代金融有机融合发展，按照《成都市政府办公厅关于建立"农贷通"平台促进现代农业与现代金融有机融合的试行意见》（成办函〔2017〕7 号）要求，遵循政府引导、市场主导原则，"农贷通"平台经过不断调整，基本确立系统架构，不断完善政府扶持、聚合融资、风险分担、信息共享四大体系（见图 5-6）。

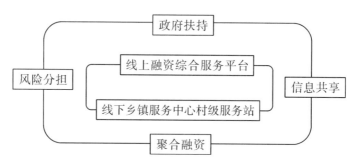

图 5-6 成都市"农贷通"四大体系

第一，政府扶持体系。成都市加大对政策性农业资金的整合力度，调整政策性农业资金使用方式，通过政府贴息、奖励、风险补偿和中国人民银行支农再贷款等货币政策工具实现财政支农，将政府的风险补偿资金由原来优先保障支农再贷款的安全，变为优先保障金融机构信贷资金的安全。财政金融政策引导方式的调整增强了金融机构拓展农村业务的信心。

第二，聚合融资体系。中国人民银行成都分行营业管理部每年拿出不低于8亿元支农再贷款和8亿元再贴现，用于符合条件的金融机构的流动性补充或对投向与价格的引导①。成都市整合中国人民银行的再贷款资金、再贴现资金、政策性担保资金、投资资金，引导金融机构、担保公司、农业投资公司、保险公司、非银行金融机构等改进服务、创新产品，建立多层次融资对接方式，覆盖信贷融资、直接债务融资、股权融资等多种融资方式。成都市引导金融机构通过"农贷通"平台开展涉农业务，截至 2019 年 12 月底，已吸引 308 家金融机构入驻"农贷通"平台②。

第三，风险分担体系。成都市统筹整合涉农风险补偿资金，建立风险分担机制，引导商业银行持续增加信贷投入，建立风险可控、责权明确、操作便捷的风险资金管理制度，增强商业银行的放贷信心和经营主体的融资能力。

第四，信息共享体系。成都市整合分散的农业经营主体信用管理信息，实现信息互通互享，形成全市统一的"农贷通"信用信息共享体系。成都市从有融资需求的农业经营主体入手，把分散在各部门的管理数据汇总起来，初步积累、

---

① 资料来源：《成都市政府办公厅关于建立"农贷通"平台促进现代农业与现代金融有机融合的试行意见》（成办函〔2017〕7 号）。

② 资料来源：成都市"农贷通"官方网站。

完善信用信息数据并及时更新。在政策法规许可的范围内，成都市有关部门积极支持征信服务机构开展农村信用管理数据的采集工作，做到管理数据的实时更新。

（三）成都市"农贷通"的特点

1. 超低利率

2017年6月，成都市金融工作局、财政局和中国人民银行成都分行营业管理部联合发布《关于鼓励和引导金融机构参与"农贷通"平台服务意见的通知》（成金发〔2017〕30号），对金融机构向农村延伸经营网点的投放设备、借助"农贷通"平台开展贷款业务给予奖补，并通过建立市、县分级奖补机制，激发市、县政府支农活力；通过建立产业分类激励机制，鼓励商业银行的贷款向重点农业产业倾斜；通过建立平均资金价格考核机制，引导商业银行在支农中实行更多的利率优惠。在政策的引导下，担保机构担保费率、合作保险机构费率不超过2.0%[①]。

四川省成都市彭州市红岩镇龙九村村民夏世洪有6年大棚西瓜种植经验。2018年，夏世洪种植了30亩大棚西瓜。为了增加收入，他计划扩大经营规模，但仍然存在一定的资金缺口，需要贷款。2018年8月31日，夏世洪在村金融服务站联络员的指导下，注册了"农贷通"平台个人账号，并在线申请了成都农商银行的"农户小额信用贷"项目。2018年9月3日，成都农商银行彭州支行红岩镇分理处工作人员与夏世洪取得了联系，经初步了解，知道夏世洪在彭州市红岩镇龙九村种植大棚西瓜6年，有固定种植土地，具有完全民事行为能力，有较强还款能力和良好还款意愿，且当前没有负债。经反复确认，该客户符合"农户小额信用贷"的授信标准，成都农商银行为其办理了一笔金额为2万元、期限为1年、年利率低至4.35%的农村小额信用贷，贷款方式为信用贷款，贷款用途为涉农项目。2018年9月7日，成都农商银行正式向借款人夏世洪发放了该笔贷款。农户从提出贷款申请到获得贷款仅仅用了6个工作日，"农贷通"平台迅速有效地解决了农户扩大生产规模所需的资金问题。

2. 风险分担

根据2019年成都市财政局等部门印发的《成都市"农贷通"（乡村振兴农业

---

① 资料来源：《成都市"农贷通"风险补偿资金管理办法》（成财发〔2019〕18号）。

产业发展贷款)风险补偿资金管理办法》的要求，"农贷通"须设立风险补偿资金，其中市级财政筹集不低于 6 000 万元，各涉农市、县筹集不低于 500 万元，加上其他支农资金 4.5 亿元，拟设立不低于 6 亿元的风险补偿资金，并根据实际情况可以追加资金。"农贷通"以合作银行、合作保险机构、合作担保机构、合作农业供应链核心企业为支持对象，通过发挥财政资金的杠杆作用，完善涉农融资风险分担机制，解除在农村开展金融、保险等业务的企业的后顾之忧。风险补偿资金风险分担比例如表 5-2 所示。

表 5-2　风险补偿资金风险分担比例

类型	风险补偿资金承担比例		其他
农村产权直接抵（质）押贷款	70%		合作银行承担 30%
担保贷款	50%		合作银行和担保机构协商分担，合作银行承担比例≥20%
信用保证保险①	结算年度保险赔付率 100%～150%（含 150%）	60%	合作银行承担比例≥20%
	结算年度保险赔付率超过 150%	70%	
农业供应链金融贷款分担比例	5%		合作银行、担保机构、保险机构、企业承担比例自行协商

数据来源：《成都市"农贷通"（乡村振兴农业产业发展贷款）风险补偿资金管理办法》（成财发〔2019〕18 号）。

3. 政策补贴

第一，针对新型农业经营主体给予农村产权抵押贷款贴息。成都市对从事大宗粮食种植的贷款项目、从事特色种植业的贷款项目、从事一二三产业融合发展的贷款项目按照基准利率给予贷款主体不同比例贴息（见表 5-3）。贴息资金由市、县财政按不同比例分担，每个经营主体获得的贴息资金不超过 200 万元。第二，给予担保补贴。成都市对通过"农贷通"平台向中小企业担保公司申请委

---

① 每年 1 月 1 日至 12 月 31 日为一个结算年度，对于政策性农业保险与"农贷通"基层村站开展合作的保险机构，风险补偿比例相应提高 10%

托担保贷款的新型农（林）业经营主体，按担保费的 50% 给予补贴[①]。第三，对金融机构向农村延伸经营网点和投放设备给予补贴，鼓励银行业金融机构在乡（镇）服务中心和服务站设置自动柜员机、微银行自助终端和消费终端机。

表 5-3　针对新型农业经营主体贷款贴息比例

项目类型	贴息比例/%
从事大宗粮食种植的贷款项目	80
从事特色种植业的贷款项目	50
从事一二三产业融合发展的贷款项目	30
担保贷款项目	50

数据来源：《成都市人民政府办公厅关于建立"农贷通"平台促进现代农业与现代金融有机融合的试行意见》（成办函〔2017〕7号）。

4. 产权交易

成都市率先开展农村土地承包经营权实测确权颁证工作，并于 2010 年完成，颁证率达到 99.5%。2008 年，成都农村产权交易所（以下简称"成都农交所"）成立，农村产权交易市场逐步建立。截至 2019 年 10 月底，成都农村产权交易所累计成交各类农村产权 1.87 万余宗、面积 257 万余亩、成交金额超 1 000 亿元，交易规模在全国处于领先地位[②]。成都市在全面完成农村产权确权颁证基础上，深化农村产权抵押融资，创新农村产权抵押融资产品，通过"农贷通"平台，建立网上交易市场，提供便捷高效的产权流转服务。

彭州市凤霞蔬菜产销专业合作社成立于 2007 年 10 月，现有成员 150 人，注册资金 333.76 万元，主要经营范围为蔬菜种植及其技术咨询服务、销售，牲畜、家禽养殖及其技术咨询服务、销售。近年来，彭州市凤霞蔬菜产销专业合作社不断发展壮大，于 2013 年在濛阳镇桂桥村成片流转土地 1 530 亩，形成了鑫腾现代农业园。园区内共有 38 家种植户，其中种植大户 30 家、家庭农场 8 家，种植面

---

① 资料来源：《成都市人民政府办公厅关于建立"农贷通"平台促进现代农业与现代金融有机融合的试行意见》（成办函〔2017〕7号）。

② 刘泰山. 以成都市农交所和"农贷通"平台推动金融资本下乡［EB/OL］.（2019-11-24）［2020-06-16］. http://www.cdrb.com.cn/epaper/cdrbpc/201911/24/c52524.html.

积都在 50~100 亩①。新型农业经营主体的快速成长促进了现代农业的快速发展，但同时也带来了经营面积过大造成的经营风险、资金不足的问题。彭州市凤霞蔬菜产销专业合作社新建冻库、厂房，花费了大量的资金，并且流动资金主要用于前期种植，造成了流动资金紧张的问题，营销和物流的费用却没了着落。同时，彭州市凤霞蔬菜产销专业合作社进行冷藏保鲜的合作商也常常由于在蔬菜收购旺季收购业务集中而资金周转困难。困难之际，彭州市凤霞蔬菜产销专业合作社想到了"农贷通"平台，了解相关政策。根据了解，专业合作社的种植大户、家庭农场可以在服务站提出申请，经银行审核通过，只需土地流转合同就可以贷款。此外，针对专业合作社进行冷藏保鲜的合作商，其库存仓单可以作为质押品，在仓库的农产品通过三方评估后可获得抵押贷款。农产品金融仓储可以纳入政策性保险，享受财政 3 年保费补贴。彭州市凤霞蔬菜产销专业合作社的农户商量后向"农贷通"平台提交了贷款申请，并很快得到通过。根据《成都市财政局 成都市农业委员会关于做好"农贷通"平台支持项目贷款贴息工作有关事项的通知》（成财农〔2017〕26 号）的规定，"农贷通"平台对特色种植业的贷款项目给予基准利率 50% 的贷款贴息②。农户最终获得了 423 万元的贴息贷款，化解了燃眉之急。

（四）成都市"农贷通"发展成效

1. 提高了支农惠农政策效率

成都市结合农业产业发展规划，推动财政支持农业方式方法创新。第一，贷款贴息。"农贷通"平台支持的项目贷款贴息范围主要定位在面积在 50 亩及以上的大宗粮食种植项目、50 亩及以上的特色种植业项目、一定规模的特色养殖业项目和一二三产业融合发展项目，并且给予基准利率 30%~80% 的贷款贴息③。第二，风险分担。成都市整合原有农村产权抵押融资风险基金，设立"农贷通"风险补偿资金。"农贷通"平台以合作银行、合作保险机构、合作担保机构、合作农业供应链核心企业为支持对象，通过发挥财政资金的杠杆作用，完善涉农融资风险分担机制。第三，货币工具引导。中国人民银行成都分行综合运用货币政

---

① 资料来源：彭州市凤霞蔬菜产销专业合作社网站（http://www.pzfengxia.com/about.asp）。

② 刘泰山. 成都农村金融创新服务乡村振兴［EB/OL］.（2018-08-12）［2020-06-16］. http://www.chengdu.gov.cn/chengdu/home/2018-08/12/content_fd8dc23aebc5439baba876c245683b54.shtml.

③ 《关于建立"农贷通"平台促进现代农业与现代金融有机融合的试行意见》（成办函〔2017〕7 号）。

策工具，引导金融机构通过"农贷通"平台投放贷款。金融机构通过"农贷通"平台发放贷款资金，优先给予支农贷款支持；支持为新型农业经营主体签发、承兑汇票的金融机构，为其优先办理再贴现。截至 2019 年 12 月底，成都市已进入"农贷通"信用信息数据库的新型农业经营主体达 131 家，累计申请资金 16 850 笔、237.47 亿元；"农贷通"平台累计放贷 12 093 笔、134.14 亿元；政策贴息 240 笔，贴息资金 422.97 万元①。

2. 完善了农村信用信息共享体系

第一，汇聚权威信息。成都市利用"农贷通"平台，从有融资需求的新型农业经营主体入手，整合各部门的管理数据，完善信用信息数据库。同时，为了数据的及时更新，在法律法规允许范围内，成都市支持成都金控征信有限公司开展农村信用信息数据采集工作。第二，建立地方信用体系。成都市根据《成都市社会信用体系建设规划（2015—2020 年)》的要求，按照"法规先行、搭建平台、逐步完善"的建设思路，推进全市社会信用体系建设。第三，建立涉农信用专属查询工具。第四，中国人民银行信用评定。成都市推进征信主题宣传活动，大力推动信用评级工作，定期公布评定的信用镇、信用村、信用户，强化农业经营主体的信用观念和信用意识。

3. 农村金融服务不断强化

第一，积极开展金融创新，大力推广农村产权融资、银保担合作产品，多渠道满足农业经营主体的资金需求。成都市针对涉农主体金融服务推出了农村产权融资担保贷款、惠农贷、惠农时贷、家庭农场贷款、一般流动资金贷款、合作社贷款、农村个人生产经营贷款、农户小额贷款、创业担保贷款等金融服务项目。成都市针对个人金融服务推出了农户小额信用贷款、个人生产经营贷款、社员贷款、财政惠农补贴担保农户贷款等金融服务项目。各农业经营主体可以根据自身情况选择合适的金融产品，成都市形成了特色的农业信贷支持模式。第二，形成了涉农金融机构的内部激励约束机制。成都市通过财政奖补加强对基层涉农金融分支机构和管理人员的激励，有效引导基层机构改善服务，主动加强与农业经营主体的对接。农业经营主体的金融需求信息经初审过后在 3 个工作日内可上传到"农贷通"平台。第三，农业经营主体融资成本降低。农业经营主体开展农业生

---

① 资料来源：成都市"农贷通"平台官方网站。

产经营活动不仅可以获得超低利率贷款优惠，而且在政策的引导下，可以获得合作担保机构担保费率、合作保险机构费率优惠，大大降低了其融资成本。

4. 普惠金融服务水平大幅上升

成都市面向从事农村土地耕作或其他与农村经济发展有关的生产经营活动的农户推出了农户小额信用贷款。符合条件的农户以最低基准利率最高可贷款 10 万元，产品的贷款期限最长 3 年。在授信额度有效期限内，该贷款实行最高贷款余额管理，即借款人可以在合同约定的最高授信额度和有效期限内，随借随还、即用即支、循环使用，金融机构不需重复授信审批。只要家庭成员中有 2 人共同在线申请，农户无须担保和抵押，通过平台快速审核，在接受线下核实后，最快 3 天即可获得贷款。同时，还贷方式灵活，还款人在贷款期限 1 年（含）以内的，可采取按月、按季还款，到期还本或到期还本付息的还款方式；贷款期限 1 年以上的，制订分期还款计划，采取分期还款方式①。

（五）政策启示

1. 稳妥推进"两权"抵押贷款

2016 年 5 月，四川省人民政府印发《四川省农村承包土地的经营权和农民住房财产权抵押贷款试点实施方案》（川府发〔2016〕28 号），在成都市温江区、崇州市等地开展"两权"抵押贷款试点工作，为"农贷通"平台的发展打下良好基础。因此，推动农村金融服务深化需要加快农村产权确权登记颁证，搭建农村产权流转平台，完善"两权"抵押登记制度，加强产权抵押登记信息管理，实现农村产权的信息公开和共享；促进农村产权交易流转市场规范化管理，建立完善农村产权纠纷调处机制，妥善解决农村产权纠纷；建立农村产权评估体系，建立科学评估依据和标准，客观公正地评估农村产权价值，并根据市场动态灵活调整；稳妥推进"两权"抵押贷款业务，以专业大户、农民专业合作社、家庭农场、龙头企业等新型农业经营主体为主要贷款对象，切实满足新型农业经营主体的融资需求。

2. 完善风险分担机制

成都市将"两权"抵押贷款风险补偿基金与"农贷通"风险补偿资金整合起来，推动财政支持农业方式转变，充分发挥财政资金的调控作用。一方面，成

---

① 资料来源：成都市"农贷通"平台官方网站。

都市保障农户权益，补偿分担自然灾害等不可抗力形成的风险、抵押物无法处置或处置后不足以弥补本金损失的贷款风险等；另一方面，降低金融机构开展涉农金融业务面临的风险，提高金融机构开拓涉农业务的积极性。成都市形成了由贷款主体、金融机构和当地政府共同分担风险的体系。

3. 建立和完善信息系统

一方面，建立和完善农业经营主体金融服务需求信息系统。只有有效反馈农业经营主体的贷款、产权流转、农业保险等金融服务需求，才能为不同农业经营主体开发不同金融产品，适应其农业经营发展需要。另一方面，建立和完善农村信用信息体系。农村信用信息体系的完善是走出农村金融发展困境、解决信息不对称问题的关键。一是要建立地方信用体系，打造公共信用信息共享系统，建立涉农信用专属查询工具和一站式数据服务平台；二是大力推动信用评级工作，加强征信主题宣传工作，定期公布评定的信用镇、信用村、信用户，强化农业经营主体的信用观念和信用意识。构建完善的信息系统将有利于简化贷款办理流程，降低农业经营主体的贷款申请成本。

普惠金融

普惠金融这一概念由联合国在 2005 年提出，是指以可负担的成本为有金融服务需求的社会各阶层和群体提供适当、有效的金融服务。小微企业、农民、城镇低收入人群等弱势群体是其重点服务对象。大力发展普惠金融，是我国全面建成小康社会的必然要求，有利于促进金融业可持续均衡发展，推动大众创业、万众创新，助推经济发展方式转型升级，增进社会公平和社会和谐。

农村"两权"抵押贷款

农村"两权"是指农村承包土地的经营权和农民住房财产权。农村"两权"抵押贷款是指农村土地承包的经营权抵押贷款和农民住房财产权抵押贷款。

2015 年 12 月，全国人大常委会决定在 232 个试点县分别暂时调整实施《中华人民共和国物权法》《中华人民共和国担保法》关于集体所有耕地使用权、集体所有宅基地使用权不得抵押的规定。该决定授权于 2017 年 12 月 31 日

到期。在试点地区涉及相关法律条款实施的障碍被排除后，中国人民银行、中央农办等在 2016 年 3 月份联合印发了《农村承包土地的经营权抵押贷款试点暂行办法》和《农民住房财产权抵押贷款试点暂行办法》，两个暂行办法从贷款对象、贷款管理、风险补偿、配套支持措施、试点监测评估等多方面，对金融机构、试点地区和相关部门推进落实农村"两权"抵押贷款试点明确了政策要求。试点工作随后在全国 232 个试点县推进。

农村承包土地的经营权

农村土地承包人对其依法承包的土地享有占有、使用、收益和一定处分的权利。2015 年 7 月 30 日，国务院办公厅印发《关于加快转变农业发展方式的意见》，明确指出在农村改革试验区稳妥开展农户承包地有偿退出试点，引导有稳定非农就业收入、长期在城镇居住生活的农户自愿退出土地承包经营权。

农民住房财产权

农民住房财产权，即房屋宅基地证。土地是农村分给村民的，村民在地上建起的房产，就是宅基地房产。这些房产的房产证，就是房屋宅基地证。宅基地房产现在不允许自由过户，只能在本村村民间买卖，与普通商品房的自由买卖过户是有区别的。

农村土地流转

农村土地流转是指在坚持家庭联产承包责任制下，农户将土地使用权流转出去，即拥有土地承包经营权的农户将土地经营权（使用权）转让给其他农户或经济组织，农户本人保留土地的承包权，转让土地的使用权。

2004 年，国务院出台《国务院关于深化改革严格土地管理的决定》，明确了关于农民集体所有建设用地使用权可以依法流转的规定。2014 年，中共中央办公厅和国务院办公厅印发《关于引导农村土地经营权有序流转发展农业适度规模经营的意见》，要求大力发展土地流转和适度规模经营，5 年内完成承包经营权确权。第十三届全国人大常委会第十二次会议审议通过了《关于修改〈中华人民共和国土地管理法〉、〈中华人民共和国城市土地管理法〉的决定》，新修订的《中华人民共和国土地管理法》自 2020 年 1 月 1 日起施行。

第三节 四川省农村产权抵押贷款试点案例

2015 年 8 月，国务院发布了《国务院关于开展农村承包土地的经营权和农民住房财产权抵押贷款试点的指导意见》，打破了长久以来农村承包土地的经营权和农民住房财产权不允许用于抵押和担保的困境，迎来了农村产权制度改革的破冰。同年，全国 20 多个省份开始推行相关试点工作。截至 2018 年 9 月底，全国 232 个试点地区农地抵押贷款余额 520 亿元，同比增长 76.3%，累计发放 964 亿元；59 个试点地区农房抵押贷款余额 292 亿元，同比增长 48.9%，累计发放 516 亿元。

农村产权抵押贷款试点工作在全国各地有序展开，四川省也是试点工作的主要省份之一。作为农村"两权"改革的排头兵，四川省一些地区积极探索改革新路径，大胆创新，因地制宜，形成了在四川省乃至全国都比较有代表性的典型模式。本节分析了四川省眉山市彭山区、宜宾市叙州区、成都市温江区"两权"抵押贷款的几种不同模式及其改革探索的启示，有助于推动"两权"抵押贷款的进一步发展。

一、眉山市彭山区探索构建农村"两权"抵押贷款五大综合体系

（一）眉山市彭山区"两权"抵押贷款发展概况

彭山区是四川省眉山市市辖区，位于四川盆地川西平原南缘丘陵地区，东西两边为低山丘陵、中部为平原，属亚热带湿润气候区。彭山区辖区面积 465.32 平方千米，耕地面积 1.41 万公顷。彭山区下设 8 个镇 3 个乡，2018 年常住人口约 33 万人，城镇化率达到 53.49%。2018 年，彭山区地区生产总值为 158.42 亿元，增长 8.2%；城镇居民人均可支配收入为 34 654 元，农村居民人均可支配收入为 18 390 元[①]。

彭山区是全国第二轮 34 个深化农村改革试验区之一。2015 年年底，彭山区被列为"两权"抵押贷款试点区（县）。2016 年，彭山区共承担着 5 亿元的"两

---

① 资料来源：眉山市彭山区人民政府网站。

权"抵押贷款发放任务。2016 年 3 月，彭山区金融机构成功发放农村产权抵押贷款 119 笔，共 4 000 余万元。截至 2018 年 10 月底，彭山区共发放"两权"抵押贷款 1 400 余笔，金额达 7.1 亿元，其中农民住房财产权抵押贷款 557.1 万元。彭山区全面完成农村"两权"抵押贷款等国家级改革试验任务 4 项，新增宅基地"三权分置"等国家级试点任务 5 项，共计承担中央和省级改革试点任务 22 项；改革经验在省级以上层面交流 10 次，2 项经验入选四川省首批 40 个改革典型案例①。为确保"两权"抵押贷款工作顺利推进，彭山区已先后制定了 43 份配套文件，涉及产权流转交易、产权价值评估、风险防控和处置等，大致构建了产权交易体系、产权评估体系、风险分担体系、产品创新体系和征信体系五大综合体系，有效调动了政府、农业园区、正兴公司、银行和新型农业经营主体五个方面的积极性，形成了"五方联动"的"两权"抵押贷款机制。

（二）眉山市彭山区"两权"抵押贷款模式及其特点

2013 年，天鑫农业发展有限公司凭借其"龙头企业+农民专业合作社+专业种植大户+农户"完整的产业链合作模式，获得了彭山农村信用合作社贷款 100 万元，但公司由于发展迅速，需要扩大生产规模，因此急需资金支持。当时，彭山区正在进行"两权"抵押贷款试点，"金杏福农地"信贷产品②等创新金融产品应时而出，天鑫农业公司用自身的 962 亩土地的经营权作为抵押贷款的抵押物获得 800 万元贷款，彭山区"两权"抵押贷款融资禁区被打破。

作为国家级和省级"两权"抵押贷款重点试点区，经过近 5 年的发展，彭山区在探索中逐步形成了典型的"彭山模式"。彭山区采取行政引导与市场运作相结合的工作方法，坚守农村基本土地制度不突破和金融风险整体可控"两条底线"，探索一套流程，完善五项配套，加强两个引导，有效推进了试点工作规范开展。彭山区"两权"抵押贷款工作经验受到充分肯定，形成了以五大综合体系为主题的彭山样板，在全国推广。

1. 农村产权流通变现的前提：完善的产权交易体系

长期以来，产权不清、缺乏产权交易市场等都是农村产权改革的难题。彭山

---

① 资料来源：眉山市彭山区人民政府网站。

② 金杏系列产品是彭山农村信用合作社专门推出的农村"两权"抵押贷款金融产品，包括 2013 年推出的金杏福农地（农村土地承包经营权抵押贷款）和金杏福农居（农民住房财产权抵押贷款）。截至 2016 年年底，总计发放贷款 99 笔，贷款总金额 6 193 万元。

区"两权"抵押贷款试点工作开展以来，最先进行了农地和农房确权登记颁证工作。彭山区政府通过区财政出资 5 000 万元成立了国有农业投资公司——正兴公司。2014 年，该公司在彭山区设立子公司，公司在全区分布 80 多个村社服务站①。除此之外，彭山区政府投资，与成都农村产权交易所进行跨区域互联互通合作，免费为有需要的主体提供发布土地流转信息等服务。在此基础上，彭山区搭建起了三级土地流转平台：第一，有意愿流转土地的农民，寻求村社服务站的帮助，通过签订委托书，委托子公司进行土地的"预流转"。第二，统一整合土地资源，打包处理流转土地，"上市"流转。第三，各经营主体通过信息平台，网上竞标，对土地进行流转。截至 2018 年 10 月底，彭山区完成了农村承包土地确权登记 22 万余亩，集中流转土地约 16 万亩。在 1 400 多宗流转土地中，100 亩以内的占 40%，100~500 亩的占 50%，500 亩以上的占 10%②，彭山区建立专业的农业投资公司和产权交易中心，统一整合需要流转的土地资源，解决了土地细碎化和业主规模经营之间的矛盾，打通了农村产权流通渠道，顺畅了产权交易体系。

2. 农村产权价值的实现：科学的产权评估体系

目前，我国缺少完善的农村产权抵押价值评估体系，农村产权价值不明、难以估算、评价不专业等问题突出，银行认为农村产权抵押价值的可信度不高。针对这一问题，彭山区确定了集体建设用地基准价，组建由"行业专家+乡土人才"构成的农村产权价值评审中心和评审委员会及人才库，坚持评估、评审双线并行，采取中介机构评估与农村产权价值评审中心评审相结合的方式对所抵押的农村产权进行价值评估，有效解决了农村产权价值认定的成本、效率和可靠性问题。

3. 农村产权抵押贷款的保障：三级风险防控机制

农民缺少可靠的担保和抵押物，使得其在贷款时面临重重阻碍。除此之外，农业面临的自然、市场双重风险，以及劳动成果的不确定性也会直接影响农民的还贷能力。因此，很少有直接面向农民的农村金融产品。小农户贷款项目的缺失，也是阻碍农民扩大生产的主要原因之一。彭山区建立了"评估-预防-处置"的三级风险防控机制。

第一，业主筛选抑制事前风险。彭山区对业主的资质进行分级筛选，并做好

---

① 资料来源：四川省人民政府：眉山市彭山区探索建立农村土地规范流转体系。

② 资料来源：眉山市彭山区人民政府网站。

了以下三点：首先，彭山区通过走访调查详细了解业主过去从事的事业，对业主进行全方位把控。其次，彭山区在了解了业主的经济实力、资金变现能力的基础上，要求业主生产资金占到总资金的绝大部分，保障生产安全，减小风险。最后，彭山区评估项目前景，组织专家讨论生产项目的可行性和前景。规模较大的农业项目需要提交项目的概念计划书，由专家进行审议。彭山区出台了土地流转办法，分级别流转，分重点流转，如：30 亩以下则只存在风险提示；30～100 亩则需要乡镇的农业投资子公司初审后转交乡政府审核批准；100～500 亩则需要完成以上所有环节后转交正兴公司总部审核；500 亩以上的由正兴公司进行初审后报区委区政府审核，严格把关。彭山区在引进业主和项目时，着重从源头上减少风险的发生。彭山区组织开展新型经营主体信用评级，将业主的还贷能力和下一次的信贷挂钩，有效降低因为前期审核不严而诱发的前期风险。

第二，保障金制度减少中期风险。除了粮食生产以外，对于其他农业经营项目，农业投资公司需要向各业主收取风险保障基金，每亩 200～300 元，建立全区土地流转风险处置专项基金，兜底处置风险。对业主退租的大宗土地，正兴公司采取"垫付租金 - 自主经营 - 再次招商"的模式进行托管和二次流转，确保农民的流转收益不受影响，不引发群体性社会矛盾。

第三，多方共担分散事后风险。彭山区建立"两权"抵押贷款风险补偿基金，积极应对可能发生的风险。彭山区成立了政府性融资担保公司，提供担保和增信服务，提高农民产权贷款的可信度。彭山区政府联合保险公司创新了特色农业保险产品，增强农业生产环节抵御自然和市场风险的能力，让还款来源有保障。

4. 创新抵押物处理方式：多渠道抵押物处置

针对难以处置的现实中农村产权问题，彭山区政府在传统的"银行 - 贷款者"的违约处置上，出资建立新的抵押物处置平台——正兴公司，并出台了一系列土地流转方法、集体建设用地管理办法等相关细则。第三方抵押物处置平台——正兴公司可以助推银行土地的二次流转。除此之外，宅基地的使用权也可以有偿退出，农民可以获得一笔住房财产权的抵押金。彭山区创新银行依法处置与贷款对象协商处置之外的第三种便捷处置渠道，有效减少了银行的风险。

5. 多元化产品创新体系，拓宽"两权"抵押贷款新路径

彭山区针对农村金融产品与农户实际需求、农业生产规律存在矛盾这一现实

问题，创新产品"路演"等贷款产品设计方式，组织试点银行与现代农业业主就拟推出的"两权"抵押贷款产品进行沟通。十几家银行联合创新推出 16 个接地气、受欢迎的农村"两权"抵押贷款新产品，包括"惠农产权贷"等，因地制宜拓宽"两权"抵押贷款的新路径。

彭山区通过构建五大综合服务体系，多方联动，创新建立"三级土地预推—平台公开交易—资质审查前置—出险应急处理"的土地流转"四步机制"，畅通流转渠道，化解流转风险，确保了土地流转中农民的利益不受损、业主的投资有效益以及政府"兜底"服务有保障的新格局。

(三) 眉山市彭山区"两权"贷抵押款模式存在的问题

彭山区作为"两权"抵押贷款的改革试点区，通过多元主体的协调配合，形成了五方联动的高效体制机制，也在全国"两权"抵押贷款试点中取得了较好成绩，形成"彭山模式"，并在全国推广。但是，其仍然存在一些问题亟待解决。

1. 法律冲突问题仍然存在，阻碍"两权"贷款的进一步推进

我国现行的法律，如《中华人民共和国物权法》《中华人民共和国担保法》《中华人民共和国土地承包法》等对土地承包经营权流转和抵押主体进行了严格的限制，宅基地使用权不能对城镇居民进行流转，只能在本集体经济组织内部进行流转，除了法律规定的特殊地（如"四荒地"等）可以抵押外，土地的承包经营权在法律上还是禁止抵押的。由于"两权"抵押贷款还未在全国进行推广，彭山区只是试点区，因此虽然政策环境支持土地承包经营权抵押贷款，但是其在法律上还受限制。在彭山区，抵押给银行的土地经营权在处置方式上受到限制，土地价值变现能力大打折扣，农民在土地评估的时候就会无法获得贷款或获得贷款的额度低于土地价值，银行承担的风险也会增大，法律冲突问题仍然存在，阻碍了彭山区"两权"抵押贷款的进一步推进。

2. 缺少对"两权"抵押贷款农民主体的筛选，增加银行贷款风险评估难度

彭山区设立了"评估-预防-处置"三级风险防控系统，更多的是保护农民的利益，很少从减少其他主体（如业主）承担的风险的角度去进行系统设置，更多参照的是农民的家庭收入和农民资产的特征，而忽略对农民其他个人特征的调查，特别是农民的信用特征。土地经营权抵押贷款只对农民土地进行确权登记、颁发证明，却很少对农民的实际还贷能力、信用能力和透支能力进行严格规

定，可能会出现政府为了保证抵押贷款试点工作顺利开展，将大量风险转移给银行。对银行来说，这大大增加了其贷款的风险，银行的放贷意愿大幅降低。

3. 抵押物价值评估前后异化，缺乏有效的监督主体和监督制度

彭山区形成了完整的抵押贷款产权评估体系，并且创新建立了第三方抵押物处理平台，但是评估体系只存在评估前期，即确定抵押物价值阶段，缺少抵押评估后对抵押物的监督。如今，因为我国还没有形成统一的"两权"抵押贷款价值评估体系，许多试点地区出现了评价的随意性、自主性。更为严重的是，在完成抵押物价值评估以后，农民会除去土地上所有有价值的资源，交给业主或银行的只有空地空房，评估后土地价值缩水。缺乏有效的监督主体和监督制度，给业主经营造成困难，也影响银行后期处理土地再变现的议价能力。

4. 部分农民的参与意愿不高和响应不积极

2006年，取消农业税之后，国家逐渐加大了对农民的补贴力度。获得土地的转移支付，也是部分农民不愿意放弃土地的重要原因。彭山区加快土地确权执行步伐，不断提高征地标准，农民的产权意识有所提高，农民不愿意放弃土地。土地流转出去以后，或者抵押贷款以后，收回的时间长，难度增加，导致许多农民参与意愿不高和响应不积极。

（四）政策启示

1. 营造良好的"两权"抵押贷款宏观环境

作为"两权"抵押贷款的试点区，彭山区政府积极落实各项政策，协调多方主体，引领彭山区"两权"抵押贷款改革破冰，主动进行农村金融市场的改革。彭山区政府找准改革"痛点"，即现实中存在农民的土地流转给业主，由于天灾人祸等原因，业主跑路，农民的利益受损。当业主跑路或因经营不善无法支付租金时，农民就会找到政府，政府就会无限兜底，压力巨大，同时这也关系民生，关乎基层稳定，政府在改革中应当做好所有准备。

首先，关于土地流转。面对诸多的现实难题，彭山区政府前期深入走访调研，广泛倾听各方意见，采取先行先试的方法。在充分调研、广泛听取意见的基础上，彭山区政府积极探索出土地流转"四步机制"，政府出资建立国有投资发展公司，通过开展信息收集、土地综合整合、土地"上市"流转、风险控制等一系列市场化的办法进行全程处置。公司成为农民与业主间的"桥梁"，也是土地流转业务的"保姆"。

其次，彭山区政府加大对试点改革的投入。2015 年以来，彭山区建立了1 000 万元的农村产权抵押融资风险补偿基金，到 2018 年，其金额已经达到2 250 万元。除此之外，彭山区政府出资 5 000 万元建立国有投资发展公司。为与之配套，彭山区政府还花费 350 万元建立产权交易平台。彭山区成立了政府性融资担保公司，为改革试点创造良好的宏观环境。

最后，彭山区政府在降低涉农贷款成本上起了巨大作用。政府建立统一的土地流转平台、产权交易平台、信息反馈平台，打通农民、业主、信贷机构的沟通渠道，节约大量的交易成本，为抵押贷款扫清障碍，积极引导各个主体进入试点核心区域和核心环节。

总体来说，政府是拓宽农业经济主体融资担保多元渠道的重要主体，对于扩大对"三农"的信贷投入、降低涉农贷款成本有非常重要的作用，为"两权"抵押贷款营造了优良的宏观环境。

2. 各金融机构创新产品项目

彭山区政府组织各金融机构进行产品路演，而进行路演的目的就是要找出关键问题、解决问题，从而方便抵押贷款推进。产品推出之前，乐山商业银行彭山支行、邮储银行彭山支行、彭山信用联社、彭山寿保公司等 10 个金融单位，都分别展示了自己 2 个以上的金融产品，并通过相互比较，发现了自己产品的不足，当场表示进行修改。彭山区政府联合各金融机构通过不断解决问题和矛盾，确保完成深化农村改革的任务，探索出适宜当地抵押贷款的金融产品。

3. 形成三级风险防控机制

彭山区实现流转风险全程防控，建立"评估-预防-处置"的三级风险防控机制。正兴公司在签约时，除了粮食以外，对其他的农业经营生产项目、经营类项目收取不同的农业风险保障基金，建立可以覆盖全区的土地流转风险处置专项基金。针对业主退租的大宗土地，正兴公司采取"垫付租金-自主经营-再次招商"的模式进行托管和二次流转，确保农民的流转收益不受影响，不引发群体性社会矛盾。截至 2018 年 6 月底，彭山区已成功处置 2 起因业主经营不善而退租的事件，涉及土地流转面积 5 100 亩，确保无一起遗留问题和上访事件发生。截至 2017 年年底，彭山区土地流转面积已达 16.5 万亩，土地流转率突破 70%，岷江现代农业示范园区中彭山区土地流转率在 95% 以上；培育新型农业经营主体3 647 家；农村居民人均可支配收入达 16 848 元，增速达 9.4%，位居四川省第一位。

三权分置

三权分置是指土地所有权、承包权、经营权三权分置，经营权可以流转。改革开放之初，农村实行家庭联产承包责任制，将土地所有权和承包经营权分设，所有权归集体，承包经营权归农户，极大地调动了亿万农民的积极性，有效解决了温饱问题，农村改革取得重大成果。现阶段，深化农村土地制度改革，顺应农民保留土地承包权、流转土地经营权的意愿，将土地承包经营权分为承包权和经营权，实行所有权、承包权、经营权（简称"三权"）分置并行，着力推进农业现代化，是继家庭联产承包责任制后农村改革的又一重大制度创新。2018年12月29日，十三届全国人大常委会第七次会议表决通过了《关于修改〈中华人民共和国农村土地承包法〉的决定》。这次修改《中华人民共和国农村土地承包法》，主要就是为了将农村土地实行三权分置的制度法治化，以更有效地保障农村集体经济组织和承包农户的合法权益，同时也更有利于现代农业发展。

三权分置是农村基本经营制度的自我完善，符合生产关系适应生产力发展的客观规律。三权分置背景下，所有权、承包权和经营权既存在整体效用，又具有各自功能。从当前实际出发，实施三权分置的重点是放活经营权，核心要义就是明确赋予经营权应有的法律地位和权能。

三权分置是继家庭联产承包责任制后农村改革的又一重大制度创新。它展现了农村基本经营制度的持久活力，有利于明晰土地产权关系，更好地维护农民集体、承包农户、经营主体的权益；有利于促进土地资源合理利用，构建新型农业经营体系，发展多种形式的适度规模经营，提高土地产出率、劳动生产率和资源利用率，推动现代农业发展。

宅基地三权分置

宅基地的"三权"分别是指宅基地集体所有权、宅基地农户资格权、宅基地使用权。宅基地集体所有权是指农村集体组织依法对宅基地拥有占有权、管理权、使用权、收益权和处置权等权能。宅基地农户资格权是基于农户作为农村集体组织成员所获得的宅基地资格的权利，本质上属于一种组织成员福利权，只有农村集体组织成员才拥有宅基地农户资格权，具有典型的社区封闭性、身份依附性和不可交易性。宅基地使用权是指农村集体组织成员依法享有的宅基地占有权、使用权、收益权和一定条件下的处分权。

不动产登记

不动产登记是《中华人民共和国物权法》确立的一项物权制度，是指经权利人或利害关系人申请，由国家专职部门将有关不动产物权及其变动事项记载于不动产登记簿的事实。作为物权公示手段，不动产登记本质上为产生司法效果的事实行为而非登记机关的行政管理行为。《不动产登记暂行条例》于2015年3月1日起施行。2016年1月21日，《不动产登记暂行条例实施细则》出台，对集体土地所有权登记、国有建设用地使用权及房屋所有权登记、宅基地使用权及房屋所有权登记等各种不动产权利的登记都做出了更为细致的规定。2017年4月，国土资源部印发《压缩不动产登记时间实施方案》，要求各地在确保登记资料移交到位、人员划转到位的基础上，进一步简化登记流程，提高登记效率，分类压缩不动产登记办理时限。2018年3月起，我国正式开展农村房屋不动产登记发证试点工作。

二、宜宾市叙州区农村产权抵押贷款"三三四四"试点探索

（一）宜宾市叙州区"两权"抵押贷款发展概况

宜宾市叙州区（原宜宾县）是全国首批100个、四川省5个农村集体产权制度改革试点县（区）之一和宜宾市唯一的农村集体产权制度改革试点县（区）。叙州区以农村集体林权、土地经营权、房屋产权"三权"为着重点，推出了有当地特点的"三三四四"工作模式（加快"三权"登记、构建三大体系、创新四项机制、强化四大保障），探索形成农村产权抵押融资的新路径，破解农村融资难、融资贵问题。截至2018年6月，叙州区实现农村产权抵押融资4.68亿余元（其中林权抵押贷款约3.63亿元、土地经营权抵押贷款约1.05亿元、农村房屋抵押贷款约29万元）。

（二）宜宾市叙州区农村产权抵押贷款的"三三四四"特点

宜宾市叙州区积极响应改革，并根据当地发展状况和特点，探索适合自己发展的农地经营权和林地经营权抵押贷款模式，形成了比较有代表性的"三三四四"工作模式，促进了当地土地要素的流动，盘活了当地"沉睡"的土地资源。

1. "三权"登记，打牢试点基础

第一，叙州区加快土地确权和登记，明晰产权。农村土地"三权"分置和发展适度规模经营的前提是土地确权颁证。融资试点的"三权"中，集体林权已全面完成确权颁证，农村土地承包经营权已完成确权登记并正在颁证，农村居民房屋所有权已全面推开确权并颁发"不动产登记证"。

第二，在实践中，叙州区探索权属分离新路径，完善登记。叙州区完善了土地流转的一系列管理办法，率先探索农村集体林权分离为林地所有权和使用权、林木所有权和使用权，完善权属登记颁证。2018 年，叙州区已办理承包土地经营权流转业务 516 宗，总面积达到 40 914 亩，金额总计 16 766 万元。

2. 三大体系，构建试点框架

第一，构建农村资产交易市场体系。叙州区编制了《叙州区农村产权流转交易市场体系建设实施方案》，成立了叙州区农村产权交易所，并参与了农村产权流转交易厅和宜宾市农村产权信息交易网的建设。除此之外，叙州区还建立了线上产权交易平台，多渠道、多方式促进产权交易。

第二，制定产权价值评估体系。叙州区出台并分类别制定了农村产权价值评估管理办法，科学制定评估依据和标准，成立了森林资源资产评估咨询中心。除此之外，叙州区还建立了产权抵押评估信息系统，把重心放在争端解决上，形成了争端解决机制。

第三，创新探索抵押登记服务体系。叙州区积极研究制定农村"三权"抵押贷款登记管理办法，探索规范抵押登记管理，建立并完善备案制度。叙州区设立了区级财政林权抵押贷款贴息制度，试点期间按基准利率的 50% 进行贴息。贴息大大降低了林地经营者和其他新型经营主体的抵押贷款成本。

3. 四个机制，探索试点创新

第一，建立和完善抵押贷款风险分担机制。叙州区建立了区级农村产权抵押贷款的风险补偿基金，加强"银保合作"，积极创新保险产品，分担农村产权抵押贷款风险，形成多个主体共担风险的风险分担机制，避免风险过度集中。

第二，建立和完善农村资产收储机制。针对农村不良产权资产的处理，政府和市场共同搭建了产权交易的收储体制机制，以市场处置为主、政府补贴为辅，制定资产分类处置办法。

第三，建立和完善农村产权抵押贷款的征信管理机制。叙州区制定了农村产权抵押融资贷款征信登记管理办法，将农户和新型农业规模经营主体的信用信息纳入中国人民银行征信系统，健全征信体系，强化征信管理。

第四，建立完善农村产权抵押贷款管理服务机制。叙州区建立并完善农村产权抵押贷款相关管理办法和实施细则，简化和优化贷款申请条件与审批程序，降低抵押融资成本。

4. "四项" 强化，完善试点保障

第一，强化组织保障。叙州区成立了书记领导小组来推进工作，同时还建立了区级相关部门的联席会议制度，对改革试点中存在的问题进行经验总结和解决，保持各部门的有效沟通，解决好城乡之间的地区差异问题以及各部门、农业经营者和金融机构之间的沟通问题，保证工作有序开展和顺利推进。

第二，强化政策扶持。叙州区建立分类补助的政策扶持制度，对流转面积在300亩以上、流转期限在5年及以上的专业大户、家庭农场主、农村合作经济组织和农业龙头企业给予一次性每亩100元的奖补。同时，叙州区的林权抵押贷款工作顺利进行。

第三，强化责任落实。叙州区建立并完善涉及土地确权登记和后续产权抵押风险处置多方面的制度。同时，叙州区进行细化分工，将职责和权利进行明确界定，责任落实到人。

第四，强化督促考核。抵押贷款工作不仅仅是表面功夫，还需要把试点效果纳入政府和各部门年终考核成绩之中，防止出现产权抵押贷款工作中的"应付田"。

（三）宜宾市叙州区农村产权抵押贷款存在的问题

1. 风险难控制

虽然叙州区政府建立了农村产权融资抵押贷款风险补偿基金，但是由于处在试点初期，风险基金规模小，因此赔付能力较弱，风险一旦发生，抵抗风险的能力也较弱。

2. 缺乏完善的惩处机制

叙州区统一的信用体系建设仍存在缺陷，缺乏有效、严格的惩处机制。在推动农村产权抵押融资这一过程中，有不少投机者参与，一旦投机失败，大多数人都会选择跑路，从而对整个业务链条的参与者造成损失，尤其是农民。因此，叙州区亟待建立健全违约惩处机制，提高违约成本，减小政府兜底的压力。

3. 综合成本较高

在农村产权的评估、保险等方面，农业经营者需付出较高的成本。经营主体在业务办理过程中需要协调金融机构、政府主管部门、评估机构、保险机构、收储机构等，也将会产生人力、物力、财力等多方面耗费，需要探索优化办理机制和流程，尽力降低综合成本。

（四）政策启示

1. 发展和壮大集体经济

叙州区作为宜宾市唯一的农村集体产权制度改革试点县（区），共有 535 个行政村和农村社区，以往 90% 以上是集体经济空白村，没有集体收益，村内的产业发展、基础设施建设滞后。叙州区统一规划，建立了较为完善的实施方案和操作流程，制订了统一的规划，平衡集体经济组织和农民的利益，推进全区资产、资本、股权量化。厘清资产，完善产权交易制度，是进行农村产权抵押贷款的前提条件。

2. 建立林权收储公司，破解森林资源融资难问题

叙州区对林权价值进行全面评估，通过市场运作对森林资源资产进行处理，实现森林资产抵押贷款。截至 2018 年年底，叙州区森林流转面积为 12 936 亩，流转金额为 2 346 万元。

3. 实施抵押贷款主体分类和定向扶持政策

叙州区政府每年预算 500 万元，在制定抵押贷款政策时实行分类科目和有针对性的扶持政策，重点扶持家庭农场、农民专业合作社、农业龙头企业等大型经营主体。对直接或间接带动帮扶贫困户、贫困村发展的新型经营主体，叙州区出台专项扶持奖补政策，在项目申报中优先予以考虑。

三、成都市温江区农村产权抵押新方式："一平台四机制"

（一）成都市温江区农村产权制度改革现状

成都市是全国首个农村金融服务综合改革试点城市，温江区是全国四大花卉产业基地之一，是中国西部花卉苗木交易、信息、定价中心，花卉苗木种植面积超过 20 万亩。为了深化农村产权制度改革，温江区以农民更多的产权为核心，构建平台，建立机制，促进建设一体化的农村产权交易市场，加快金融产品和服务创新，积极探索农村金融市场的有效对接因素。截至 2018 年 6 月底，温江区

共发放 2 929 笔农村产权抵押贷款，贷款总额达 44.61 亿元。作为全国农村承包土地经营权抵押融资试点和农村集体资产股份权能改革试点区域，温江区在 2017 年先后承办全国和四川省农村集体产权制度改革推进会。

（二）成都市温江区农村产权抵押贷款模式及其特点

1. 建立多层次流转平台，激活产权交易市场

首先，成都市温江区构建了区、镇、村三个层次的农村产权流转服务平台。温江区建立起成都农村产权交易所温江分公司、9 个涉农镇（街道）农村产权交易服务中心和 116 个村（社区）农村产权交易服务站三级流转服务体系，为农村产权流转服务打下坚实的基础。

其次，温江区发挥流转服务的平台作用，成立了专业的法律咨询中心和房屋租赁公共服务中心，为有需求的对象提供服务，促进农村产权市场体系的完善。

最后，温江区搭建起了金融服务综合平台。"互联网+农村金融"模式通过"农贷通"综合金融服务平台，建立区、镇、村三级平台。"农贷通"综合金融服务平台提供线下融资和线上对接服务，实现农村金融产品发布、需求征集、政策共享和其他功能，充分激活农村产权市场。截至 2018 年 6 月底，该平台共完成 40 笔农村产权抵押融资，融资金额达 1.38 亿元。

2. 建立农村产权融资服务机制，创新农村金融产品

一是大力发展农村金融中介机构。温江区注资 2.3 亿元成立三联融资担保、正信融资担保等国有公司，专门为农村各个主体和农村各类产权抵押贷款提供担保。

二是加快发展"政府+"合作。温江区推动银行（7 家）、小额贷款的涉农公司（6 家）、担保抵押公司（7 家）、价值评估审核机构（3 家）和涉农保险公司（4 家）的共同参与，参与主体更加广泛。

三是进行农村金融产品创新。温江区根据当地优势产业，联合金融机构创新研发了"花卉苗木仓单质押""土地经营权+"等 10 多个农村金融产品，累计发放农地贷款 314 笔，贷款总额共计 10.47 亿元，在四川省 10 个试点地区中排名第一。除此之外，温江区创新了引进市场处理抵押物的路径，创新农业产品"保兑仓"业务。

3. 建立农村产权价值评估机制，突破技术性流转障碍

温江区明确了抵押贷款的评估细则和办法。温江区出台集体建设用地使用权

（含宅基地使用权）、农村土地承包经营权（含农村土地经营权）、农村房屋所有（使用）权和集体林权4类产权价值评估实施标准。

温江区开展了农地经营权的价格评估工作。温江区在已有的通用农地评估基础上，创新提出了以土地区位、产业规划布局为核心的土地均值区域划分。温江区委托市场上的专业评估机构对土地进行单独评估，公开评估结果信息，方便银行等金融机构将其应用于具体土地价值评估之中。

4. 多主体风险防范机制

一是建立了相关主体的征信管理体系。除了业主的信用情况以外，温江区还牢牢把握农户的信用情况，建立农户信息3万余户，建立规模经营业主信息700余户。

二是设立了农村产权抵押贷款风险基金。温江区出资建立农村产权抵押贷款风险基金，根据每年的具体情况适当调节比例和追加风险基金投入。

三是探索多元主体市场化风险分担机制。温江区以农村产权抵押贷款风险基金的成立为前提条件，探索建立由政府、农户（业主）、银行、保险、信贷多个主体共担风险的风险分担体系，减小单一主体集中承担风险的压力，并推行土地履约保证保险。

四是建立快速抵押物处置机制。温江区建立了收储联盟，即依托"农贷通"，由市场主体（温江区花乡农盟花卉苗木专业合作社）牵头组建的涉农抵贷资产收储联盟。该联盟涉及完整的花卉苗木产业链。温江区规范处置程序。"农贷通"能节约交易成本，通过信息公开，严格划分和处置收益与风险基金。

（三）成都市温江区农地经营权抵押贷款存在的问题

1. 特殊产业农地经营权的评估费用太高

特殊产业农地经营权抵押的评估费用高。如温江区的花卉苗木产业，大多数农户种植花卉苗木。花卉苗木土地的经营权需要专门的人员进行评估，专业性较强，评估流程繁琐，且无法直接从降低评估费用入手，只能从减少评估次数入手来降低评估费用，因此需要支付的评估费用高昂。

2. 农地经营权抵押贷款期限较短

在温江区，农地经营权抵押贷款的期限都在1~10年，花卉产业的经营周期较长，回本时间长、速度慢，可能会有农户在较短的时间内偿还不上贷款，这也会打击农户参与农地经营权抵押贷款的积极性和信心。

四、政策启示

（一）改革试点地区要因地制宜，大胆创新

作为农村产权改革的试点区、"排头兵"，在明确国家改革的总体要求下，典型地区能够因地制宜，在农村产权抵押贷款的各个环节进行创新，特别是抵押贷款改革的平台创新、产品创新、主体创新、风险机制体制创新。本章分析了四川省三个典型地区的模式及特点，分析了三个地区在各个环节做出的创新。彭山区是比较具有综合性和代表性的试点区，特别是在产品创新和风险防范方面做了很好的示范；叙州区首先解决了林权融资难的问题，并且对融资主体实施分类抵押政策，大力发展集体经济，为"两权"抵押贷款畅通道路；温江区创新使用"农贷通"综合金融服务平台，创新当地主要产业——花卉苗木产业的金融产品。三个地区在各个层面上做出了创新。

（二）改革的首要问题是确权登记、明晰产权

确权登记工作十分繁琐和复杂，需要花费大量的时间和精力，需要多方联动和协调参与。由以上三种模式可知，能够成为试点区域的城市，土地的确权登记工作要有良好的现实基础，这也是试点工作能够顺利推行的前提条件。只有先确权登记、明晰产权，才能推进农村产权的抵押贷款工作，激活农村的生产要素，促进要素的合理流动。

（三）农村产权制度改革要形成多方联动的完整体系

农村产权抵押贷款试点工作是农村改革中最重要的环节，尤其需要注意的是，这不是一个孤立性的工作，是需要多方参与、其他改革配套进行、各个主体紧密联系和衔接才能发挥效益最大化的工作。例如，将农村承包土地的经营权与农户、农村新型经营主体评级授信相结合，与扶贫再贷款相结合，与主导增收产业相结合，与农业担保公司组合担保相结合，真正实现农民增收、农业增效和农村发展。试点地区创新抵押方式，推行"抵押+"模式，通过"两权"抵押+担保、"两权"抵押+保险、"两权"抵押+其他产权共同抵押等多种形式，多渠道、多样化提供抵押模式，不断创新金融产品，促进各类金融机构加大对农村金融的投入，推动农业现代化发展。试点地区提升第三方评估机构的水平，不断优化抵押物评估方式，会同相关机构加快转让模式的研究，提前找好抵押物处置接受方。

（四）防止风险发生和建立风险发生后的处置体系

试点地区积极完善农地经营权抵押贷款相关保险体系，增强抵御双重风险的

能力。政府应该引导建立专门的农业保险基金，引入商业化保险，建立起相应的农产品保险体系，扩大农业保险覆盖面，降低农业生产经营风险，分担政府、银行的风险压力，解决银行不敢贷款或不敢多贷款、农民贷不到款或贷款不够的供需矛盾，使贷款规模能够持续增长。

农村产权，特别是土地经营权不能采取像其他不良资产一样的处置方式，这种潜在风险无论是落在银行头上还是担保公司头上都是没有区别的，只是风险的再一次转嫁。在这个过程中，一般情况下农民还要付担保费，从而导致贷款成本上升。因此，对各参与方来说，目前最亟待解决的还是难以控制的偿还风险问题。要把风险降低到最低程度，需要建立两种基金：一是业主和农业的流转保证基金，确保土地流转的稳定性；二是政府牵头建立业主、银行和担保公司的风险基金，建立补偿机制，多方共同分担风险，提高风险承受度。

（五）加快推进农村普惠金融体系建设，改善农村金融环境

"普惠金融"在党的十八届三中全会中被第一次写入党的决议，普惠金融有助于填补农村金融市场的空缺。"两权"抵押贷款可以让更多弱势农民获得金融服务，也更有利于盘活沉睡的农村资产，对构建农村普惠金融体系有重要的推动作用。在"两权"抵押贷款试点过程中，农村信用体系建设发挥了积极作用；农村电子信息档案的建立及农户信用信息评价管理系统的开发，实现了农户信息的"三个全覆盖"，成为金融机构发放"两权"抵押贷款的重要依据。

农村土地确权

土地所有权、土地使用权和其他权利的确认、确定，简称"确权"。土地确权就是依照法律、政策的规定确定某一范围内的土地（或称宗地）的所有权、使用权的隶属关系和其他权利的内容。每宗地的土地权属要经过土地登记申请、地籍调查、核属审核、登记注册、颁发土地证书等土地登记程序，才能得到最后的确认和确定。农村土地确权首先有利于强化物权保障；其次有利于强化承包农户的市场主体地位和家庭承包经营的基础地位，为巩固农村基本经营制度提供强有力的制度保障；再次有利于农民用自己的权证进行抵押贷款；最后有利于明确土地承包经营权归属，为解决土地承包经营纠纷、维护农民土地承包的各项合法权益提供强有力的原始依据。2013年中央"一号文件"提出，在全国范围内全面开展农村土地确权登记颁证工作。

《中华人民共和国农村土地承包法》

《中华人民共和国农村土地承包法》是为稳定和完善以家庭承包经营为基础、统分结合的双层经营体制，赋予农民长期而有保障的土地使用权，维护农村土地承包当事人的合法权益，促进农业、农村经济发展和农村社会稳定，根据宪法制定的法律。《中华人民共和国农村土地承包法》由中华人民共和国第九届全国人民代表大会常务委员会第二十九次会议于2002年8月29日通过，自2003年3月1日起施行。2018年12月29日，第十三届全国人民代表大会常务委员会第七次会议通过《关于修改〈中华人民共和国农村土地承包法〉的决定》，对该法进行第二次修正。

农村普惠金融

2014年，国务院办公厅发布《国务院办公厅关于金融服务"三农"发展的若干意见》（国办发〔2014〕17号），明确提出"大力发展农村普惠金融"。一是优化县域金融机构网点布局。"稳定大中型商业银行县域网点，增强网点服务功能。按照强化支农、总量控制原则，对农业发展银行分支机构布局进行调整，重点向中西部及经济落后地区倾斜。加快在农业大县、小微企业集中地区设立村镇银行，支持其在乡镇布设网点。"二是推动农村基础金融服务全覆盖。"在完善财政补贴政策、合理补偿成本风险的基础上，继续推动偏远乡镇基础金融服务全覆盖工作。在具备条件的行政村，开展金融服务'村村通'工程，采取定时定点服务、自助服务终端，以及深化助农取款、汇款、转账服务和手机支付等多种形式，提供简易便民金融服务。"三是加大金融扶贫力度。"进一步发挥政策性金融、商业性金融和合作性金融的互补优势，切实改进对农民工、农村妇女、少数民族等弱势群体的金融服务。完善扶贫贴息贷款政策，引导金融机构全面做好支持农村贫困地区扶贫攻坚的金融服务工作。"

信息经济学和机制设计理论

资源配置是决策的结果，决策需要信息。信息散布在自然、社会的各个角落，搜集它们需要成本。高昂的信息成本使得交易更加困难，一些从整体上看有效率的交易因为顾虑合作剩余可能被拥有私人信息的交易伙伴攫取而被迫中止。信息经济学特别关注由信息不对称带来的效率损失，将不拥有私人信息的交易者称为委托人，将拥有私人信息的交易者称为代理人，在委托人-代理人的框架下建立逆向选择、道德风险、信号传递和信息甄别四类基本模型。信息经济学的目的不仅是揭示信息不对称对交易的负面影响，更是研究克服它的办法，由此产生了机制设计理论。激励机制设计本质上是"代理人的最优选择就是委托人的最优选择"。一个有效的激励机制必须满足参与约束和激励相容约束。参与约束是代理人参与委托人的事业所得到的净剩余不应低于他不参与时的保留收益，这个保留收益由代理人面临的其他机会决定；激励相容约束是委托人所期望的代理人行动，也是代理人最大化其收益的结果。在满足参与约束和激励相容约束下，委托人选择最大化自己收益的行动。合约条款设计、相对产权的让与为委托人的行动和代理人的行动成为现实提供了可能，交易双方因此获得占优的效率、产权保护以及收益和风险的分担等。

本章参考文献

[1] 张乐柱. 农村普惠金融创新案例 [M]. 北京：经济管理出版社，2017.

[2] 李琪琦. 村镇银行发展现状及可持续性探析：以四川为例 [J]. 西南金融，2019（7）：78-86.

[3] 王燕. 金融深化在经济发展中的作用：麦肯农-肖学说与中国的金融改革 [J]. 金融研究，1988（8）：60-65.

[4] 孙同全，潘忠. 新中国农村金融研究70年 [J]. 中国农村观察，2019（6）：2-18.

[5] 丁志国，张洋，覃朝晖. 中国农村金融发展的路径选择与政策效果 [J]. 农业经济问题，2016（1）：68-75，111.

[6] 江月. 四川成都"农贷通"打通农村金融服务最后关节 [J]. 农村工作通讯，2018（5）：46-47.

[7] 褚文，孙淼. 农村"两权"抵押贷款的路径选择 [J]. 中国金融家，2017（11）：148-149.

［8］肖轶，魏朝富，尹珂．农户农村"三权"抵押贷款需求意愿及影响因素分析：基于重庆市 22 个县（区）1141 户农户的调查数据［J］．中国农村经济，2012（9）：88-96.

［9］冯兴元，孙同全，韦鸿．乡村振兴战略背景下农村金融改革与发展的理论和实践逻辑［J］．社会科学战线，2019（2）：54-64.

［10］李建军，韩珣．普惠金融、收入分配和贫困减缓：推进效率和公平的政策框架选择［J］．金融研究，2019（3）：129-148.

［11］杨艳琳，付晨玉．中国农村普惠金融发展对农村劳动年龄人口多维贫困的改善效应分析［J］．中国农村经济，2019（3）：19-35.

第六章　现代农业发展

结构转变、技术进步和制度变迁是农业现代化的基本决定因素，现代农业的发展必须走出单纯的农业产业，在农业、农村、农民之外探寻现代农业发展的道路，跳出"三农"视角。在二元结构基础上，如果没有"三农"以外的发展也就不可能真正启动"三农"的发展。在工业化、城镇化深入发展的背景下同步推进农业现代化，是关系改革开放和现代化建设全局的重大任务。这就要求既要从工农业发展和城乡演化异质中不断寻求农业和农村社会发展的超越，又要正视农业容易被忽视或削弱的风险，倍加重视农业现代化与工业化、城镇化的同步推进和协调发展。因此，本章选取了蒲江县特色茶叶产业、眉山市东坡区泡菜品牌建设、内江市资中县农业电子商务建设三个案例，从现代农业发展历程、现代农业品牌打造和现代农业电子商务建设三个方面进行分析。

第一节　现代农业发展历程案例

一、案例介绍：蒲江县茶叶产业"三大阶段"引领茶叶产业现代化

茶叶作为我国的传统饮品，不仅健康养生，还有着丰富的文化底蕴，因此深受世界人民喜爱。茶叶产业作为我国传统农耕文明的代表，在我国农业现代化不断发展的过程中逐步形成了集茶叶生产、加工和贸易于一体的产业一体化发展模式。通过不断进行技术创新、制度改革和组织变迁，茶叶产业发展成为促进区域可持续发展和带动传统产业升级的重要推动力。

蒲江县位于四川盆地西南部，具有优越的自然条件，同时也拥有悠久的茶叶加工历史。蒲江县作为川西茶叶的主产区之一，近年来先后获评"中国茶叶标准化示范区""全国重点产茶县""中国名茶之乡"和"四川省茶产业强县"等称

号，其自有品牌"蒲江雀舌"也被认定为国家地理标志保护产品。自 20 世纪 90 年代起，蒲江县的茶叶种植面积和茶叶产量不断增加。截至 2015 年年底，蒲江县茶叶无公害、有机、良好农业规范（GAP）、绿色认证面积达到 6.6 万亩，已建成茶叶加工企业 80 余家，有 69 家分布在成佳镇，规模以上企业 20 余家，其中省级龙头企业 3 家。2018 年，成佳镇茶叶成品年产量 2 200 吨，茶叶总产值 3.96 亿元。目前，蒲江县茶叶产业处于产业成熟期的初级阶段。在其发展历程中，农户、企业、政府和茶叶经营组织都发挥了重要的作用，推进了蒲江县茶叶产业的农业现代化。

蒲江县茶叶产业阶段划分及各阶段特征如表 6-1 所示。

表 6-1　蒲江县茶叶产业阶段划分及各阶段特征

阶段	关键性事件	划分依据	阶段特征
起步发展阶段（中华人民共和国成立至 20 世纪 90 年代初）	1950 年，蒲江县人民政府成立；1958 年，毁茶种粮；1984 年，调入优良茶树品种；1985 年，兴办复兴茶厂；1991 年，蒲江县被确定为茶叶生产基地	确定为茶叶基地，预示着蒲江县茶叶发展进入有规划的发展阶段、跨上新阶梯	涉茶企业数量较少，产值规模较小；销售额增加较慢；茶园管理不规范
规模扩张与产业化提升阶段（20 世纪 90 年代中期至 2007 年）	20 世纪 90 年代中期，大批茶叶企业纷纷成立；2003 年，鹤山茶叶合作社成立；2005 年，茶叶行业商会和统防统治中心成立；2006 年，引进日本茶叶生产线；2007 年，茶叶种植面积突破 10 万亩	茶叶企业的成立极大促进了茶叶产业化的发展；种植面积扩展到 10 万亩，茶叶成为当地主要种植作物，并具有一定的规模	茶叶企业数量剧增，规模扩大，销售额迅速增长；产业链纵向延伸，逐渐形成一体化；茶叶品质结构优化；茶叶产业逐步升级，向专业化、标准化、规模化、集约化的方向发展
地理标志品牌驱动与茶旅融合发展阶段（2008 年至今）	2008 年，"蒲江雀舌"被认定为国家地理标志保护产品；2010 年，首届"采茶节"举办，茶叶交易中心建成；2011 年，蒲江县验收为国家 AAA 级旅游景区，茶海之岛项目启动，蒲江雀舌茶叶协会成立；2014 年，川茶新村产业园项目启动；2015 年，七彩茶林项目启动	被认定为国家地理标志保护产品，是蒲江县茶叶品牌化水平提升的重要标志；"采茶节"的举办，正式开启了茶旅融合的探索，蒲江县茶叶产业发展步入新阶段	技术趋于成熟，销售额仍有一定增长，茶叶产业竞争激烈；发展绿色、有机茶叶产业；产业链横向延伸，第一产业和第三产业融合发展，茶叶产业体系完善，综合效益明显

资料来源：根据调研资料、历年蒲江年鉴和政府网站信息整理获得。

（一）起步发展阶段

1950 年，蒲江县人民政府成立。得益于适宜的地理气候，蒲江县茶叶产量逐渐递增。20 世纪 50 年代初，蒲江县年产茶叶 15 吨左右。1955 年，蒲江县产茶 789 担，其中国家收购茶叶 678 担。1958 年，人民公社开始毁茶种粮，茶叶生产量和收购量下降。20 世纪 70 年代，蒲江县的茶叶年产量为 3 吨左右。20 世纪 80 年代起，蒲江县农村实行家庭联产承包责任制，茶叶生产逐步得到恢复和发展。1985 年，蒲江县的茶叶总产量达到 4.02 万斤（1 斤等于 0.5 千克，下同），蒲江县兴办了复兴茶厂。随后几年蒲江县每年的茶叶产量都稳定在 4 万斤以上。为了更好地发展茶叶产业，1975 年，蒲江县政府从浙江省调入茶种子，又在其余几大公社扩展茶园 120 亩。1984 年年初，蒲江县政府从福建省调回福鼎大白茶 4 万余斤，扩展茶园 600 亩。1987 年 7 月 14 日，刘庆钰在县委《工作研究》第四期上发表《富民富县的生产项目——茶》一文，提出蒲江县应"建设茶叶基地"。1990 年，蒲江县政府组织相关专家和科技人员对蒲江县茶叶产业进行整体评估，开展了多次专题调查。在经过了一系列的努力后，1991 年，蒲江县成为成都市的重点产茶基地。

总之，自中华人民共和国成立到 20 世纪 90 年代初，蒲江县农户经历了毁茶种粮到种粮为主再到粮改茶的过程。此时，处于初步发展阶段的蒲江茶叶产业的生产过程主要依靠家庭劳动力和祖传技术，产量和销量较低，且以鲜茶为主，产品价值含量较低。政府开始支持茶叶产业的发展，引进茶种子，不断扩展种植面积并确定建设茶叶基地，但当时涉茶企业较少且产值较低，加之茶园管理不规范，蒲江县茶叶产业处于初步发展阶段。

（二）规模扩张与产业化提升阶段

1990 年，蒲江县农业局从福建省福鼎县（今福鼎市）引进 2 万千克茶种，在 5 个乡、37 个村，新发展茶园 2 000 亩。2000 年，成佳茶叶改良为福鼎大白茶、福选 9 号、川茶 131。2001 年，成佳镇茶园进入丰产范围的有 4 000 多亩。从 1999 年起，茶叶加工企业快速发展，推动了茶树的种植。1999 年，成都茶厂一分厂组建绿昌茗茶叶有限公司，并引进日本寺田 S-120 全自动蒸青制茶生产线，出口蒸青绿茶到日本，结束了全手工炒制茗茶的历史。2001 年 3 月 1 日，绿昌茗茶叶有限公司原职工熊俊英在成佳镇兴建绿雨春茶厂，投资近 30 万元，建筑面积达 600 平方米，从浙江省引进先进的制茶设备，日加工鲜茶能力在 500 千克以上，规模仅次于绿昌茗茶叶有限公司。2000年1月，蒲江县政协六届三次会议上，有委员提案《应对茶叶龙头企业配套优惠政策，促进蒲江县茶叶产业化发展》。蒲江县农办重视该提案，采取了多种措施来提高群众发展茶叶的积极性。2005年，蒲江县已有绿昌茗、辰龙、嘉竹、积善春等茶叶加工企业50余家。其中，县级以上龙头企业3家，茶叶加工及深加工产值1.6亿元，初步走出了一条"公司+合作经济组织+基地+茶农"的道路。2005年，蒲江县茶叶行业商会成立，全县茶叶种植面积达8.3万亩，茶叶加工企业有50余家。2006年，四川省共进口6条日本茶叶生产线，成佳镇的茶厂就占3条。先进生产线的引进大大提升了茶叶加工的效率和质量。同时，由于技术的进步，成佳镇的茶叶产业从单纯的种茶卖茶升级为除了种、销以外也同时发展茶多酚提取的产业，也向新型现代化茶叶产业靠近。蒲江县依托嘉竹茶业、绿昌茗茶业有限公司两家产业化龙头企业，分别成立了嘉竹茶业统防统治中心和绿昌茗茶业茶园管理中心，通过与茶农签订茶园管理协议书，设立协议茶园质量追溯管理卡，采用"三优两免一补一返"（优惠提供农资、优先收购、优价收购、免费技术指导、免费防治病虫害、向农户发投入补助和返利）的惠农措施，对茶园实行"统防统治"，做到生产有记录、管理有依据，建立了一套比较完善的茶叶原料质量可控机制，形成了"公司+基地+农户"的利益相连的产业化发展模式。

总之，20世纪90年代中期到2007年，蒲江县茶叶产业进入规模扩张与产业化提升阶段。茶叶已经成为农户主要种植的品种，茶叶的培护技术已经日趋现代化、科学化。蒲江县在出售鲜茶的同时也开始延长产业链，出售经过初步加工的干茶，增加了产品的附加值和农户的收入，越来越多的劳动力加入茶叶产业的创业中来。茶叶企业也趁着创业高潮的契机，不断扩张规模，在引进先进的生产线的同时创新管理模式，规范生产标准，提升产品质量。在政府的支持下，茶叶企业不断规范茶叶的产出质量标准，逐步有了品牌意识，积极参加会展，提升自有品牌的知名度。同时，茶叶经营组织成立，采取"公司+农户"的模式。在该模式下，农户与公司是互动的主体，传统的茶叶产业体系开始转向现代化。

（三）地理标志品牌驱动与茶旅融合发展阶段

经过蒲江县政府、茶叶企业和茶农的多年努力，"蒲江雀舌"以其"色翠、香高、味醇、形美"的独特品质，于2008年10月成为国家地理标志保护产品，并于2009年入选"中国农产品区域公用品牌价值百强"榜单。2010年年底，

"蒲江雀舌"成功注册国家地理标志证明商标,并成立蒲江雀舌茶业协会。2010年,"西部茶都"项目一期茶叶交易中心建成,并投入使用。2010年,"蒲江雀舌"的品牌价值已上升到7.19亿元,位列2010年"中国茶业区域公用品牌价值百强"榜单第28位。2015年,"蒲江雀舌"的品牌价值已经达到172.78亿元,被评为中国品牌价值区域价值品牌前20强,"蒲江雀舌"逐步建设成为有名的区域性公共品牌。2015年,四川省知识产权保护白皮书出炉,郫县豆瓣、蒲江雀舌、龙泉驿水蜜桃等7个产品入围地理标志产品50强名单。2016年4月21日,四川省工商局召开2015年度驰名商标、著名商标授牌大会,"蒲江雀舌"等39家企业的高知名度商标取得国家工商总局的驰名商标认定。2018年,"蒲江雀舌"成功入选中国品牌价值评价榜单区域品牌100强(位列第27位),"蒲江雀舌"的品牌价值已达154.41亿元。

另外,这一阶段产生了茶业与旅游业的联动发展。在劳动力价格上涨的背景下,茶叶产业作为劳动密集型产业却由于其对原料的特殊要求难以完成机械化生产,使茶叶市场的利润被进一步压缩,急需找到新的突破口。2009年,蒲江县举办首届"蒲江雀舌"茶文化旅游节。2010年,首届"中国采茶节"在蒲江县成佳镇同心村万亩茶叶基地隆重开幕,中国茶叶流通协会现场授予蒲江县"中国绿茶之乡"的称号,并宣布"中国采茶节"这一活动永久落户蒲江。每年3月春茶采摘之时,蒲江县都会举行采茶节活动。以旅游节和采茶节的举办为契机,蒲江县以茶为主题的旅游活动逐渐发展起来。为更好地发展本地旅游业,2011年,蒲江县成佳镇打造"茶海之岛"项目。该项目配合林盘整治,通过改善农民的居住条件和环境,使普通茶农参与茶乡旅游接待成为可能。2011年年底,成佳镇通过国家验收,成为茶香四溢的国家AAA级旅游景区——成佳茶乡。2018年,成佳镇共接待游客131万人,旅游收入超过3.67亿元。成佳茶乡生态环境优美,已经成功申报国家AAAA级旅游景区和四川省生态旅游示范区。

总之,自2008年以来,蒲江县茶叶产业的发展迈入了一个历史新阶段。2008年,"蒲江雀舌"被认定为国家地理标志保护产品,标志着蒲江县茶叶品牌化水平大大提升,蒲江县茶叶产业开始迈入一个新的阶段。蒲江县政府在茶叶产业不断发展的进程中,将自有品牌"蒲江雀舌"推广发展为区域公共品牌,同时不断提升当地茶产品的品牌价值。蒲江县通过做大做强茶叶产业,带动地方中小茶叶产业集群,以茶叶产业带动地方其他产业的发展;通过建立茶叶交易中心，带动茶叶贸易，逐步成为川西南茶叶的加工、销售和信息中心。2010 年，"中国采茶节"的举办正式开启了茶旅融合的探索，现代茶叶产业开始转向茶旅融合的发展。

涉农产业

　　涉农产业（agribusiness）是 1957 年美国学者戴维斯和戈德伯格（Davis & Goldberg）根据美国农业的发展变迁总结出来的能反映农业及相关联产业内在联系的一个概念，它是指从事农业生产资料的生产与供应、农产品的生产加工和运销以及相关信贷、保险等产业。涉农产业主要包括农业投入部门（产前），即种子、肥料、农药、种畜、饲料、机械、设施设备、金融等；农业生产部门（产中），即种植业、养殖业、观光农业等；农业产品部门（产后），即加工、储藏、流通、销售、贸易等。

"六次产业"

　　"六次产业"是一个形象的说法，与我国一直提倡的让农业"接二连三"内涵一致，即鼓励农户搞多种经营，延长产业链条，不仅种植农作物（第一产业），而且从事农产品加工（第二产业）与流通、销售农产品及其加工产品（第三产业），以获得更多的增值价值，为农业和农村的可持续发展、农民增收开辟光明前景。"1+2+3"等于 6，"1×2×3"也等于 6，"六次产业"给农业的发展带来了丰富的想象空间。

共同演化理论

　　共同演化理论是一种重要的组织研究框架理论，用来探索动态视角下组织演化过程与结果。共同演化是指两个或多个演化主体在实现自身演化的同时，通过反馈机制形成双向因果关系，各主体在相互之间的作用与影响中共同发展。农业产业是一种经济、文化等多层面的系统，该系统的主体由三个部分构成，即基础层次的主体、核心层次的主体和辅助层次的主体，具体分别对应的是农户、涉农企业（新型农业经营主体）、政府与其他支撑机构（金融机构、科研机构、中介与培训机构）。农业产业的共同演化包括农业产业参与主体和农业产业体系的自身演化与相互演化。

> **配第-克拉克定理**
>
> 随着经济发展和人均国民收入水平的提高，劳动力具有首先由第一产业向第二产业转移，然后再向第三产业转移的演进趋势。
>
> **农业产业参与主体**
>
> 农业产业参与主体包括政府、涉农企业、新型农业经营主体（种养殖大户、合作社、家庭农场等）、农民。
>
> **产业体系**
>
> 产业体系是指包括产业结构、产业链和竞争优势等方面内容的产业系统。

二、案例分析

茶叶是全球三大传统饮品之一，被列为世界六大天然保健饮料之首。中国是最早对茶叶进行商品化生产的国家，茶叶产业作为中国传统农耕文明的代表，形成了具有代表性的集茶叶生产、加工和贸易于一体的典型农业产业一体化发展模式。改革开放以来，茶叶产业突破了传统农业的瓶颈，通过不断的技术创新、制度改革和组织变迁，发展成为带动区域经济可持续发展、传统产业升级的重要战略方式，催生了区域经济发展的新浪潮。茶叶产业的发展是中国农业产业发展的一个典型代表和缩影。

一个地方的茶叶产业系统的主体也由三个部分构成，即基础层次的主体、核心层次的主体和辅助层次的主体，具体分别对应的是农户、涉茶企业、政府与其他支撑机构（金融机构、科研机构、中介与培训机构）。政府作为产业发展的宏观调控者、制度环境的保障者和公共服务的提供者，在辅助层次的各类行为主体中发挥着主要作用。随着产业发展组织化水平的提高，由农户、合作组织和企业组成的经营组织又形成一个新的产业演化主体。图6-1是根据相关研究和调研经验构建的茶叶产业多层级共同演进的框架体系。茶叶产业参与主体与茶叶产业体系的相互作用也是一个动态变化的过程，因此本书将在此框架体系的基础上绘制不同发展阶段的茶叶产业参与主体与茶叶产业体系的互动关系图，而产业发展中参与主体是逐渐多元化的，其中起着主要作用的主体主要是农户、企业、政府机构与经营组织。

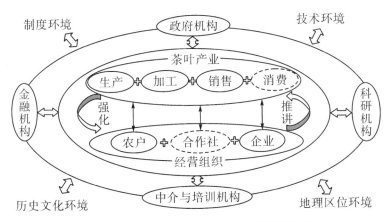

图 6-1　茶叶产业多层级共同演进的框架体系

茶叶产业参与主体的演进是多方面、多层次的。其中，农户层面的演进主要体现在种植作物选择的演变、培护行为的演变、采摘行为的演变、销售方式的演变以及农户企业化的演变等。企业层面的演进主要体现在企业的数量演变、企业的规模演变、企业的经营管理模式演变、企业的商业模式演变、企业的类型结构演变以及企业间相互关系的演变等。政府机构层面的演进主要体现在土地制度的演变、产业政策的演变、所提供公品品的演变、政府角色的演变等。经营组织的演进主要体现在组织方式的演变、内部互动主体的演变等。表 6-2 是对农户、企业、政府机构和经营组织四大茶叶产业主要参与主体共同演进过程的总结与梳理。可以看出，茶叶产业主要参与主体与茶叶产业体系之间存在着相互影响、相互促进的共同演进关系，而且这种共同演进具有阶段性特征，其中茶叶产业主要参与主体的行为载体——技术、制度和组织对茶叶产业主要参与主体的演进具有关键性作用。

表 6-2　茶叶产业主要参与主体共同演进过程

阶段	农户	企业	政府机构	经营组织
起步发展阶段	①经历了毁茶种粮到种粮为主再到粮改茶的演变；②茶叶培护技术主要来源于祖传；③茶叶采摘依靠家庭劳动力，标准尚不规范；④茶叶出售量少，主要是鲜叶	开始创办茶叶加工企业，但数量尚少	①调入茶种子，扩展种植面积；②确定建设为"茶叶基地"；③土地制度由集体化发展为家庭联产承包责任制	传统茶业发展阶段，现代化经营组织尚未形成
规模扩张与产业化提升阶段	①茶叶成为农户的主要种植作物；②茶叶培护行为趋向现代化、科学化；③茶叶采摘劳动力多样化，外来采茶工人逐渐增多；④茶叶出售既有鲜叶，也有家庭初步加工后的干茶；⑤出现农户创业小高潮	①创业浪潮高涨，茶叶加工企业数量和规模扩张；②引进先进生产线，企业规模扩大；③创新管理模式，规范生产标准，提升茶叶质量；④企业积极参会参展，提升品牌知名度	①引进优良品种，继续扩大种植规模；②鼓励并扶持茶叶企业创业；③制定标准，规范茶叶质量	①主要组织形式是"公司+农户"；②农户与公司是互动主体；③传统茶叶产业体系开始转向现代化
地理标志品牌驱动与茶旅融合发展阶段	①茶果交替种植，茶叶为主；②茶叶培护技术化、绿色化设备与产品得到推广运用；③引进茶叶采摘机械，步入半机械化阶段，提高了采茶效率；④茶叶销售以鲜叶为主，销售方式多样化；⑤在"双创"背景下，农户开始寻找新的创业机会	①企业数量增加、龙头企业规模实力增强；②加强有机茶园基地建设；③调整商业模式，拓展业务范围，发展茶主题旅游项目；④涉茶企业加强研发，自主创新成果增加；⑤企业网络初见雏形	①申创区域公共品牌"蒲江雀舌"，茶叶品牌价值不断攀升；②提供产业发展规划与政策支持服务；③建立茶叶交易市场，带动茶叶贸易；④推进产业转型升级，引导茶业与旅游业的联动发展	①主要组织形式是"公司+合作组织+农户"；②合作组织与公司是互动主体；③基本建立起现代茶业体系的核心框架

（一）起步发展阶段演进过程

图 6-2 为起步发展阶段产业主要参与主体与茶叶产业体系相互作用关系示意图。在该阶段，茶叶产业分工还是模糊状态，没有形成清晰的产业链。在该阶段的茶叶产业发展中，政府起到了十分重要的作用，是主要的推动者；农户是茶叶的直接种植者，是政府政策的配合者；企业的数量比较少，尚没有发挥出很大的

作用。在政府机构、农户和企业的共同作用之下，茶叶产业的发展开始起步，并完成茶叶产业化发展的奠基。同时，茶叶产业的发展反过来激励着政府、农户和企业的参与。显然，作为制度因素集中体现的政府主导着该阶段的茶叶产业演进，而技术与组织的作用尚未体现。

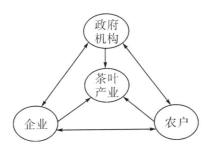

图 6-2　起步发展阶段产业主要参与主体与茶叶产业体系相互作用关系

（二）规模扩张与产业化提升阶段演进过程

图 6-3 为规模扩张与产业化提升阶段产业主要参与主体与茶叶产业体系相互作用关系示意图。在该阶段，茶叶产业的分工逐步专业化，产业链开始形成并完善，生产、加工与销售构成该时期茶叶产业的产业链。一方面，农业经营组织开始建立，龙头企业与农户之间的合作关系建立起来，形成新的产业主体——经营

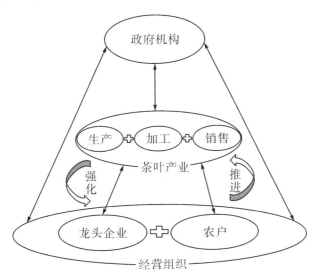

图 6-3　规模扩张与产业化提升阶段产业主要参与主体与茶叶产业体系相互作用关系

组织,其主要形式是"公司+农户"。另一方面,先进生产线的引进与管理技术的提升极大地推动了茶叶产业的规模扩张。在政府机构和经营组织的共同作用之下,茶叶产业的产业化水平得到了很大的提升,并为下一阶段的产业升级与产业融合奠定了基础。显然,技术因素是该阶段茶叶产业演进的主导力量,制度作用式微,组织作用初见成效。

(三)地理标志品牌驱动与茶旅融合发展阶段演进过程

图6-4为地理标志品牌驱动与茶旅融合发展阶段产业主要参与主体与茶叶产业体系相互作用关系示意图。在该阶段,茶叶产业的产业链进一步延伸,生产、加工、销售与消费构成该时期的茶叶产业的产业链。其中,消费环节是新出现的一环,主要是指茶主题旅游消费服务。茶叶产业经营组织进一步发展,农户与农户之间开始进行联合,组成合作组织,联结龙头企业与农户。合作组织主要表现为合作社或合作社联社的形式,龙头企业、合作组织与农户共同构成该阶段茶叶产业经营组织,其形式为"龙头企业+合作组织+农户"。在经营组织和政府机构的共同作用之下,茶叶产业一步步转型升级,茶叶产业与旅游业逐渐融合,并向着"茶旅一体化""茶城一体化"的方向发展。显然,组织因素是该阶段茶叶产业演进的主导力量,技术因素继续发力,制度因素作用变得更小。

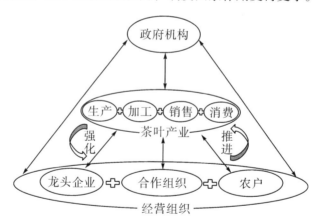

图6-4 地理标志品牌驱动与茶旅融合发展阶段产业主要参与主体
与茶叶产业体系相互作用关系

第二节　现代农业品牌打造案例

一、案例介绍：眉山市东坡区泡菜连续 3 年入围中国品牌价值评价区域百强榜

眉山市东坡区享有"中国泡菜之乡"的美誉。近年来，东坡区坚持绿色发展、创新发展、质量发展、多元发展的理念，着力将小泡菜做成大品牌，实现了东坡区泡菜高标准、高质量发展。目前，东坡区泡菜产业占据四川省泡菜产业的50%。

东坡区以绿色发展为主线，全力打造一流泡菜产业基地。目前，东坡区已建成万亩泡菜原料基地 12 个；建成国家级绿色食品原料（蔬菜）标准化生产基地1.23 万公顷；通过成立乡镇农村土地流转服务公司，培育扶持蔬菜种植专业合作社 187 家。东坡区采用了"公司+基地+农户""公司+专业合作社+农户"的形式，实现产业主体合作共赢。

东坡区以创新发展为引擎，全力打造国家现代农业产业园。东坡区坚持"一园一主业、园区有特色"的新型工业化路径，引进川南、惠通、李记等 28 家泡菜食品企业进驻"中国泡菜城"，产业集中度达到41%。东坡区通过培育壮大龙头企业，形成"龙头企业+产业集群+农户"的产业模式，发挥了较强的规模效应。在此基础上，东坡区实施科技创新驱动，成立中国东坡泡菜产业技术研究院，围绕产业需求，先后申请并实施泡菜项目 20 余个，研究开发关键技术 10 余项；开发出直投菌发酵泡菜等 5 个系列 30 多个新产品；申请国家专利 58 项，发表论文 10 余篇；鉴定科技成果 7 项，并荣获省级科技进步一等奖 2 项。

东坡区以质量发展为导向，全力打造东坡品质之城。东坡区狠抓标准化建设，着力提升泡菜质量。东坡区泡菜的标准化是产业化和规模化的基础。东坡区以泡菜标准化生产、农业投入品监管、泡菜产品质量安全监测为重点，全面提升泡菜品质，打造安全放心的泡菜品牌。东坡区全面推进品牌强区发展战略，建立企业主体、政府引导、部门联动的品牌推进机制，着力实施品牌基础、品牌培育、品牌管理、品牌推介四大工程，打造企业品牌、区域品牌、产业品牌。东坡区泡菜先后荣获"国家地理标志产品保护""国家产地证明商标"等称号。东坡区现有 74 个国家绿色食品、9 个国家有机产品、12 个四川省名牌产品以及 28 家国家、省、市级农业产业化龙头企业。

东坡区以多元发展为突破，全力打造泡菜特色旅游城。为提升农产品附加值，东坡区着力推动打造观光农业，推动农旅结合。东坡区建设"中国泡菜城"国家 4A 级旅游景区，开通中国泡菜博物馆—泡菜万亩原料基地—水天花月湿地公园观光旅游环线，努力实现园区变景区、田园变公园，推动一二三产业融合发展。目前，东坡区以泡菜原料基地建设为纽带，建成新村聚居点 650 个、新农村综合体 10 个、农业旅游观光点 19 个、休闲农家乐 104 家。作为中国泡菜展销会永久会址，东坡区已连续举办了 9 届泡菜展销会，其中 2017 年第九届中国泡菜博览会现场展示了近千个品种的泡菜产品，销售泡菜和农副产品 928 万元。

近年来，东坡区泡菜产业创造了多项"全国第一"，形成了以质量、品牌、标准、技术为核心的对外竞争新优势，实现了从速度规模型向质量效益型的有力转变。东坡区已建成全国第一个泡菜博物馆、第一个泡菜质检中心、第一个泡菜产业技术研究院、第一个泡菜行业国家 4A 级旅游景区，成立了全国调味品标准技术委员会酱腌菜分会，参与制定了中国泡菜行业标准，并率先启动了泡菜国际标准研制，进一步掌握了在全国乃至全球泡菜产业中的话语权，提升了东坡泡菜的核心竞争力和市场占有率。

如今，东坡区泡菜产业不仅是助推东坡区经济发展的新引擎，也成为带动农民增收致富的驱动器。据统计，东坡区现有泡菜食品加工企业 60 家，其中规模以上企业 36 家，亿元以上产值企业 11 家。2017 年，东坡区泡菜食品企业完成泡菜原料加工量 161.2 万吨，实现产值 157.6 亿元，比 2009 年翻了两番多。值得一提的是，东坡区泡菜已出口至美国、加拿大、韩国、日本等 70 多个国家和地区，具有了"中国泡菜看四川、四川泡菜看东坡"的影响力。一碟小泡菜，正在朝着千亿元大产业进军。

在上海举办的 2018 年中国品牌价值评价信息发布暨第二届中国品牌发展论坛上，四川省眉山市东坡区东坡泡菜地标产品再次入围 2018 年中国区域品牌（地理标志产品）前 100 强，排名第 33 位，连续 3 年稳步上升，进一步扩大了东坡区泡菜的品牌知名度和市场影响力。

> **品牌**
> 品牌是消费者对产品及产品系列的认知程度。品牌是一个名称、名词、符号或设计，或者是它们的组合，其目的是识别某个销售者或某群销售者的产品或劳务，并使之同竞争对手的产品和劳务区别开来。

农产品区域公用品牌

农产品区域公用品牌是指在一个特定的自然生态环境、历史人文因素的区域内的农业主导产业中，由农业相关组织注册控制，并授权由若干农业生产经营者共同使用的、以"产地名+产品名"构成，体现为集体商标或证明商标类型的农产品品牌。例如，蒲江雀舌、西湖龙井、烟台苹果、库尔勒香梨等。

农业多功能性

农业多功能性是指农业具有提供农副产品、解决农业就业、保障粮食安全、传承农耕文化、调节自然生态、实现国民经济协调发展等功能，各种功能又表现为多种分功能以及各种功能相互依存、相互制约、相互促进的多功能有机系统特性。农业多功能性的核心要素是农业能够以联合产出的形式，提供多种商品性或非商品性的产出物以及很多非商品性的产出物，其表现出的外部性或公共物品特征使得这些产品的市场要么不存在，要么运作不良。

市场失灵

市场失灵是指通过市场配置资源不能实现资源的最优配置。造成市场失灵的主要原因是产权不明确、外部性、公共品、未来不确定性和风险、经济主体的有限理性。

产业集聚和产业集群

产业集群（industrial cluster）是指处于某个特定区域、相同的行业中，或者通过行业间垂直或水平关系联系在一起的企业为获得不同寻常的竞争优势，以彼此的共同性和互补性相连结的重要集合。

产业集聚（industrial agglomeration）是最常见的经济集聚形式，也是研究得最多的经济集聚形式之一。产业集聚是指同一类型或不同类型的相关产业向一定区域的集中和聚合。

产业集聚与产业集群是两个既密切相关又有一定区别的概念。产业集聚强调的是企业在特定区域集中的过程。产业集群是同一行业或相关行业的企业在特定区域集中后，形成的一个相互促进、协调的具有一定整体竞争力的经济体。因此，产业集聚不一定产生产业集群，产业集群一定是产业集聚的结果；产业集聚强调动态的过程，而产业集群强调静态的结果。产业集群在集聚层面还有三个重要条件：相同或相关行业的集聚、企业之间的相互密切互动关系、产生集聚经济或外部性。

二、案例分析

现代农业发展过程中容易出现市场失灵现象。如果简单计算农产品成本收益的经济账，从农产品的价格机制来看，发展现代农业难以盈利。然而，从农业多功能性来看，农业具有重要的保障粮食安全等政治功能、保护生态环境等生态功能、传承农耕文明等文化功能，这些功能都不能从农产品价格中体现，导致这些非商品性的、有重要功能的市场存在失灵。这就需要有效市场和有为政府发挥重要作用。政府在推进现代农业发展过程中，一方面需要加大对农业的补贴力度；另一方面需要通过基础设施建设和创设区域农业品牌等，为现代农业发展积极推进公共品建设。

从眉山市的农业品牌建设来看，其品牌建设是企业品牌、区域品牌、产业品牌的多重着力。其中，区域品牌就是需要有为政府的重要作用。眉山市东坡区东坡泡菜是知名的区域品牌，由产地名和产品名构成。目前，眉山市东坡区东坡泡菜品牌发展态势良好，地域性强，在优势区域内聚集发展的速度较快、类别集中，在国内乃至国际上已经具有了一定的知名度，将会有效解决农产品的滞销问题，形成比较稳定的农产品市场份额。

农产品品牌建设具有重要的意义。一方面，农产品品牌是影响消费者的重要因素。在市场上的消费者选择产品时，品牌效应会使消费者购买具有品牌口碑的商品。农产品品牌源于农产品的质量、知名度以及自身具有的营养价值和质量安全。打造农产品品牌将会极大地提升品牌的知名度，刺激消费者对该农产品的消费，从而增加农产品的收益，延长该产业的产业链，增加该产品的产业值和附加值。另一方面，农业产业链的运行和管理在很大程度上也依赖于农产品的品牌建设。农产品的品牌建设可以使消费者对农产品的质量产生良好的认识，增强消费者对该农产品及相关企业的信心，进而促进消费者对该产品的消费。

眉山市东坡区东坡泡菜品牌的成功，得益于历史文化的传承、产业化的优势以及政府的强力扶持。泡菜的品质是品牌建设的基础。眉山市为打造高品质泡菜，对泡菜的产前、产中到产后都实施了标准化的监督与管理，塑造出令消费者放心的绿色食品品牌。眉山市东坡区东坡泡菜历史源远流长，随着品牌的建设带动了观光农业的发展，提升了农产品附加值，并且农旅融合的方式也将扩大农产品品牌知名度，推动农产品的消费。因此，农产品品牌的建设需要以高质量的产品作为基础，以产业化、科技化为支撑，以政府为保障，着力打造现代农产品示范园区，将品牌做大做强，走向国际市场。

眉山市东坡区东坡泡菜品牌建设的重点如下：

（一）集聚发展是品牌建设的动力

集群推动品牌建设，而农业产业化是品牌建设的重要动力。农业产业化的优势也会通过影响经营管理优势从而间接影响农产品品牌的发展。农业产业化在纵向方面会完善和优化产业链，从而降低经营主体的交易费用并提高产业链的资源配置效率；在横向方面会以适度扩大经营规模来发挥要素规模的优势，从而提高农产品的生产效率和规模收益。泡菜的产业化发展是推动眉山市东坡区东坡泡菜品牌建设的重要因素。在眉山市的特定区域内，聚集了一组相互关联的泡菜公司、供应商以及相关联的企业，产业集中度达到了41%。一方面，农业产业化形成的产业集群会带来相应的规模效应和协同效应，从而大大降低单个企业的生产和交易成本，降低企业的生产经营风险，形成产品在市场上的竞争优势。另一方面，产业集群会使得区域内的企业相互作用、相互影响，提升专业化水平和技术，提供丰富的高素质劳动力，实现单个企业无法达到的生产规模和组织创新，形成技术创新的集群现象。眉山市的泡菜产业因为产业集群推动了技术创新，在区域内成立了产业技术研究院，形成了诸多科研成果和应用性成果。产业集群提高了眉山市东坡区东坡泡菜的科技水平，提高了泡菜的品质，从而推动了品牌建设，也形成了产品的核心竞争力。

（二）产品质量是品牌建设的根本

产品的品牌建设与产品的质量有着密不可分的关系，要想打造好的产品品牌，需要保证该产品在消费者中具有良好的口碑，因此需要有好的产品质量作为保障。东坡泡菜的标准化是推动品牌成功的重要基础。农产品标准化指的是将统一标准引入农产品的产前、产中和产后，实施标准化的管理。泡菜作为食品，它的需求主要是由最终的消费者决定，而消费者所关注的是泡菜的口味、品质以及价格等因素。因此，企业品牌实际来源于产品的质量、知名度以及产品本身的营养价值。在农业产业链中，农产品的品牌建设需要注重产品的质量建设和监管，切实有效地保障农产品的质量与安全。一方面，东坡泡菜的质量保证和安全保证是眉山市东坡区东坡泡菜品牌成功的基础；另一方面，眉山市东坡区东坡泡菜品牌的成功源于对农产品实施了标准化的管理，针对消费者的需求对泡菜原料的种植、泡菜的制作加工以及最后的包装和运输都采取了标准化的管理与监督，实现了"从种植到收成、从腌制到包装、从农田到餐桌"的全程质量控制，建设了一流的国家级绿色食品原料标准化生产基地，并且成立了全国第一个泡菜质检中心。眉山市东坡区东坡泡菜的标准化生产是眉山市东坡区东坡泡菜品牌的质量保障，也是眉山市东坡区东坡泡菜品牌的技术与法律支撑。眉山市东坡区东坡泡菜的优质口感与质量安全保障赢得了消费者的赞誉，为农产品品牌建设打下了良好的基础。

（三）政府扶持是品牌建设的保障

政府扶持是农产品品牌建设的保障，政府扶持的方向、扶持的力度以及对农产品的宏观调控与指导影响了农产品的品牌建设。政府是农产品品牌，特别是农产品区域品牌建设与发展的重要推动力量。政府通过一系列扶持举措，如资金的扶持、合理的农产品区域规划布局以及科学的政策来促进农产品产业化生产经营，并且建立科学合理的规章制度以保护本地特色产业，这将会有利于本地农产品品牌的塑造和品牌知名度的提升。眉山市投入人力物力，引导举办了一系列活动吸引消费者。眉山市开通了中国泡菜博物馆—泡菜万亩原料基地—水天花月湿地公园观光旅游环线，并连续举办泡菜展销会。眉山市东坡区为重点打造泡菜产业园，专门出台了若干政策，如区财政每年安排不低于 5 000 万元的企业技术改造、扩产增量、研发创新等方面的扶持奖励资金。

第三节　现代农业电子商务建设案例

一、案例介绍：内江市资中县为电子商务进农村搭建五大平台

2014 年，内江市资中县被商务部确定为全国首批电子商务进农村综合示范县（简称"电商示范县"）。自电商示范县确立以来，资中县立足本土资源优势，大力推进电子商务进农村改革试点，加快发展农村电子商务，搭建电商服务、电商交易、物流运输、品牌培育、人才培训五大平台，打通了农产品进城、消费品下乡渠道，带动了农民增收致富，推动了电子商务与实体经济融合发展。2017年，资中县实现电商交易额 28.56 亿元，同比增长 40.34%；实现网购交易额 10.8 亿元。2017 年 1 月，资中县在商务部开展的绩效评价中获评"优秀"，在

四川省 7 个示范县中排名第一，并于 2017 年 9 月获评四川省县域电子商务发展十佳县。

（一）搭建集成化电商服务平台

资中县积极构建"中心+站点"电商服务体系，打造电商服务中心。资中县建设面积为 7 100 平方米的电商服务中心（中国电子商务协会资中电商服务中心、县域互联网+研究院资中分院在电商服务中心挂牌），获中国电子商务协会"中国农村电子商务大讲堂"授牌，建有大数据信息系统、视觉设计服务中心、创业孵化中心、培训室、O2O 中心等多个公共服务平台，引入专业服务团队，为资中县电商企业、个人提供免费智力支持等服务。电商服务中心现已入驻电商企业及创业团队 23 户。资中县建设农村电商服务站点，通过网络融合和资源共享，建设电商服务标准化农村站点，累计建成各类电商镇村服务站点 400 余个。农村电商服务站实现全覆盖，提供日常购物、农产品出售、话费充值、水电气缴费等多功能服务。

（二）搭建本土化电商交易平台

针对镇村电商服务站点网上交易量不高等问题，资中县积极发展本土电商交易平台，有效带动服务站点交易。资中县建立本土电商平台，由资中商贸商会牵头，整合 40 余家传统商贸企业商业网点、商品供给等基础资源，建成资中最大的本土电商平台"京川优购"，与镇村电商服务站点进行链接，实现线上线下同步交易。截至 2017 年年底，资中县已培育"京川优购""智慧资中""抱团优品""永利乡鹰""资中微生活"等本土电商平台 16 个，培育本土网店（微店）2 000 余个、微信分销群 100 余个。资中县推动传统商贸企业挂钩电商平台，鼓励传统商贸企业通过本土电商平台互联互通，将传统店铺营销方式和互联网营销方式相结合，促进传统商贸企业转型升级。"资中微生活"微信平台，通过发布企业产品信息，并在镇村服务站点实体展示，实现代购代销。"智慧资中"平台通过网络营销、"E 联商圈"等核心业务，服务资中县近 200 家传统商贸企业。

（三）搭建一体化物流运输平台

资中县积极优化物流资源配置，畅通县、镇、村三级流通渠道。资中县整合传统配送资源，针对农民居住分散、订单零星等问题，进一步优化物流资源配置，有效整合"京川优购"成员企业传统配送资源，成立京川物流公司，建立物流信息管理系统，对"京川优购"成员企业在农村电商站点、批发门市、小超市和小卖部线上线下实行统一管理和集中配送，最大限度降低物流成本和返程空载率。资中县创新物流配送方式，通过政府推动、企业谈判、政策支持等多种措施，推动京川物流公司与各快递公司合作，完善利益分配机制和业务协调机制，由京川物流公司承接各快递公司县到镇、县到村以及村到县、镇到县的配送业务，形成"梯次转运"的物流服务方式，有效弥补第三方物流体系在镇、村两级不完善的短板，初步构建县、镇、村三级互动物流配送网络，单日配送能力可达 1 万件。截至 2018 年 5 月底，资中县最偏远的乡村实现了 3 小时送货上门，售后服务问题可以在 24 小时内得到解决。

（四）搭建优质化品牌培育平台

资中县加大对地方特色产品品牌的培育、推广力度。资中县加强特色品牌培育，成立资中电商、资中血橙等协会，加强对农产品的生产、加工、分类、包装等方面的标准化建设。例如，"老字号"品牌资中冬尖，采取"公司+村社"的合作形式：由数百个村社按统一标准种植枇杷叶青菜并完成腌干、分类等粗加工，公司主抓揉制、装坛等精深加工和销售等环节。不同环节的科学分工和产业联动，既实现了冬尖原材料的有效供给，又保证了产品质量，树立了产品品牌，提升了品牌价值。2015 年，资中冬尖成功申报为非物质文化遗产。截至 2018 年 5 月底，资中县已经培育资中血橙、资中枇杷、高楼不知火、赵老师花生酥、叶忠新山椒兔等优质特色网销品牌 40 余个。资中塔罗科血橙荣获了"国家地理标志产品""四川名牌农产品""中国绿色食品 A 产品"称号。资中县加强品牌宣传推广，举办资中微营销大赛、网货包装文化创意设计大赛、资中血橙节等活动，为资中血橙、资中枇杷等 40 余个网销品牌免费提供包装设计、网货改造、营销推广等专业技术服务，提高产品品牌竞争力。2018 年 1~2 月，资中血橙快递发件总量达 150.3 万件，网销量突破 1 500 万千克，最高价格提升至 20 元/千克，带动销售价格较上年同期上涨 2 元/千克，帮助全县果农增收近 5 亿元，有效促进血橙产业发展。

（五）搭建专业化人才培训平台

资中县采取短期人才培训和长期人才培养的形式，加大电商人才培养力度，激发创新创业热情。资中县开展电商教学和培训，在水南职中、双龙职中分别开设电子商务专业班，进行常态化教学。资中县开展"四类三级"培训，开设初、中、高三级课程，覆盖党政干部、新型农业经营主体企业主、创业青年和电商服务站点工作人员四类人群。资中县营造电商创新创业氛围，依托电商创业技能大赛、十大优秀电商村干部评选、电商沙龙、微商竞卖大赛等平台，提升电商从业人员的创业能力。截至 2018 年 5 月底，资中县已开展各类电商培训 420 期，培训人员 36 000 余人次。

人力资本

人力资本是一种可增值资本，是劳动者所拥有的智力和体力的集合，能够展现个体身上的潜在价值或未来能够创造的价值。劳动者通过体力或脑力劳动，能够获得相应的收益，如工资、食物、生活用品等，因而人力资本是一种特定的资本。相较其他资本而言，人力资本能够创造出新的资本，具有更大的升值空间，因此也被一些学者称为"活资本"。舒尔茨（1960）是第一位阐述人力资本概念的学者，他指出人力资本是一种无形的资产，能够体现个体所拥有的素质和能力，具体包含个人的知识、技能、经验和生活经历等，并且人力资本可以通过对个人进行教育、生活等方面的投资而获得。

人力资本可划分成两大类资本形式，即知识人力资本和健康人力资本。知识人力资本是人力资本的重要内容，主要指个体通过学校教育和自身学习、参加培训等方式来获取知识、技能，进而提高综合素质，并通过体力或脑力劳动获取经济效益的资本。知识人力资本一般通过接受教育、职业培训、技能培训等渠道获得，是凝结于个体本身的一种价值成果。与知识人力资本不同，健康人力资本是另一种形式的人力资本，主要反映出个人的健康状态，包括思想、心理和身体健康等方面。健康人力资本一般是先天具有的健康状况和后天通过对医疗保健、营养健康的投入积累而形成，其中个人固有的身体素质会随时间的推移而下降，同时也能由后天的投资逐渐增加。

"淘宝村"

"淘宝村"指的是大量网商聚集在农村，以淘宝为主要交易平台，形成规模效应和协同效应的电子商务生态现象。判断"淘宝村"的主要依据有三条原则：农村"草根"网商自发形成；网商数量在当地家庭户数的 10%以上，并且电子商务交易规模在 1 000 万元以上；形成相对完整的产业链，具有协同发展的特征。

农产品三大特征

　　农产品具有搜寻品、经验品和信用品三大特征。搜寻品特征指消费者购买前能够了解的农产品特征。例如，苹果的大小、颜色等外观特性。在搜寻品特征层面下，消费者并不存在严重的信息不对称问题，特别是有经验的消费者，能够通过搜寻品特征挑选出品质良好的农产品。经验品特征指消费者购买后才能够了解的农产品特征。例如，苹果的酸甜程度、果汁的多少等需要真正品尝了苹果之后才能了解的特征。信任品特征指消费者购买后也不能了解的农产品特征。例如，苹果的农药残留量、畜禽类产品的激素含量等，特别是诸如转基因食品，即使消费之后，短时间内都不能表明其是否存在对人体的影响，这就可能存在严重的信息不对称问题。

二、案例分析

　　近年来，全球范围内食品安全事件频发，同时优质农产品始终面临着"卖难"问题。其根本原因在于消费者与农户之间存在严重的信息不对称问题。农产品具有的搜寻品、经验品和信用品三大特征导致消费者难以完全获取其信息。

　　因此，要减少消费者与农户关于农产品的信息不对称，需要打造三个"品"。首先是品种的改良。农产品品种的类别主要分为无公害、绿色和有机三个等级，但是市场上对这三者的概念界定不清，消费者容易混淆"无公害""绿色""有机""生态"等概念性词汇。有机食品虽然是食品中等级最高、要求最严的产品，但是由于其成本高，并且市场乱象严重，因此能够真正实现盈利的有机农产品企业较少。作为农产品电子商务选择的品种，不一定是有机农产品，选择具有特色的无公害农产品或绿色农产品，能够更好地对接大众消费市场。其次是品牌的培育。品牌的培育，特别是农产品品牌的培育一定要双轮驱动，打造好区域品牌和企业自有品牌。政府主要助力打造区域品牌。最后是品质的打造。品质的打造，甚至是品位的打造，需要在产品销售之外立足于服务，打造农产品的"4S店"，做好销售、配套产品、售后服务和信息反馈，形成农产品的可追溯体系，让消费者放心购买农产品。从以上三个"品"的打造来看，互联网为其提供了一个重要的平台，电子商务能够从根本上解决农产品"卖难"的问题，并且能够在较大程度上消除信息不对称问题。县域经济是中国经济奇迹的重要源泉，县级地方政府在推进区域经济发展中起到了重要作用，农业的多功能性也决定了地方政府需要大力支持农业发展。因此，在"互联网+"时代，如何充分发挥政府的作用，带动农产品电商发展具有重要的现实意义。

地方政府在推进农产品电商战略时，重点需要明确"四大目标"，构建"四大平台"，形成"四大服务"，推进"三大阶段"，充分发挥政府和市场的双重作用，共同实现农产品电商的良好发展。

（一）明确发展目标，科学定位政府作用

第一，明确政府和市场的边界。通过电商平台的建设，更加明确哪些需要政府来做，哪些企业来做可能会好一些。政府在推进电商发展过程中要允许市场的公平竞争，允许部分企业的进入和退出、成功和失败。政府重点需要做平台、做宣传、做监督、做指导、做兜底、做基础设施，不是直接介入，只做市场解决不了的事情。例如，资中县积极搭建集成化电商服务平台，构建"中心+站点"电商服务体系；新建电商服务中心，引入专业服务团队，为全县电商企业、个人提供免费智力支持等服务。

第二，解决小农户对接大市场问题。农产品之所以销售困难，农业之所以是弱质产业，一个重要原因就在于小农户难以对接大市场，因此发展电子商务就是要解决小农户对接大市场的问题。这个目标的实现就需要政府来建平台，即建立电商平台。另外，小农户对接大市场，不只是开拓市场、占有市场，更重要的是提高服务水平，让农产品通过电商渠道实现生产、销售、服务等环节的标准化、专业化、组织化。例如，资中县成立资中电商、资中血橙等协会，加强对农产品的生产、加工、分类、包装等方面的标准化建设。

第三，实现精准扶贫的目标。农产品的销售不只是一个商业行为，更重要的是通过电商的发展，在一定程度上解决就业问题，解决农产品的"最后一公里"的问题，通过政府的适度补贴，实现工业反哺农业、城市反哺农村，实现产业融合发展的目标。

第四，降低双重风险。农产品面临市场和生产双重风险，需要突破农产品"成本地板"和"价格天花板"的双重挤压，让农业使除了经济功能以外的生态功能、社会功能、文化功能等所产生的外部效应内部化。这也是政府推进电商发展的一个重要目标。

（二）构建发展平台，充分发挥电商作用

农产品的电商发展并不仅仅是通过互联网销售农产品，政府在助推农产品电商发展的过程中，需要结合自身的发展定位和电商的特点，实现农产品电商的综合性多功能。因此，地方政府需要充分发挥政府和市场的双重作用，推进相关企业和公司完成四大平台建设。

第一，购销平台。实现购销是电商的最基本功能。农产品电商平台还具有一定公共品特性。政府一方面需要协助公司构建其购销平台；另一方面需要实现既能够以公司为销售主体，也可以让个体农民作为商家入驻该平台的目的。另外，购销平台还可以成为农户购买平台，特别是提供农民信得过的农资（农药、种子、化肥和饲料等）服务。例如，资中县积极创新物流配送方式，通过政府推动、企业谈判、政策支持等多种措施，推动京川物流公司与各快递公司合作，完善利益分配机制和业务协调机制。

第二，要素平台。该平台是实现要素回流农村的重要平台。在城镇化不断推进的过程中，农村的资金通过农民的储蓄行为和融资约束流向了城市；农村的青壮年劳动力通过劳动力输出流向了城市；农村的土地通过土地流转成为城市用地。因此，要素平台的建设要实现为农民提供金融服务、农业技术服务、农机服务和就业服务等。例如，资中县通过搭建专业化人才培训平台，营造了良好的电商就业、创业氛围。

第三，交流平台。互联网用户众多，营销手段和不断增长的销售量能够增加农产品的"人气"。在这个时候，推进交流平台的建设，能够在电商平台上开辟专栏宣传当地旅游特色和农产品，并且可以提供智慧旅游服务和线下O2O服务模式。另外，交流平台的构建还可以提供专业培训、公开讲座，甚至可以实现纠纷处理、电子政务的功能。

第四，大数据平台。在大数据时代，电商平台的渠道有助于收集大量的农产品供销数据。推进大数据平台建设，可以实现商业预测、政策咨询、学术研究等功能。

（三）做好四大服务，不断提升电商品质

地方政府在推进农产品电商发展的过程中，重点需要建立"4S"服务。

第一，专业销售（sale）。电商在选择农产品时，需要科学把握当地特色，选择具有地方特色的农产品，特别是能够与当地文化、历史相结合的农产品。从农产品自身的属性来看，电商需要选择附加值相对较高的农产品。另外，农产品往往需要物流配送，电商应选择不易损耗、保质期较长的农产品或农副产品。从农产品的品类上来看，地方政府在发展农产品电商初期，重点是推进特色单品，而不是大而全地发展多样化的农产品电商销售模式。

第二，精品配套（sparepart）。农产品的最终环节还是在于如何制作出美味的食物，因此电商在销售农产品时，需要提供配菜、配料和配方，辅助消费者烹饪出精美的食物。

第三，暖心服务（service）。政府需要推动电商提供暖心服务。实际上，在电商的发展过程中，实现消费者的二次购买是成功的关键。

第四，安全体验（safety）。政府需要推动电商提供现场直播展示、农庄休闲旅游体验和食品安全追溯，真正解决农产品的信息不对称问题。

（四）把握发展阶段，科学制定差异战略

农产品电商的发展不是一蹴而就的，如果不能很好地把握农产品电商的发展阶段，就可能造成发展战略的偏误。因此，政府需要针对电商发展的三大阶段，制定差异化的发展战略。

第一阶段，电商发展初级阶段。该阶段线上销售市场重点针对运用互联网购物较多的 20~40 岁中青年群体，着力通过优化品种、提升品质、创立品牌，重点打造单一特色农产品，主要通过线上直销方式和线下人员"点对点"的促销方式，着力实现初具线上销售规模和拥有部分稳定消费群体的目标。

第二阶段，电商发展成熟阶段。该阶段线上销售市场除了重点针对特定年龄群体之外，还重点针对企业、政府机关的消费者，打造有机、生态、安全的特色农产品。为突出农产品的差异化战略，电商在现有市场中有机农产品混杂的基础上，主推科学、标准化的营养健康农产品，在原有单一特色农产品的基础上增加农产品线上销售品种，并且实现每月有 1~2 个"爆款"产品在线上销售。销售方式重点采用针对企业和政府客户的定向促销方案，并且利用消费者反馈和评价信息来开拓新市场。

第三阶段，电商发展优化阶段。该阶段在已有销售模式的基础上，重点推进农产品的"餐桌到田间"体验，第一，采用网络直播方式，让消费者能够直观看到餐桌上农产品的生产过程。第二，采用二维码可追溯体系，让消费者可以直接了解农产品的产地、生产者等重要信息。第三，采用现场体验方式，让消费者能够最直接回到田间监督农产品、耕耘农产品和收获农产品。在该阶段，线上销售平台已经不再是简单的网络销售平台，而是一个集合购销平台、要素平台、交流平台和大数据平台的综合性服务平台。首先，电商以购销平台为基础，做好特色农产品的"4S"服务，让消费者能够追溯农产品（从餐桌到田间），让平台能够追踪消费者、留住消费者，使消费者形成路径依赖。其次，电商在购销平台基础上，对接农户，打造农资电商、加工、技术、机械服务平台。电商应对接城市居民，打造一对一土特产服务和一对一乡村旅游服务。进一步，电商不断完善已有平台，增加金融、劳动力供需平台。最后，建设完整的乡村治理模式，包括电子政务以及完整的产学研基地建设。

第四节　案例启示与相关建议

一、案例启示

本书认为，现代农业发展是一个阶段性的过程，因此本书构建了农业现代化发展的理论分析框架。在此基础上，图6-5勾勒出工业化、城市化与农业现代化协调演进示意图，试图阐述工业化、城市化与农业现代化发展历程中协调演进的规律性。

如图6-5所示，本书将工业化、城市化、农业现代化分为三个部分：第一，农，包括农业、农村、农民及其所涵盖的地理元素（农村的地理区域）、自然元素（农村的自然资源禀赋）、社会元素（生活方式、生产关系、文化教育、价值观等）；第二，工，包括工业部门、工业劳动力、工业产业及其所涵盖的生产方式、组织结构等；第三，城市，包括城市的地理元素、社会元素、自然元素。这三个部分由六个箭头连接，箭头的方向代表一种流动或者是演进变化过程的方向，而整个箭头代表流动本身，包括资金流、劳动力流、土地流、信息流（主要包括相关的社会元素的流动）。

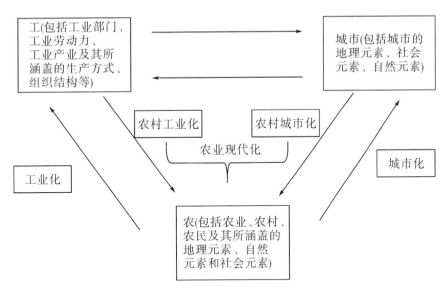

图6-5　工业化、城市化与农业现代化协调演进示意图

具体来说，当农指向工时，代表的是工业化的过程，资源从农业部门流向工业部门，流动中伴随的是相关资金流、劳动力流、信息流等的变化。同理，当农指向城市时，代表的是城市化的过程。反向的情况，代表农村工业化、农村城市化，进而达到农业现代化的过程。

需要强调的是，不同区域现代农业的发展过程虽然有所不同，工业化、城市化、农业现代化三个部分从总体上也可以在一定的时间维度下先后进行。但是，箭头从一个地方出来后，必须有另一个地方的箭头进入，即在发展过程中，需要形成一个循环的过程，需要有反馈，这样才能协调发展。例如，英国、韩国、印度、巴西在其现代农业发展过程中，都出现过农向工单向流动的现象，导致了这些国家农业现代化发展过程中的滞后或曲折发展。而美国、日本、法国坚持工农业协调发展，工农形成良好的反馈循环机制，不仅使农业现代化得到又好又快的发展，而且进一步对国家工业化、城市化的发展起到了促进作用。箭头的流出、流入方向也就形成了一种驱动力或者说是响应，而这些驱动力或者说是响应就是在各国发展过程中凸显出来的国家政策、运动、改革等。各个部分的状态就通过驱动力或者说是响应的综合作用产生了相应的改变。通过这种流动演进的过程，最终发展的趋势是三个部分的界限慢慢不那么明显了。在各个部分中，会出现与其他部分交叉的地方，甚至形成一个统一体。这与刘易斯在二元经济结构理论中提到的"农业现代化实现后，二元经济结构就变成一元经济结构"相契合。

在此基础上，本书认为，现代农业将经历五大阶段：第一，现代投入品拉动发展阶段；第二，技术进步推动型发展阶段；第三，产业化加速发展阶段；第四，产业升级跨越发展阶段；第五，多功能可持续发展阶段。

第一阶段为现代投入品拉动发展阶段。这是传统农业均衡初步被打破，开始向现代农业发展的一个过渡阶段。农业生产率、物质投入水平和结构、产出结构、劳动力结构和资源结构是这一发展阶段的关键词。该阶段的特征是农业及其关联产业对于增长、大规模减贫以及保障食品安全开始发挥核心作用，农业增长主要依靠现代生产投入物拉动，但机械化操作水平、资金投入水平、农业商品率、产品特征、农业组织形式、农民文化程度以及科技和管理水平等仍处于初步脱离传统农业的发展阶段。农业的作用仍然体现在经济增长和保证粮食供给等基本功能方面。

第二阶段为技术进步推动型发展阶段。该阶段的特征是现代投入物快速增长，农业增长的动力已主要转向现代农业科学技术的广泛运用。同时，生产目标已从物品需求转变为商品需求，农业机械化、电气化、化学化和基础设施建设对农业发展发挥明显的巨大推进作用，农业开始向城市化、工业化方向发展，包括转向高附加值农业、发展农村非农产业以及通过技术进步释放农村人口参加非农就业。农业已经表现出与传统农业截然不同的现代化特征，并已经开始向市场化、产业化、城市化发展，但其功能主要还是体现在经济增长和粮食供给上。

第三阶段为产业化加速发展阶段。制度创新在这一阶段成为现代农业增长的首要助推器。农业市场化、组织化、产业化的实现程度进一步提高，农业规模化、工厂化、规范化、标准化生产是这一阶段的关键任务。在市场化、产业化的基础上，组织化、信息化成为推动农业发展的重要因素。这一时期着重需要解决的是现代农业生产组织形式的"嵌入"问题，也就是农业发展和农村社会经济发展以及环境等非经济因素的协调问题。

第四阶段为产业升级跨越发展阶段。该阶段的特征是现代农业加速跨越式发展，不仅农业生产经营组织形式、科技条件、市场化程度、国际化水平都得到极大提升，而且在现代金融资本的杠杆作用支撑下，现代农业产业化发展将进一步规模化、组织化，逐步适应农业标准化、农业信息化、农业生物化、农业设施化和管理现代化的全方位要求，逐步从地方层面到国家层面，不断发展成为世界层面的全球一体化农业。确保质量安全和提升附加值成为现代农业产业升级的关键任务，产业层面的国际竞争成为现代农业发挥竞争力的主题。

第五阶段为多功能可持续发展阶段。在这一阶段，现代农业的发展已经超越了农业发展的原有框架，现代农业的发展潜力得到充分发挥。一方面，现代农业在社会、文化、经济以及人的全面发展等方面的多功能性得到不断加强，农业的战略功能、生态涵养功能、环境保护功能日益受到重视。另一方面，发展的注意力主要集中于降低农业对环境的巨大负面影响，减少农业耕作系统的环境脆弱性，引导现代农业更多地保护环境。这一阶段将为现代农业向后现代农业文明方向转型奠定基础。

二、政策建议

现代农业的发展不能就乡村而谈乡村，农业供给侧结构性改革也不能单纯地以农业解决农业问题，而是需要立足全局发展，在农业、农村、农民之外探寻现代农业发展的道路，助推农业供给侧结构性改革，跳出"三农"解决"三农"问题。

第一，三产融合，实现全产业链格局。现代农业的发展应激发农业产业实体经济的活力，推进第二产业、第三产业的经营主体参与涉农产业。现代农业的发展应借鉴"第六产业"理论，以提升农产品品质和附加值为目标，推进农业价值链纵向延伸和发展；推进"农业+"战略，实现农业与旅游业、农业与大数据、农业与文创产业的相融发展。

第二，城乡融合，实现全民共享局面。现代农业的发展应打破户籍壁垒，实现社会保障均等化和一体化。现代农业的发展应加强和改善政府对农业农村发展的调控和引导，基于农业市场化取向，改革农村基本经营制度和农业支持保护体系；构建城乡一体化的基本公共服务体系，创新农村社会管理体制；重构政府行政管理体制。

第三，区域联动，实现全域全业发展。现代农业的发展应从区域经济整体发展的互补性与协调作用出发，制定具有全局视野的发展政策。现代农业的发展应借鉴"全域""全业"旅游理念，合理引导农业产业布局，培育和建立起具有区域特色的集群品牌，打造农业产业集群。现代农业的发展应着力消除区域间的市场壁垒、贸易壁垒以及行政壁垒，促进劳动力、信息和资本的共享与自由流动，建立一体化的商品市场和就业市场。

第四，主体协动，实现全主体互动发展。从产业层面，现代农业的发展应推进现代农业体系的各个参与主体（政府、市场、企业、农民等）形成利益共同体，开展多主体、多模式的农业发展战略。从城乡层面，现代农业的发展应形成市民和农民的利益共同体，共同消除因为信息不对称造成的食品安全问题，共担农业的生产风险和市场风险。

本章参考文献

［1］陈锡文. 落实发展新理念 破解农业新难题［J］. 农业经济问题，2016，37（3）：4-10.

［2］施晟，卫龙宝，伍骏骞. 中国现代农业发展的阶段定位及区域聚类分析［J］. 经济学家，2012（4）：63-69.

［3］万宝瑞. 我国农村又将面临一次重大变革："互联网+三农"调研与思考［J］. 农业经济问题，2015，36（8）：4-7.

［4］卫龙宝，伍骏骞，王恒彦. 工业化、城市化与农业现代化发展［J］. 社会科学战线，2013（9）：44-48.

［5］伍骏骞，孙学梁. 茶叶产业动态演化阶段划分与规律识别：以蒲江县茶叶产业为例［J］. 中国茶叶加工，2017（1）：5-12.

［6］伍骏骞. 地方政府推进农产品电商的战略研究［J］. 决策咨询，2018（2）：73-75

［7］西奥多·舒尔茨. 改造传统农业［M］. 梁小民，译. 北京：商务印书馆，1987.

［8］张红宇，张海阳，李伟毅，等. 中国特色农业现代化：目标定位与改革创新［J］. 中国农村经济，2015（1）：4-13.

第七章 精准扶贫

贫困不是一种命运。作为人类社会的三大难题之一，贫困一直受到广泛的关注，各国政府部门、社会机构、学术界等一直致力于探索一条可持续、可借鉴的反贫困道路。中国从"八七扶贫攻坚"到新世纪的扶贫项目，取得了举世瞩目的成就。在中国全面建成小康社会奋斗目标的决战时期，习近平总书记提出了"精准扶贫"的重要理念，强调了扶持对象要精准、项目安排要精准、资金使用要精准、措施到户要精准、因村派人要精准、脱贫成效要精准"六大精准"。可见，精准扶贫是从国家战略层面对扶贫工作的重要战略部署和制度安排。当前，我国正处在脱贫攻坚和乡村振兴战略实施的交汇期，探索如何实现长效可持续的脱贫具有重要的现实意义。因此，本章选取了雅安市汉源县"一村一品"、西南财经大学"以购代捐"、巴中市平昌县易地扶贫搬迁三个案例，从现代产业扶贫、消费精准扶贫和易地扶贫搬迁三个方面进行分析。

第一节 现代产业扶贫案例

一、案例介绍：雅安市汉源县"一村一品"挑起产业扶贫大梁

九襄镇三强村的梨、双溪乡申沟村的桃、清溪镇同心村的甜樱桃、皇木镇红花村的高山蔬菜……这些独具特色的农业品牌，如今已成为汉源县"一村一品"产业发展的新亮点和农民脱贫致富的强引擎。

近年来，汉源县大力实施"一村一品"发展战略，深入推进"造血式"扶贫，通过农村产业、公路、水利发展大会战、建设百里果蔬走廊特色产业经济带、梯次布局"一村一品"优势产业、推动农旅融合发展、创新农业产业扶贫机制等工作措施，在培育特色产业、促进农民增收、繁荣农村经济、助推脱贫攻

坚等方面取得了明显成效。

目前，汉源县"一村一品"专业村镇共有 123 个，专业村镇经济总收入达 26.3 亿元，专业村镇农民人均可支配收入为 11 600 元，高出全县平均水平 13%。汉源县先后被评为四川省现代农业示范县、四川省"三农"工作先进县。

（一）打好"果蔬牌"建设"一村一品"百里走廊

一条路，绵延约上百千米，穿越平坝与高山，从数十万亩花海果林之中顺势而来。它一揽汉源县大美田园的壮丽之景，携着厚重浓郁的文化风情，不仅是当地农业发展的巨大引擎，更是备受瞩目的乡村旅游新干线。这条路，就是汉源县的百里果蔬长廊。

依托百里果蔬走廊，汉源县按照"一乡一主题、一村一特色"的思路，差异化、错位式布局，集中发展甜樱桃、红富士苹果、金花梨、黄果柑和高山蔬菜等专业村 108 个、专业乡 15 个，新发展果蔬基地近 30 万亩，建成"一村一品"百里果蔬走廊特色产业经济带。汉源县农业总产值中，果蔬产业产值比例达 74%。

百里果蔬走廊上，串点成线，连线成片，一个个村落经过"一村一品"建设，成为百里果蔬走廊上一颗颗耀眼的明珠。汉源县清溪镇同心村、皇木镇红花村等昔日乱石遍地、泥路颠簸的贫困村，通过发展甜樱桃、高山蔬菜等产业，如今成为"户户有果园、家家住新居、处处是景观、人人露笑脸"的幸福美丽新村。

（二）唱好"林草戏"变荒坡荒山为金山银山

近年来，汉源县委、县政府牢固树立了绿色发展的理念，将生态建设纳入全县经济社会发展总体规划，坚持一手抓保护、一手抓发展。

汉源县通过改变干部群众观念，以"山顶生态戴帽子、山腰栽树找票子、山下种粮饱肚子"的思路，把发展花椒、核桃等林果产业作为山区贫困村脱贫致富的突破口，梯次布局"一村一品"优势产业，充分发挥汉源县的光热资源优势，积极做大做强生态发展，从青山绿水中寻找效益。

汉源县建成花椒基地 10 万亩、核桃基地 20 万亩，实现应种尽种、连片发展；中高山区 60%以上行政村农民人均可支配收入超过 1 万元；昔日的荒坡荒山如今成为"绿水青山"和"金山银山"。

通过大力推进山区特色农产品品牌建设，汉源县"一村一品"获得"三品一标"认证产品 75 个，认证面积达 26 万亩。汉源县注册涉农商标 56 个，获得四川省著名商标 3 个。"汉源花椒"品牌价值超过 7 亿元，获得"四川省首届消费者最喜爱的 100 个四川商标"民众投票评选和专家测评"双第一"，成为"天府十宝"，椒农直接增收超过 1.5 亿元。

（三）奏好"交响乐"发展三产融合新业态

汉源县推动农旅结合，按照"农业景观化、景观生态化、生态效益化"的思路，促进"田园变公园、新村变景区"。汉源县 36 个产业集中的专业村提升为乡村旅游示范村，13 万人融入产业链。乡村旅游助农增收人均超过 1 300 元，占农民人均增收比重的 45%。

九襄镇三强村依托梨产业优势，打响了春赏花、秋品果的特色旅游品牌，先后被评为全国十大最美花卉观赏地、四川省乡村旅游示范村和四川省 100 个最美拍摄点。2015 年，三强村接待游客 153 万人次，旅游综合收入达 8 100 万元，农民人均可支配收入达 13 000 元。

汉源县推动农工结合，大力发展农产品原产地加工和精深加工，开发汉源坛子肉、大渡河牦牛肉、皇木腊肉、汉源湖鲜"四种肉"和玛卡酒、紫薯酒、黄果柑酒、白兰地、阿咪子"五瓶酒"等特色农产品，昔日"背篼装不下、汽车拉不满、产品卖不出"的状况彻底改变。

汉源县推动农商结合，大力发展农村电子商务，引进浙江"赶街网"，建立村级运营服务站点 200 个；挂牌成立天府商品交易所汉源花椒交易中心，实现农产品网上交易。目前，甜樱桃网上销售上亿元，占电商销售总额的 21% 以上。

（四）出好"组合拳"创新产业扶贫新机制

近年来，汉源县累计整合项目资金 22 亿元，实施产业发展、农村公路、农村水利"三年大会战"，夯实了"一村一品"的发展基础。

汉源县每年设立 5 000 万元产业发展基金，3 年来直补农户 6 000 万元，平均每亩超过 200 元。汉源县创新科技支撑机制，与四川省农科院、四川农业大学等 11 个科研院所建立合作关系，推广"稻-蒜-果""猪-沼-菜"等立体生态农业发展模式。甜樱桃等优势产业亩产值在 3 万元以上，效益提高了 10 倍。

汉源县创新人才培育机制，构建"专家+农技人员+农村技术能人"三级技术服务人才体系，社会化聘用上百名"土专家""田秀才"定点服务贫困村、贫困户，提高生产管护水平。

双溪乡申沟村曾是远近闻名的贫困村，2012 年以来统筹整合项目资金 1 800 余万元，完善路网渠系，打造景观节点，改造村容村貌，建成白凤桃产业基地 1.2 万亩，被评为全国"一村一品"示范村镇、农业农村部中国美丽乡村。申沟村人均可支配收入由 2011 年的 4 732 元增加到 2015 年的 13 500 元，成为名副其实的小康村。

可行能力理论

传统理论认为，贫困仅仅是低收入的结果。阿马蒂亚·森认为，贫困是基本能力的剥夺（capability deprivation）和机会的丧失，而不仅仅是收入水平低下。这种基本能力由一系列能力构成，包括免于饥饿的能力、免于疾病的能力、接受教育的能力等。世界银行用来评价各国发展水平的人类发展指数就是这一理论的具体应用。

亲贫困增长

亲贫困增长（pro-poor growth）理论强调通过促进穷人主动参与到经济增长的过程中，使穷人获得收益。在这个过程中，政府有必要采取瞄准贫困问题的特定政策措施，而不是坐视或期望经济增长本身能自动惠及贫困人口。

集聚的外部性

集聚的外部性包括：第一，劳动力蓄水池效应（labor pool）。大量在特定区域集聚的企业可以共享专业化的劳动力市场，保证了企业无论处于"好时光"还是"坏时光"时的劳动力供给。对工人而言，具有大量企业集聚的区域是寻找就业机会的良好选择，降低了工人的失业率。第二，中间投入品共享（input sharing）效应。由于对中间投入品的相同或类似需求，相同行业和相关行业（辅助行业）在特定区域集聚，让企业可以获得多种多样、单位成本低、专业化的中间投入品（如大型机械设备）。实际上，这也强调了经济集聚对投入品和产出品运输费用的节约。第三，知识溢出效应（knowledge spillover）。同一行业企业和工人在同一区域的集聚存在三个有利于知识溢出的条件：一是企业之间存在密切的正式或非正式的交流，二是劳动力和人才在集聚区域内部的流动，三是企业家和工人具有的知识背景、技能条件都十分接近甚至相同。在这三个条件下，很多行业的秘密不再成为秘密，新知识、新技术和新思想得到传播和应用。

新结构经济学

　　新结构经济学的基本原理旨在揭示结构变迁、结构转型、结构变迁与转型中政府作用的"三大规律"。新结构经济学的主要假设是：一个经济体在每一个时点上的经济结构包括技术、产业和软硬件基础设施的结构均内生于要素禀赋结构。要素禀赋结构在每个时点上是给定的，但其随着时间变化。新结构经济学认为，最优产业结构内生于禀赋结构所决定的具有比较优势的产业，进而如果有合适的软硬基础设施，交易费用也会最低，从而将比较优势转化为竞争优势。

　　用于产业政策方面，新结构经济学认为成功的产业政策应该针对具有潜在比较优势的产业。所谓的潜在比较优势，是指在经济体中，某个行业要素生产成本低、有要素生产成本的优势，但其交易成本过高，以至于无法在本国或国际市场上竞争。政府一旦帮助这些企业协调解决外部性问题，从而降低风险、减少交易成本，则这些企业具有自生能力，相关产业也有能力竞争。由此根据目标行业与全球技术前沿的距离，对应产业的产业政策可以分为五种类型：第一，追赶阶段的产业政策和多样化的产业政策；第二，国际领先型产业的产业政策；第三，失掉比较优势的转进型产业的产业政策；第四，弯道超车型产业的产业政策；第五，国防安全型和战略型产业的产业政策。

二、案例分析

　　汉源县大力实施"一村一品"发展战略，一方面着力通过"一村一品"形成产业集聚，选取明晰的主导产业，真正实现了可持续的减贫机制；另一方面着力以生态为本底，推进绿色农业发展。乡村产业发展也是脱贫攻坚和乡村振兴战略有效衔接的关键。在乡村产业发展过程中，可能存在以下问题：

　　第一，产业同质化严重，区域特色尚需凸显。部分地区盲目推进十大优势特色产业，没有立足资源禀赋、产业基础、区位优势，未能挖掘本地特色的农产品，造成部分品种产量激增、销售困难的现象。部分地区盲目发展三大先导性支撑产业，缺乏相应的市场支撑和科技配套，造成三大先导性支撑产业过度发展。

第二，产业融合度不高，产品品质尚需提升。农业产业与第二产业、第三产业融合度不高，部分地区乡村旅游产业出现粗放式、低端扎堆现象，高附加值、具有品牌效应的农产品仍然较少。

第三，产业规模化较低，要素保障尚需加强。一方面，工商资本盲目下乡，以乡村振兴名义过度发展非农产业现象仍然存在；另一方面，新型农业经营主体融资难，土地集中困难，并且农业劳动力短缺现象也越来越突出。

因此，实现产业的有效减贫机制需要因势利导甄别主导产业、积极推进农业绿色发展、梳理产业集群减贫机制。

（一）因势利导甄别主导产业

甄别主导产业需要结合当地的自然资源禀赋和经济社会发展条件，重塑农业产业经济地理。政府应从区域经济整体发展的互补性与协调作用出发，制定更加具有全局视野的发展政策和规划；兼顾市场规律和农民诉求，合理引导农业产业布局，避免产业结构同化、特点同化、功能同化。

汉源县主要通过"一村一品"百里果蔬走廊特色产业经济带，采取差异化、错位式布局，依据不同村庄各自特点，甄别出了甜樱桃、红富士苹果等果蔬产业。这样既避免了产业的同质化发展，又实现了农业产业的集群式发展。另外，汉源县依据山区的自然特点，将主导产业定位为花椒、核桃等林果产业，为脱贫致富打下了良好的产业基础。

（二）积极推进农业绿色发展

汉源县牢固树立了绿色发展的理念，将生态建设纳入全县经济社会发展总体规划，积极推进农业绿色发展。农业绿色发展不是农业回归"自然农法"，而是以脱贫攻坚为目标，以农业供给侧结构性改革为主线，通过制度和技术创新，增品种、提品质、创品牌，实现农业的经济高效、生态安全、资源节约、环境友好。政府应以绿色发展为抓手，提升农业发展质量，重点做到兼顾"三大效益"，优化"五大体系"。

1. 兼顾"三大效益"，明确农业多功能定位

一是立足国家整体发展战略，准确把握现代农业的发展定位。政府应以农业多功能理念为依据，兼顾农业发展的经济效益、社会效益、生态效益"三大效

益",追求经济高效、生态安全、资源节约三大目标。对农业的非经济功能（社会、政治、生态、文化等功能）给予补偿和补贴,强化突出农业在保障粮食安全、食品安全、生态安全等方面的重要作用。二是把握时代背景和区域差异,制定差异化的农业发展战略。政府应充分考虑不同地域现代农业的发展在自然资源禀赋、农业科技水平、农业建设资金、市场供求关系、劳动力状况和生产制度等方面的差异性,从工业化与城镇化两大推力、科技创新和制度创新两大动力,按阶段和按地区两套思路提出促进建设经济高效、生态安全、资源节约、环境友好现代农业的重大工程和重大政策,重点实施耕地质量保护、农业废弃物资源化利用、村庄环境绿色整治"三大提升行动"。

2. 优化"五大体系",激发农业内生动力

一是从制度上推动落实农业供给侧结构性改革。政府应优化农业支持和保护、农村市场和农业社会化服务、农业科技进步与自主创新、农业与农村制度、农业人才资源培训和支持"五大体系",着力构建现代农业产业体系、生产体系、经营体系、监管体系。二是从技术上提高农业"三大效率"。政府应通过提升农业综合生产能力、市场竞争力和可持续发展能力这三大能力,加快转变农业发展方式,发展多种形式适度规模经营,推进农业环境建设,提高土地产出率、资源利用率、劳动生产率"三大效率",提高农业效益和竞争力。三是从人才支撑上培育"新农人"。政府应坚持农业经营体系向专业化适度规模经营转变,加快培育新型农业主体,提供产前、产中、产后农业全程社会化服务,提高农业规模化经营水平,全面提高土地利用率,实现农业资源节约的绿色发展。政府应加快构建现代农业产业技术支撑体系,加快推进农业信息化,优化农业科技服务,完善科技特派员制度,鼓励科技人员科研创新、为农服务。

(三)梳理产业集群减贫机制

汉源县大力实施"一村一品"发展战略,实现了产业的集聚式发展模式。本书重点从一般意义上的产业集群角度梳理产业集群的减贫机制。产业集群将通过外部性的纽带对农村减贫产生影响,其微观作用机制包括分享、匹配和学习等。第一,分享(sharing)。产业集群能够使企业有效地分享不可分享的服务或设施等。第二,匹配(matching)。产业集群能够让工人和企业、关联产业的企

业、卖家和买家、企业家与资本市场更好地匹配。第三，学习（learning）。工人通过"干中学"获得了知识，提高了人力资本；大量经济活动主体的空间集聚带来的面对面交流能够促进知识和技术的交流与传播；不断的交流过程和不断的学习过程促进了知识的累积，进而推动了新知识和新思想的创造。这些过程都能够在不同程度上提高生产效率。

对于农民而言，产业集群对农民收入的影响还体现在以下四个方面：第一，身份变化。农民通过进入产业集群的环境，获得了非农就业机会和非农收入。第二，非农就业环境的改变。农民不仅可以通过当地由于产业集群形成的就业环境获得非农收入；并且由于空间溢出效应的存在，还可以选择不同区域的就业机会。第三，农业环境的改变。这包括产业集群推动了城市化的发展。当然，不可否认，产业集群也吸纳了农村的优势资源，可能造成农民农业收入的减少。第四，生活环境的改变。生活环境强调了不管农民在产业集群的环境中是否获得了就业机会，由于价格指数效应的存在，农民可以享有由于产业集群带来的较低的消费者价格指数，并由此提高实际工资。另外，产业集群区域带来的基础设施的改善使农民的生活更加便利，一定程度上影响了农民的收入；产业集群促进了当地经济的发展，使经济的涓滴效应能够惠及农民。

针对农民减贫，本书进一步基于世界银行（2000）的框架，强化了产业集群在提供机会、增强能力、促进赋权和安全保障四个维度的作用（见图7-1）。其中，产业集群通过分享和匹配机制，为农民提供了低门槛的工作，让贫困的农民获得了就业机会和技能的提升。通过学习机制，在"干中学"或知识外溢的过程中，贫困的农民增强了就业能力。通过身份的获得，贫困农民拥有了就业机会，增强了能力。贫困农民拥有了工人的身份后，可以在一定程度上享有企业提供的"五险一金"等劳动保障和法治保障的福利，能够获得相应的就业、生活、政治权利，减少因病致贫、失业等风险，获得一定程度上的安全保障。贫困农民所处的产业集群的环境也为贫困农民提供了一定的权利和安全保障。例如，基础设施、生活条件和社会治安的改善。

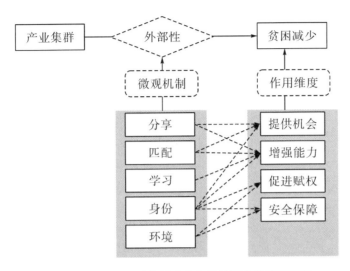

图 7-1　产业集群对农村减贫作用的概念性模型框架

第二节　消费精准扶贫案例

一、案例介绍：西南财经大学"以购代捐"助力凉山彝族自治州美姑县脱贫

西南财经大学于 2018 年启动了"以购代捐"助力凉山彝族自治州美姑县脱贫的计划。"以购代捐"模式运行机制如图 7-2 所示。

为保证"以购代捐"顺利开展，取得实效，2018 年 10 月，西南财经大学后勤服务公司前往美姑县对接调研，深入乡村了解美姑县农林产品产销情况，落实西南财经大学"以购代捐"方案。2018 年 11 月，为帮助美姑县贫困群众解决农产品销售难、农户增收难问题，西南财经大学开展"以购代捐"活动，与美姑县政府签订了"以购代捐"协议，从贫困村、贫困户家中购买农林产品，促进贫困群众增收脱贫。在充分了解当地农副产品产业结构及产业链现状后，西南财经大学采用"以购代捐"的方式从当地采购了一批农特产品，含土豆 40.25 吨、干花椒 740 千克、苦荞米 1.6 吨、苦荞挂面 450 千克等。

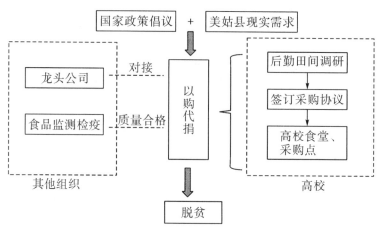

图 7-2 "以购代捐"模式运行机制

2018 年 11 月 16 日，西南财经大学在柳林校区、光华校区同时开展"美姑高山土豆美食节"和"献爱心，送温暖，美姑县农特产品西财校园展销会"活动。两校区所有学生食堂、教工食堂和校园餐厅均特别设立"美姑县精准扶贫美食窗口"。食堂工作人员精心推出 50 余种土豆主题菜。师生在 2018 年 11 月 16 日至 20 日 5 天内，吃掉了约 6.5 吨土豆。展销会上摆满了来自美姑县贫困区出产的土豆、核桃、花椒、苦荞茶等农特产品，还贴心地提供邮寄到家服务。来自大山深处的天然绿色农特产品受到广大师生的青睐，展销会于当天短短 4 个小时内共接待师生 2 700 余名，销售土豆 2 000 千克、核桃 300 千克、苦荞茶 400 余盒、花椒 75 千克、苦荞米 150 千克、苦荞面 250 千克。

马尔萨斯贫困理论

马尔萨斯被认为是研究贫困问题的鼻祖。他在著名的《人口论》中认为，人口将以几何级数增长，其增长速度远远大于土地等生产资料的增长速度。当人口增长速度超过生产资料时，就会产生贫困和罪恶，因此要限制人口增长，使人口的增加和生产资料的增长相平衡。

贫困陷阱

纳尔逊（Nelson）提出了"低水平均衡陷阱"理论。纳尔逊以马尔萨斯的理论为基础，通过研究人均资本与人均收入、人口增长与人均收入、产出增长与人均收入的关系，认为发展中国家存在维持生命或接近维持生命的低收入水平下的均衡状态，即低水平陷阱。任何超过最低水平的人均收入都将被人口增长抵消。因此，大规模的投资才能使产出的增长超过人口的增长，进而摆脱低水平陷阱。

缪尔达尔（Myrdal）提出了循环累积因果关系理论。他认为，从一般的经济现象来看，社会经济因素是互相关联、互相影响、互为因果的。一个因素发生变化（起始变化）会引起另一个因素发生相应变化，这种变化过程将强化起始变化，导致经济发展过程沿原来的因素发展方向发展。就贫困而言，低收入的国家人均收入水平低，人口素质低，就业困难；人口素质低又使劳动生产率和产出率低，进而又导致收入低，而收入低进一步强化了经济贫困，使发展中国家总是陷入低收入与贫穷的累积性循环困境中。

以购代捐

"以购代捐"是新兴的精准扶贫模式，与往常的捐赠方式不同，通过为贫困户搭建农副产品供应体系，以略高于市场平均价格的价格采购贫困户农副产品，以解决贫困户农副产品销售和增收难题，激发贫困户内生动力。

二、案例分析

精准扶贫自实施以来，取得了重大成效。通过精准扶贫，大量贫困地区和农户得以享受到帮扶，并摆脱贫困。但是，精准扶贫实施过程中也出现了一些阻碍，如精准识别有偏差、产业扶贫动力不足、农户依赖性过强、"搭便车"以及"等靠要"思想泛滥等。在2020年全面建成小康社会的目标到来之际，解决深度贫困问题，全面脱贫致富，呼吁更为有效的扶贫模式和扶贫理念的到来。"以购代捐"通过政府牵头，引导帮扶对象以略高于市场价格的价格购买贫困户的农副产品，代替过去单向的资金捐赠帮扶，实现了从一次性"输血"向持续性"造血"的转变。

（一）"以购代捐"模式的主要创新

第一，增强了信心。"扶贫先扶志"，长期以来，农产品"卖难"是贫困户脱贫缺乏信心的主要原因之一，产业扶贫也常常受到农产品滞销的困扰。"以购代捐"让贫困户既能够主动参与到市场行为中，又通过政府力量在价格和销售行为上保障和鼓励了贫困户的市场行为。

第二，激发了动力。开展"以购代捐"的前提是贫困户必须先有能够出售的物品，这就使得贫困户需要主动付出，以"多劳多得"的方式转变"等靠要"的落后思想，激发贫困户的内生动力。

第三，增进了联系。在扶贫攻坚过程中，常常出现帮扶对象与贫困户仅仅是物质援助，而实质联系并不多的情况；在农产品消费中，也出现优质农产品与消费者对高质量农产品需求脱节的情况。"以购代捐"能够从实质上连接城市与农村、生产与消费、贫困户与帮扶对象、贫困户与企业、贫困户与政府。

第四，创新了技术。"以购代捐"往往需要通过物流将农产品运到消费者手中，因此在这个过程中，贫困户往往需要通过互联网与消费者产生联系（虽然现在更多是政府牵头完成），贫困户能够通过"以购代捐"接触"互联网+"，接触农产品电商，获取新的技术和销售模式。

（二）"以购代捐"模型存在的问题

第一，产品尚需优化。目前"以购代捐"的产品往往仅是当地的农产品，农产品的季节性强、易损耗、不易保存，容易造成农产品在从贫困户到消费者的过程中变质。另外，产品的多样性不足，产品提供往往也仅是季节性的，品质难以监督，标准化不足，容易造成为了援助而产生的行政摊派。

第二，成本尚需降低。"以购代捐"的农产品往往运输成本较高，如果是生鲜农产品，还会采用冷链物流的方式，而产品的规模不大，产品附加值不高，如果不依靠政府行为，贫困户的盈利空间有限。

第三，分工尚需明确。目前，各级政府以及村干部、驻村第一书记、驻村工作组承担了"以购代捐"的物流和销售环节的工作，也有部分企事业单位参与对农产品的收购和销售等环节，但是政府和市场的边界不明确，行政成本较高，行政摊派行为时有发生。政府过度参与甚至"代办""包办"，不仅导致内生动力不足，而且加剧"等靠要"的思想。

（三）"以购代捐"模式的长效机制

为了推进"以购代捐"的长效机制，需要实现"四大转化"：

第一，短期向长期转化。政府应优化"以购代捐"的产品类型，着力推进"一村一品"甚至"一县一品"，选择高附加值、易保存、易运输的农副产品，提高产品品质和售后服务，形成"以购代捐"的常态化和可持续性。

第二，政府向市场转化。政府应逐步淡化政府主导的角色，主要负责推进"以购代捐"农副产品的区域品牌建设和农副产品产业集群建设，引导成立"以购代捐"专业合作组织，规范农副产品"以购代捐"协议，搭建电子商务平台，推动"互联网+以购代捐"，并对"以购代捐"各个环节给予适当补贴。

第三，本地向全域转化。政府应建立跨区域的"以购代捐"电商平台，通过区域之间的"以购代捐"农副产品的差异化发展，加强区域之间"以购代捐"的合作，保障农副产品的多样性，并且形成区域之间的分工，充分满足帮扶对象对农副产品的多样化需求。

第四，"走出去"向"引进来"转化。农副产品的物流成本较高，一方面可以通过扩大规模、加强区域合作降低物流成本；另一方面可以通过发展旅游产业等方式，吸引外来游客到当地旅游，购买"以购代捐"的农副产品。

第三节　易地扶贫搬迁案例

一、案例介绍：巴中市平昌县易地扶贫搬迁"搬"出一片新生活

2019年6月12日，平昌县青凤镇赵垭村刚下过雨，青山绿水间，易地扶贫搬迁聚居点内，一幢幢蓝瓦白墙、飞檐翘角的"巴山新居"构成一幅优美画卷。米仓山南麓的平昌县，是国家扶贫开发工作重点县。该县用活用好易地扶贫搬迁相关政策，做到精准搬、科学搬，确保贫困户"搬得出、稳得住、能致富"，从根本上解决"一方水土养不起一方人"的实际困难。

搬得出、稳得住、有发展，群众日子越过越红火，不超标、不豪华、不闲置、不举债。贫困户刘法科，63岁，无技术、无资金，住上好房子一直是他的愿望。三年前，通过易地扶贫搬迁，他成为全村第一个搬进三合院新居的贫困户。房前屋后种上花椒树，还养了鸡鸭。土屋变楼房，原来出门一身灰、雨天一脚泥的日子一去不复返了。

赵垭村第一书记赖骏介绍，在易地扶贫搬迁过程中，赵垭村坚持"政府引导、农户主体、亲友帮助、金融支持"的原则，推行"五建五改五规范"，着力改善居住环境条件，努力拓宽增收路子。"不仅要让贫困户住上好房子，我们还积极引进秭香苑中药材种植公司、惠智农业发展公司等企业，发展水果、中药材，带动贫困户致富。"

平昌县发展和改革局易地扶贫搬迁办公室相关负责人介绍，在易地扶贫搬迁中，平昌县坚持做到搬迁对象精准、安置方式合理、政策落实到位，"十三五"期间，平昌县易地扶贫搬迁计划搬迁 13 951 户 46 366 人。截至 2019 年 6 月底，平昌县达到搬迁入住条件并已搬迁入住 13 601 户 45 341 人。2019 年新增计划外 2 008 户搬迁住房已全部开工。

科学规划引领，平昌县进一步突出机制创新，解决动力不足的问题。平昌县相关负责人介绍："我们创新资源资金整合机制，整合易地扶贫搬迁、土地增减挂钩、危房改造、灾后重建、涉农资金等，对当年脱贫摘帽村投入 1 000 万~2 000 万元。"巴中市发展改革委相关负责人介绍："截至 2019 年 5 月底，巴中市完成了国家和省'十三五'初期下达巴中市建档立卡贫困人口 51 654 户 182 479 人的搬迁任务，实现了省委省政府'五年任务、三年完成'的目标。"

易地扶贫搬迁工作涉及工程建设、资金筹措、拆旧复垦、群众稳定、脱贫奔康等方面，是一项综合性和系统性很强的工作。巴中市搬迁规模在四川省各地仅次于甘孜藏族自治州，搬迁任务近 19 万人。

易地扶贫搬迁，科学选址是关键。巴中市易地扶贫搬迁坚持做到"三靠五进六不选"，让群众从"一方水土养不起一方人"的地方，搬到"一方水土能够养得起、养得好一方人"的地方去。在这一过程中，平昌县立足区域实际，坚持易地扶贫搬迁规划与"三区"同建（产业园区、乡村旅游景区、新型农村社区）有机结合，做到规划同步伐、建设同标准、管理同水平，致力实现易地扶贫搬迁户在产业园区中找到就业出路，在乡村旅游景区中找到致富门路，在新型社区中提升生活品位。

搬迁政策红线要求为"人均住房建设面积不超过 25 平方米"，但出于农村生产生活需要，搬迁户迫切希望住上大房子。如何解决这个难题呢？在易地扶贫搬迁工作中，巴中市创新住房设计，规划建设三合院、四合院等川东北民居特色院落，从而有效化解个性化需要矛盾。

罗尔斯社会福利函数

资源配置的社会福利是由境况最差的经济行为人决定的，其表达式为 $W[u_1(x), u_2(x), \cdots, u_n(x)] = \min(u_1, u_2, \cdots, u_n)$。因此，为实现资源配置的帕累托最优，必须对经济条件最差的贫困户进行有效帮扶。

二、案例分析

"易地扶贫搬迁"是新世纪中国政府探索实施的一项重要扶贫举措，旨在通过易地扶贫搬迁工程打破资源破坏与贫困的恶性循环，实现消除贫困和改善生态环境的双重目标，这与新时期促进区域协调发展，建设资源节约型、环境友好型社会等重大战略目标是高度一致的。

（一）明确易地扶贫搬迁的科学内涵

易地扶贫搬迁契合了精准扶贫重大国家战略和五大发展理念。我国扶贫开发已经从以解决贫困人口温饱问题为主要任务的阶段，转入巩固温饱成果、加快脱贫致富、改善生态环境、提高发展能力、缩小发展差距的新阶段。但是，农村贫困人口依然量大面广，特别是还有相当一部分居住在深山、石山、荒漠、高寒、地方病多发等生存环境恶劣、不具备基本发展条件的地区，是我国扶贫开发工作中的最大难点。易地扶贫搬迁是解决这一最大难点的治本之策，这项工程的实施有利于改善搬迁群众的发展环境、更好地提供基本公共服务，有利于优化人口与村镇布局、调整改善产业结构，有利于加快精准扶贫的步伐、提高扶贫投入效益，有利于迁出区生态环境恢复与治理、促进可持续发展，与创新、协调、绿色、开放、共享五大发展理念相契合，对于加快推进扶贫开发进程、促进区域协调发展、全面建成小康社会具有十分重要的意义。

易地扶贫搬迁是新型城镇化建设与现代农村社区建设的重要制度创新。易地扶贫搬迁是国家帮助贫困地区人口摆脱贫困的惠民政策之一。移民迁入地类型多样，其中包括城镇型和现代农村社区型，移民在城镇化和融入社区的过程中会遇到包括社会关系、就业等方面的挑战，但是城镇化和现代农村社区化是易地扶贫搬迁的发展趋势和主要方向。推进易地扶贫搬迁是我国新型城镇化进程中的一项重要任务，同时也是深入开展新型农村社区建设的有效路径之一。

（二）释放易地扶贫搬迁的政策红利

易地扶贫搬迁和精准扶贫需要结合易地扶贫搬迁在各地的具体语境，界定政府、农民和社会部门各自扮演的角色，构建各参与主体在易地扶贫搬迁工程中彼此协调合作的动态参与架构。因此，在经济新常态背景下，要让移民和社区享受改革带来的红利，就需要从制度上去综合考虑易地扶贫搬迁工程和精准扶贫政策。具体而言，制度上对易地扶贫搬迁和精准扶贫政策的创设需要在权衡多元主体各自利益、政策目标多元化基础上，综合考虑户籍制度、土地制度、社保制度等的互补作用，长期与短期相结合，制定契合中国国情、区域特点和群众满意的政策。

（三）驱走"愚昧""落后""贫穷"这些"鬼"

易地扶贫搬迁一方面改变了贫困户的生产、生活条件和环境，另一方面也促进了贫困户观念的转变。2018 年 2 月 11 日，习近平总书记在考察大凉山深度贫困地区时，对彝族乡亲说："一定要驱走'愚昧''落后''贫穷'这些'鬼'。"习近平总书记的这番话更加让人坚信贫困不是一种命运，有为政府和有效市场的双管齐下，一定能实现全面建成小康社会奋斗目标。

破除陈旧观念，驱走"愚昧鬼"。贫困地区社会发展相对滞后，存在较严重的高额彩礼、薄养厚葬等陈规陋习。不少贫困户卫生健康习惯较差，依靠宗教来解决疾病和灾害，因病致贫、因病返贫现象较为严重。因此，党和政府需要通过多种形式的活动，充分发挥基层党组织的重要作用，全面树立社会主义核心价值观，引导群众养成好习惯、形成好风气；不断完善医疗救助制度，利用对口帮扶力量，丰富医疗资源，解决贫困户"看病难、看病贵、看病远、看病晚"的问题。

激发脱贫意愿，驱走"懒惰鬼"。精准扶贫战略实施以来，瞄准贫困户的政策措施进一步加码，加快了贫困户脱贫致富的步伐，但是也加深了部分贫困户"等靠要"思想，依赖政府甚至要挟政府的情况时有发生。因此，政府需要从历史、文化、经济、社会等视角深挖其"等靠要"思想的根源，依靠行政力量和社会资源，深化法治、德治、自治"三治"融合，逐个激发贫困户的脱贫动力。

减少致贫风险，驱走"胆小鬼"。贫困地区往往通过特色农业实施产品扶贫。然而，农业面临自然、市场双重风险以及"价格天花板""成本地板"双重挤压，造成部分特色农产品受灾或滞销现象，贫困户不敢轻易调整农业生产结构。因此，政府需要通过农业灾害保险，尽可能规避自然灾害造成的农业风险，探索开展价格指数保险，规避农业的市场风险。另外，政府应加大对特色农产品的宣传和区域品牌建设的力度，积极动员社会力量，采用"以购代捐"等准公益性的活动，解决农产品的"卖难"问题。

增强人力资本，念好"致富经"。目前，我国贫困群体主要是老、弱、病、残等贫困人口以及部分文化程度低、缺乏技能的贫困群众。这都归结为缺乏知识和健康人力资本。因此，政府需要不断完善基础教育软硬件条件，通过网络教学、慕课等方式丰富师资力量，阻断贫困的代际传播；开展"精准培训"，以市场为导向，瞄准贫困户的培训需求，强化农民夜校的针对性、实用性，积极开展"订单式"的企业定向培训，增强贫困户外出务工的技能，拓宽贫困户外出务工的渠道。

第四节　案例启示与相关建议

一、案例启示

精准扶贫具有丰富的理论内涵，然而现有研究鲜有从理论层面去分析精准扶贫。实际上，精准扶贫有机地契合了经典的反贫困理论中提出的瞄准机制。从精准扶贫的英文翻译"take targeted measures to help people to lift themselves out of poverty"可以看出，中央的精准扶贫战略设置也强调了扶贫的"瞄准"（targeted）机制。从理论上来看，减少贫困主要有两个手段：瞄准贫困者和经济增长的"涓滴效应"带来的普惠式扶贫。经济增长是最现实也是最适合的减贫手段，但是中国开始面临贫困者在地理上更加分散和经济增长的扶贫效应开始下降的问题，单靠经济增长难以实现对贫困者和贫困区域的精准扶贫，甚至会由于经济增长带来贫富差距的进一步加剧等问题。因此，我国迫切需要将扶贫开发的重点转向贫困村、贫困者，实施精准扶贫、精准脱贫战略，在建档立卡、精准识别的基础上，因贫施策、靶向治疗（Li 等，2016）。瞄准是理论上最优的减贫手段，也是精准扶贫的重要理论内涵。但是，信息不对称和寻租行为容易造成"应扶贫的没有被扶贫"（f-error，漏瞄）和"不应该扶贫的被过度扶贫"（e-error，溢出）两大偏误，因此，在反贫困实践中，虽然各级政府希望能够精准识别"谁是贫困者"，瞄准不同贫困者的不同利益诉求并且实施扶贫政策，但是往往事与愿违，真正的扶贫项目对于减少贫困的绩效并不显著，在中国经济增长的步伐放慢后，减贫的绩效明显放缓（叶初升、邹欣，2012；罗连发、叶初升，2015）。另外，即使在实践中可能实现精确瞄准，也会由于过高的行政成本和监督成本而放弃精准的瞄准机制。在这种背景下，在全球的反贫困战略中，也产生了一系列的瞄准制度设置，使反贫困政策能够自动地只让贫困者受益，即瞄准的自我瞄准机制（self-targeting）。

因此，反贫困的重点之一是找到合适的扶贫工具（速水佑次郎、神门善久，2009）。瞄准机制作为其中一个成熟的扶贫工具是指将扶贫项目资源集中到贫困人群或最脆弱的地区。瞄准分为广义的瞄准和狭义的瞄准。广义的瞄准是通过公共投入来实现扶贫效果。狭义的瞄准是针对贫困者，通过物质或资金的转移支付来实现扶贫效果。瞄准机制具有丰富的理论内涵，主要体现在以下几个方面：

第一，与精准扶贫的有机契合。精准扶贫战略提出扶贫对象精准、项目安排精准、资金使用精准、措施到户精准、因村派人精准、脱贫成效精准"六大精准"的战略部署。这恰如其分地对应了瞄准机制中的四个要素组成，即瞄准主体、瞄准对象、瞄准方法和瞄准绩效（叶初升、邹欣，2012；汪三贵、郭子豪，2015）。瞄准主体和瞄准方法对应了项目安排精准、资金使用精准、措施到户精准、因村派人精准，瞄准对象对应了扶贫对象瞄准，瞄准绩效契合了脱贫成效精准。瞄准机制也契合了习近平总书记对精准扶贫的"因地制宜、分类指导"的重要指示。

第二，与经典资源配置理论有机契合。瞄准机制强调在扶贫资源稀缺背景下，优化配置扶贫资源，提高扶贫效率。这也与精准扶贫中强调的改革现行扶贫思路和方式，变大水漫灌为精准滴灌要求相契合。《关于创新机制扎实推进农村扶贫开发工作的意见》指出，"应按照县为单位……对每个贫困村、贫困者建档立卡……深入分析致贫原因，逐村逐户制定帮扶措施。"瞄准的单元越小，理论上可能越精确，越能够节约扶贫的时间和扶贫的资金投入。这也是国家政策实施过程中从瞄准贫困县发展到瞄准贫困村，进一步瞄准贫困者，甚至针对不同贫困者采用不同的扶贫政策的理论内涵所在。

第三，与亲贫困（pro-poor）增长理论相辅相成。亲贫困增长指的是经济增长同时实现了贫困的减少，或者贫困的减少速度快于经济增长的速度。这也强调了在经济增长之后的再分配问题，需要将资源瞄准贫困的区域或贫困的人口，并且强调了补贴等收益的最终归宿是贫困者。

第四，从"收入增长"到"效用匹配"的跨越。已有的扶贫政策及对贫困的定义更多从收入-消费视角着手，认为收入的提升能够诱致消费的提高，因为有更多的消费，贫困者能够吃饱穿暖，能够摆脱贫困，强调收入是效用或福利的函数。然而，瞄准机制在发展过程中，更多强调了满足贫困者的不同需求，从多维贫困角度去采取具有针对性的扶贫政策（解垩，2015；王增文、邓大松，2012）。幸福的家庭都是相似的，不幸的家庭各有各的不幸。但是，扶贫往往容易忽视贫困内部的异质性（Bibi & Duclos，2007）。因此，瞄准不同的扶贫对象，能够更有针对性地减少贫困。另外，采取瞄准机制，还能够针对贫困的动态变化，采取更有针对性、更有效的措施。为了能更加准确地瞄准穷人，政府需要在收入维度之外，从多个维度来瞄准穷人。这也正是精准扶贫战略中"五个一批"的指示，并不是对所有的贫困者都直接给钱，政府仅针对缺乏能力的贫困者才会采用"社会保障兜底一批"；针对有能力而没有机会的贫困者，政府会采用"授之以渔"的方式，"发展生产脱贫一批"。

总之，扶贫的瞄准政策往往是扶贫项目执行者对潜在扶贫对象基本生活信息进行获取，然后通过一定的指标门槛，对符合条件的人群实施扶贫。已有的扶贫瞄准实践，主要凸显了针对外在环境特质的瞄准机制和针对贫困诱因的瞄准机制。本书认为，针对个体偏好的瞄准机制是实现扶贫政策自我瞄准（self-targeting）的重要途径之一。

（一）外在环境特质

贫困者大多集中在一些特定区域，即"老少边穷"地区，也正是因为这些原因，造就了中国扶贫的瞄准机制缘起于区域瞄准的方式。20世纪80年代中期，中国开始了有针对性的农村扶贫，区域瞄准是中国扶贫计划的主要特征。此时的假定在于认为贫困者集中于某些特定区域，那么瞄准这些区域必将实现大多数人的脱贫，这是一种粗放式的瞄准方式。最开始的区域瞄准通过确定一批国定和省定的贫困县，瞄准这些区域并给予扶贫政策的支持。意识到"贫困县中的富裕村"和"非贫困县中的贫困村"的存在，新世纪的扶贫工作将目标下移，通过确定贫困村，以村为瞄准对象，给予扶贫。精准扶贫战略实施的易地扶贫搬迁工程，也是通过瞄准外在环境的特质，认为贫困者源于环境的约束。基于这个考虑，易地扶贫搬迁工程的目的在于让贫困地区的人群改变环境对其脱贫的制约，实现"搬得出、稳得住、能致富"。

（二）贫困诱因特质

在着力通过区域瞄准的扶贫实践改变外在环境对贫困者的脱贫制约的同时，中国政府也通过救济式扶贫的方式，针对不同贫困者的贫困诱因采取扶贫措施。例如，政府针对丧失劳动力能力和失去家庭成员支持的特殊贫困群体（"五保户"）以及因为大的自然灾害而处于短期贫困的人口（灾民），采取了物资保障和现金支持的政策。在精准扶贫战略中，这是"五个一批"中靠社会保障兜底的一部分贫困人群。另外，诺贝尔经济学奖获得者阿马蒂亚·森认为，贫困是基本能力的剥夺和机会的丧失，而不仅仅是收入水平低下。这种能力由一系列能力构成，其中包括接受教育的能力。因此，针对文化程度低下造成的贫困，中国政府还强调"通过教育脱贫一批"。

（三）个体偏好特质

前两种瞄准机制更多的是自上而下的"被动"瞄准机制，由于这两种瞄准机制受到信息质量、信息不对称、政策执行者的意愿及能力、行政成本，潜在扶贫对象的行为变迁及接受扶贫的意愿（往往与产生的耻辱感相关）等影响，进而产生扶贫的"溢出"或"漏瞄"，因此在产权不明晰、交易费用较高的条件下，应当设定一种排他机制，将非贫困者自动排除在外①，让贫困项目的受益对象仅为贫困者。正如在生物学中，脱氧核糖核酸（DNA）在自我复制过程中，碱基准确地按照互补配对原则，通过寻找原有DNA上独一配对的碱基，完成DNA复制过程。反贫困的瞄准机制也需要寻找这个唯一配对的"碱基"，进而能够对贫困者进行自动筛选，实现准确瞄准，这种"碱基"在贫困者身上体现为贫困者的特质。马奇（March，1994）在对决策产生过程进行研究时得知，决策的产生是在不同环境上采用一定规则的身份匹配。那么，如何形成一定的政策环境，使贫困者会自动将自己的身份匹配上这种制度环境，进而做出参与这种政策措施的决策呢？本书认为，贫困者的特质主要如下：

第一，更低的机会成本。一方面，有些贫困项目的参与，需要耗费较多的时间，而非贫困者利用同样的时间能够获得比参加扶贫项目更高的收益，即非贫困者的机会成本往往可能大于参加该项目获得的收益。另一方面，贫困者的机会成

---

① 实施自我瞄准机制的前提是瞄准贫困户能够使扶贫绩效最大化。由于学术界对直接瞄准贫困户的方式存在争议，因此本书暂不对此讨论，均假定瞄准贫困户能够实现扶贫绩效最大化。

本只要低于参加扶贫活动的收益，就能够对其产生参加该项目的激励，因此扶贫项目自动地将非贫困者排除了。事实上，在以工代赈等扶贫项目的实施中，就制定的是较低的工资水平或采用物质的补偿，参与这种扶贫项目的收益大于贫困者的机会成本而小于非贫困者的机会成本。另外，从刘易斯拐点也可以看出，在一定工资水平上，农村劳动力可以低价无限制转移，从事非农劳动，直到达到刘易斯拐点。在扶贫过程中，工资水平只要低于刘易斯拐点时的水平，就能够产生一个门槛，即只让贫困者进入。

第二，更小的心理障碍。"仓廪实而知礼节，衣食足而知荣辱。"贫困者特别是极度贫困者，个人的诉求是解决最基本的温饱问题，而不在乎"面子"问题。而非贫困者往往认为贫困是一种耻辱，认为会伤害自尊心，因此只要收益不能大到消除带来的耻辱感，非贫困者就不会参与扶贫项目。当然，有些贫困者也会认为贫困是耻辱，但是为了生存往往更容易忽略这种感受，并不会因此拒绝参加扶贫项目。当然，贫困者也可能出于自尊心，不愿意获得帮扶，对于这种情况，政府可以通过一些参与式扶贫，或者暗中帮扶，实现扶贫效果。例如，南京理工大学针对学生每天在食堂的花费情况，直接将个人花费与平均标准的差额以补贴方式直接发放到食堂花费不达平均标准的学生的校园卡中。

第三，更少的数量需求。在供水、供电等服务方面，贫困人群与非贫困人群都需要。政府在制定价格的过程中通过数量瞄准，采取累进壁垒机制，如采用歧视价格方式，即随着使用量的增加，单位价格增加，因此不同的家庭会根据其经济状况与需求情况，选择消费的阈值，进而能够对贫困者的基本需求进行保障。

二、政策建议

在扶贫过程中，之所以出现非贫困者获取扶贫资源的现象，是因为扶贫作为一种再分配的方式，资源指向的是最贫困、缺乏能力、缺少话语权的一类人群，而乡村往往会出现"精英攫取"的现象，贫困瞄准的溢出现象时有发生。本书研究发现，贫困者具有更低的机会成本、更小的心理障碍、更少的数量需求的特质。针对贫困者偏好特质设计瞄准机制能够产生仅激励贫困者的扶贫效果，使反贫困项目的受益仅仅归于贫困者。因此，政府在制定政策时，可以从以下几个方面入手，设定更好的扶贫瞄准政策。

第一，从贫困者需求出发，制定合适的扶贫瞄准政策。因为需求是贫困者有别于非贫困者的特质，因此了解贫困者的基本需求，不仅能够按照需求的差异提供有针对性的扶贫服务，而且能够有效地排除非贫困者占用贫困资源。

第二，形成良好的扶贫监测机制和奖惩机制。政府应采取动态监测机制，对脱贫的贫困者采取适当延长扶贫政策的方式，激励贫困者积极脱贫；针对返贫现象，及时做好扶贫帮扶工作。另外，政府应明确符合扶贫对象的标准，对冒充贫困者的非贫困者给予一定的惩罚。

第三，采取多元化的扶贫政策。因为瞄准机制并不适合所有的扶贫政策，而且瞄准机制仅是影响扶贫绩效的重要因素之一，所以适当采取瞄准与普遍相结合的方式，能够更好地激励参与扶贫实践的主客体，实现更高的扶贫绩效。

本章参考文献

［1］ BIBI S, DUCLOS J Y. Equity and policy effectiveness with imperfect targeting ［J］. Ssrn electronic journal, 2007, 83（1）: 109-140.

［2］ LI Y, CAO Z, ZHENG X, et al. Regional and sustainable approach for target-poverty alleviation and development of china ［J］. Bulletin of chinese academy of sciences, 2016.

［3］ 解垩. 公共转移支付与老年人的多维贫困 ［J］. 中国工业经济, 2015（11）: 32-46.

［4］ 罗连发, 叶初升. 社会资本、技术采用与扶贫政策质量: 基于计算经济学的仿真分析 ［J］. 财经科学, 2015（2）: 100-110.

［5］ 世界银行. 世界发展报告: 与贫困做斗争 ［M］. 北京: 中国财政经济出版社, 2000.

［6］ 汪三贵, 郭子豪. 论中国的精准扶贫 ［J］. 贵州社会科学, 2015（5）: 147-150.

［7］ 王增文, 邓大松. 倾向度匹配、救助依赖与瞄准机制: 基于社会救助制度实施效应的经验分析 ［J］. 公共管理学报, 2012（2）: 83-88.

［8］伍骏骞.基于贫困者偏好特质的自我瞄准机制设计［J］.农业经济与管理，2017（2）：39-44.

［9］伍骏骞，阮建青，徐广彤.经济集聚、经济距离与农民增收：直接影响与空间溢出效应［J］.经济学（季刊），2017，16（1）：297-320.

［10］叶初升，邹欣.扶贫瞄准的绩效评估与机制设计［J］.华中农业大学学报（社会科学版），2012（1）：63-69.

第八章 农村创新创业

近年来，各级农业部门扎实推进农村创新创业，通过抓政策、育主体、建机制、搭平台、搞服务，为农村"双创"营造了良好的环境。截至 2017 年年底，全国返乡下乡创新创业人员达 740 万人，农村本地非农自营人员达 3 140 万人，新型农业经营主体达 300 万家，新型职业农民达 1 400 万人，农村网民规模突破 2 亿人。截至 2019 年 11 月底，全国返乡下乡创新创业人员已达 850 万人，乡村创新创业人员达 3 100 万人。大量人才返乡、企业回乡和资金下乡，催生了一大批适用于农村的新技术、新产业、新业态，涌现出一大批农村创新创业的典型案例。

第一节 郫都区新型职业农民培育案例

2015 年，在国家大力开展"大众创业、万众创新"的决策部署下，农业部印发《关于加强农民创新创业服务工作促进农民就业增收的意见》。该意见要求各级农业部门进一步营造良好的农民创新创业生态环境，激发亿万农民创新活力和创业潜力，打造农业农村发展的新引擎①。2019 年，在第 26 届中国杨凌农业高新科技成果博览会上，郫都区入选全国乡村振兴农村创新创业十佳优秀案例，成为四川省唯一入选的县（市、区）②。郫都区战旗村自党的十八大以来始终坚持以农业供给侧结构性改革为主线，深化农村土地集体产权和完善农业新型经营

---

① 农业部办公厅. 关于加强农民创新创业服务工作促进农民就业增收的意见 [N]. 农民日报，2015-04-09 (1).

② 成都内刊社. "郫都模式"入选全国乡村振兴农村创新创业十佳优秀案例 郫都农村双创促进都市融合发展 [EB/OL]. (2019-11-01) [2020-06-16]. http://www.pidu.gov.cn/pidu/xxbs/2019-11/01/content_f93f08a8ff52451280965d3cdbb2201a.shtml.

主体社会化服务体系，是我国以改革创新之力推动乡村振兴的一个典型模范。本文通过理论分析新型职业农民的产生背景，重点研究郫都区战旗村职业农民创新创业的案例，以期推进农村创新创业。

农业农村部推出农村创新创业五大典型模式

通过考察研究，农业农村部总结推出全国县域农村五大"双创"典型模式。

第一，特色产业拉动型典型模式。该模式围绕特色产业，强化产业链创新创业，沿着产业链上中下游，面向产前、产中、产后环节的生产与服务需求，开展创新创业活动，形成大、中、小、微企业并立，各类经营主体集聚，产业集群持续壮大的创业生态系统。产业特色立足地区资源特色，并将其转化为特色产业优势，形成农村"双创"的核心竞争力。

第二，返乡下乡能人带动型典型模式。该模式主要是返乡农民工、高校毕业生以及科技人员等返乡下乡人员通过创办、领办企业和合作社等农村新型经营主体，引领带动周边农村"双创"。这些创业者有头脑、懂技术、能经营、善管理，一个人创业，引领带动周边人员乃至整村或整乡共同发展。

第三，龙头骨干企业带动型典型模式。该模式依托龙头骨干企业优势，带动当地农村"双创"为企业配套服务，引领当地经济发展。

第四，"双创"园区（基地）集群型典型模式。该模式以"双创"园区（基地）和农业企业为主的平台载体，聚集要素、共享资源、产业关联，为农村"双创"提供见习、实习、实训、咨询、孵化等多种服务的模式，推动产业集群的形成。一是资源聚集度高，推动农村"双创"。福建省晋江市建设海峡创业园，构建"三创"（创业、创新、创意）园、国际工业设计园、智能装备产业园、新区创新中心、高校科教园五大科技创新载体，聚集"双创"要素，为"双创"提供空间，入驻创业项目和企业超过200个。二是基础设施条件较好，带动农村"双创"。三是政策服务到位，驱动农村"双创"。

第五，产业融合创新驱动型典型模式。该模式主要是围绕产业融合形成的新产业新业态新模式开展"双创"活动，加速区域之间、产业之间的资源和要素的流动与重组。一是电商聚集融合。政府建设电子商务产业园区，提供电子商务服务，吸引生产加工企业入驻园区。二是休闲旅游带动融合。三是行业横向融合。

一、促进农村创新创业培育新型职业农民的背景

（一）农业的转型和农业经营主体的变革

培育新型职业农民是发展现代农业的要求。农业劳动力素质是农业生产经营中日益突出的核心要素，决定着其他生产要素的配置和利用效率。党的十九大提出乡村振兴战略，农业农村的优先发展已经放到了国家战略高度。发展现代农业为新时代"三农"工作指明了方向。经营现代农业的农民不仅需要积累种植经验，还需要具备接受和应用现代农业技术的素质与能力以及较强的现代市场意识、投资意识、风险意识和管理才能。着力提高农民的科学文化素质和致富本领，有助于推动农业规模化、集约化和现代化发展。

培育新型职业农民是发展新型农业经营主体的必然趋势。农业经营主体的变革与创新是农业发展的关键[1]。近年来，在农地流转的推动下，以规模化、专业化、集约化和市场化为主要特征的新型农业经营主体呈现出数量增加、类型多元的发展态势。培育新型职业农民为农民合作社、龙头企业、家庭农场提供了农业人才队伍保障。随着乡村产业振兴，从业者专业化、职业化是未来的趋势。

（二）农村创新创业的推动趋势下解决农村现实问题的需要

1. 农村土地闲置和劳动力弱质化的现实问题

培育新型职业农民的目的是扭转当前农村土地荒废、农民种粮积极性不高、农产品与市场衔接不够以及农民务农收入过低的局面。随着农村劳动力大量向城镇及第二产业和第三产业转移，农村空心化、农民老龄化的问题日益突出。政府建立产业扶持政策体系，改善发展环境，吸引和留下一批青壮年农民、返乡农民工、转业军人和大学毕业生，通过系统培训和培养，使其成为懂技术、善管理的农业后继者，为现代农业可持续发展奠定基础[2]。

2. 农民工返乡创业推动农村产业融合发展

随着乡村振兴战略的实施，政府以人才振兴为落脚点，做强服务支撑，为返乡人才、投资创客营造出了良好的创业环境，形成了当下一大批技能创业人才离城进村的景象。

---

[1] 包兴婷. 郫都区新型职业农民教育培训存在问题及对策研究 [D]. 成都：西南民族大学，2018.
[2] 徐辉. 新常态下新型职业农民培育机理：一个理论分析框架 [J]. 农业经济问题，2016（8）：9-15.

二、案例分析

（一）基本情况

郫都区隶属于四川省成都市，位于都江堰精华灌区核心区，一直以来都是成都平原的农业发展先行区，拥有耕地 29.84 万亩，每亩平均产值为 1.16 万元，生态资源丰富，农业发展基础良好。郫都区培养的新型职业农民，主要方向为从业型、乡村融合型、农业职业经理人型三大方向，分别对应为初级、中级、高级新型职业农民。从业型新型职业农民一般是直接在农业一线劳作的实践者，乡村融合型新型职业农民侧重于有一定规模的产业带头人，农业职业经理人型新型职业农民更多是塑造和推广农业品牌[①]。2019 年，郫都区开展了 4 期以上的新型职业农民免费培训班，培训学员 1 300 人。其中，农业职业经理人型新型职业农民 100 人、乡村融合型新型职业农民 40 人、从业型新型职业农民 1 160 人。全年认定新型职业农民 800 人以上，实现有新型职业农民的村民小组 100% 全覆盖。在郫都区举行的新型职业农民（从业型）第一期培训专场上，首批参与培训的 473 名村民中，有 345 名评价合格并领到新型职业农民证书，合格率约为 73%。

战旗村位于成都市郫都区唐昌街道，距成都市中心城区 45 千米，处于成都市一小时交通圈内。自 20 世纪中叶以来，战旗村在农业和农村改革发展进程中始终锐意进取，曾荣获"全国社会主义精神文明单位""全国文明村""省级四好村""四川集体经济十强村"和省、市"新农村建设示范村"等称号。如何培育未来农村创新创业的主力军，如何培育懂技术、善经营、会管理的新型职业农民队伍，成为战旗村乡村振兴工作的重要内容。战旗村通过深入实施新型职业农民培育工程，依托四川战旗乡村振兴培训学院、农民夜校等平台，开展农业、花艺、电商等各类培训，把新技术、新理念带到农村，着力破解乡村振兴过程中存在的人才、技术等发展难题。2018 年，战旗村已培育新型职业农民 86 人，其中农业职业经理人型新型职业农民 5 人。战旗村通过组织实施农业"双创"、特色餐饮等培训，已帮助 130 余户农户自主创业，把乡村振兴的成果送到农民手中。

---

① 赵一，干丹. 成都郫都区首批 345 名新型职业农民有了从业资格证 [N]. 成都日报，2019-04-05（2）.

（二）主要做法及成效

1. 铸造乡村振兴的"火车头"：党建引领

2018 年，战旗村以党支部为主体，联合带动周边四个村党支部，又成立了五村连片发展联合党支部。联合党支部的成立打破了过去的村级行政壁垒，促进了区域共建共享，"泛战旗景区"环线初具雏形。同时，战旗村坚持把党支部建在产业链上，在原有四个党支部的基础上，又新设立妈妈农庄、蓝莓基地、满江红和四川战旗乡村振兴培训学院四个"两新"党支部，进一步填补了党组织空白区，有效促进了村党总支对各方面情况的掌握，引领党员在各条建设战线上发挥先锋模范作用。通过发挥基层党组织的引领作用，2018 年，战旗村集体资产由 2017 年的 4 600 万元增加至 5 700 万元，集体收入增长 320 万元，吸引返乡大学生及创业人才 120 余人。目前，战旗村吸引了企业家、歌手、大学生等多类人才，建设经营妈妈农庄、吕家院子、乡村十八坊等农商文旅体融合发展项目，带动更多村民利用闲置房屋发展民宿、特色餐饮、特色小吃、茶馆等产业，新增就业岗位 200 余个。

2. 成就乡村振兴的主力军：人才战略

乡村振兴需要人才的支撑。战旗村在留住人才、用好人才方面进行努力探索和实践，为新型职业农民的培养提供了保障。其主要有三条路径：一是注重培育本土能人；二是"筑巢引凤"，留住优秀人才；三是积极培育"两新"人才队伍。

搭建人才培养平台。2019 年 2 月 12 日，四川战旗乡村振兴培训学院正式揭牌，标志着致力面向全国培养乡村振兴专业型、实用型人才的基地正式启动。该学院首期培训开班迎来第一批学员，本地"土专家"、乡村振兴相关领域的专家学者现场授课，为当地农民带来了丰富的农业理论知识和实用的农业技术，产生农业发展新思潮。自开班以来，到该学院学习的学员络绎不绝，预约火爆。战旗村还组建新时代乡村振兴讲习所、战旗乡贤理事会等平台，分类培育布鞋匠人、竹编艺人、蜀绣达人等农村技能人才，并将其纳入战旗乡土人才库，形成本土人才梯队。目前，战旗村已通过平台培训 1 500 余人。

与高等校院人才合作。2019 年 7 月，郫都区委十四届七次全会审议通过了《关于加快人才价值转化助推郫都高质量发展的决定》，郫都区全力打通高校人才向产业人才转化、科教优势和科技成果向产业项目转化、校友资源向要素资源转化的通道，汇聚乡村振兴强大动力。战旗村重点与四川省农科院、林科院等科研院所合作，"以才招才"，吸引聚集了农业专家、企业科技人才、新型职业农民等，不断夯实创业投资的技术、智力等支撑。战旗村探索"高校+支部+农户"机制，吸引广大青壮年农民、种养能手、返乡农民工、村组干部以及大学生加入新型职业农民的队伍中来，鼓励引导专家学者、在校大学生等群体投身农业农村、成为"新乡贤"，推动返乡创业者成为"领头雁"，促进外来投资者成为"新村民"。战旗村构建按需对接的专业人才资源匹配平台，坚持"引、育、用、管"原则，制定出台乡村人才引进补贴和住房、医疗、子女教育等精准靶向政策，为"新乡贤"等优秀人才营造创业置业环境，让人才有获得感、归属感。2019年6月，我国著名"三农"问题专家温铁军来到战旗村，在四川战旗乡村振兴培训学院成立"温铁军工作室"，聚焦乡村振兴人才培养，引入具有海内外影响力的知名专家团队，将四川战旗乡村振兴培训学院建设成为集实践指导、政策研究、智库咨询、孵化培育等功能于一体的乡村振兴实践平台。

政府实施返乡创业人才的财政补贴政策。根据郫都区政府的要求，自2019年1月1日起，凡通过农业类项目申报国家级、省级、市级、区级资金支持的新型农业经营主体，即农业企业、合作社和家庭农场，以聘用新型职业农民数量作为首先满足条件，即根据项目大小，确定聘用人数不等的新型职业农民。对新型职业农民自主创业的，政府给予产业、科技、创业、金融贷款、社保补贴等政策支持。此外，郫都区大力实施乡村振兴战略，做好人才振兴"引、育、用"三方面的工作，出台《"郫都菁英"产业人才若干政策》《郫都人才新政十条》等多项人才新政。这些人才政策在战旗村为各类人才施展才华提供了广阔的空间，吸引了一批批有活力的新型职业农民积极投身乡村建设，激活乡村振兴的内生动力。

在过去很长一段时间内，去城市务工创业是战旗村里的年轻人和能工巧匠的普遍选择。如今，这股"进城热"正在减弱并且呈逆转趋势，越来越多的人愿意从城市来到战旗村创业。高国强就是返乡大潮中的一员。2013年，高国强回乡后通过土地流转获得7亩土地的经营权，自主创业，开办了一家"熏馨家庭农场"，每年吸引3 000余名游客前来采摘和购买草莓，成功实现创收。根据郫都区政府的要求，对新型职业农民新办或领办农民合作社、建立农业生产基地、粮食规模化基地和购置农机具，在同等条件下相关补贴上浮 10%~20%；支持新型职业农民参加城镇职工养老保险，对个人应缴的 20% 的部分，由财政补贴 12%，个人仅缴纳 8%。同时，郫都区探索设立风险补偿资金，支持新型职业农民凭资格证书进行信用贷款，化解"融资难"问题①。在这些优惠政策的支持下，高国强也越干越有信心，又通过经营权抵押贷款 40 万元，用于扩大种植规模。现在，他的农场面积已有 70 亩，年收入 30 余万元，还帮助解决了 10 多名村民的就业问题。通过高国强的下乡创业经历可以看出，新型职业农民在自己创收的同时也带动更多村民致富，让乡村振兴更有活力。如今，像高国强这样的离城下乡的人在战旗村呈逐年上涨趋势，仅 2018 年就有 120 余名返乡大学生及创客到此创业发展。

3. 探索建立新型职业农民的培育和考核机制

战旗村构建了适应现代农业发展需要的科学培育体系，全方位、多层次开展新型职业农民人才培训，从农业科技发展、农业发展理念、农业文化、农场管理等方面提升其素养，推动新型职业农民和新型农业经营主体有机融合，使其真正成为农民致富的榜样和农业发展的生力军。郫都区探索建立了对新型职业农民选拔、培养、评定、使用、退出、跟踪服务的"6 项制度"，"1"项支持政策和"1"项保障措施。郫都区采取自愿报名与乡镇、县农发局推荐相结合的方式，把符合培训条件、有意愿从事现代农业的人员纳入培训计划。郫都区对新型职业农民的培训培养和各类扶持政策资金已纳入财政预算。培训经费由市财政局统一划拨，根据市农发局分配名额，以 1 000 元/人的标准对各区（县）的新型职业农民培训工作予以补助，以 1 200 元/人的标准对知识更新培训予以补助。各区（县）需将当年资金使用计划上报市财政局审批②。"宽进严考"是新型职业农民体系的一大特点。市农业农村局、市人社局、市科技局建立以服务对象为主的考核机制，每年 11~12 月开展年度考评，由服务对象、县农发局对新型职业农民的职业素养、业绩完成情况进行考核。考评结果将在政府网站上公示：考核合格的纳入新型职业农民人才资源信息平台管理并给予诚信评定；考核不合格的将取

---

① 骆永亮，禽雪清. 浅析郫县阳光工程培训［J］. 四川农业科技，2013（4）：59-60.
② 《成都市农业委员会关于做好 2013 年农业职业经理人培训工作的通知》（成农办〔2013〕92 号）。

消资格，一年内不得重新培养，并取消享受相应的政策支持。主要因技术问题导致考核不合格的，可以重新纳入培训和选拔工作计划。同时，郫都区实行新型职业农民动态管理，建立新型职业农民退出机制，对考核不合格或连续两年未上岗的新型职业农民，取消其资格。

三、案例启示

（一）发挥政府引导和资源整合的作用

郫都区把乡村人才振兴作为全面推进乡村振兴的重要环节。新型职业农民制度集选拔、培养、评定、使用、退出、支持、服务、保障为一体，由政府全程管理。培训培育计划围绕郫都区花卉、水稻、生菜、大蒜、韭黄等优势产业开展，并根据产业化需要分出农业职业经理人型、乡村融合型和从业型三类实用型人才，分别对应高级、中级、初级新型职业农民。郫都区进行资源整合，将分散经营的农业企业、农民专业合作社、家庭农场主、普通农户等主体整合起来，引导企业与高校、科研院所对接，借助专家，从人才的培养、使用到服务、监管和保障，覆盖了所有的管理环节，保证学有所长、学有所用。郫都区对新型职业农民的培训培养和各类扶持政策资金已纳入财政预算。

（二）开展分类和精准的职业农民培训

党的十九大报告首次提出小农户与现代农业发展有机衔接的问题，中共中央办公厅、国务院办公厅于 2019 年 2 月下发的《关于促进小农户和现代农业发展有机衔接的意见》首次从中央和国家层面全面部署这项战略任务。中国农业现代化的实现，关键看 2.3 亿承包耕地的小农户能不能融入现代化；中国的乡村振兴，重点在于 2.6 亿小农户能不能振兴。我国农村将长期存在农村人口低素质化与人多地少同时并存的现象，试图让大部分农民向新型职业农民演进既不现实也无必要。因此，郫都区基于农业农村实际情况，对农民进行分类指导，实施精准培训。一是筛选区分"老农人"与"新农人"，对于年龄大，接受和学习新技术、新知识能力不足的"老农人"，郫都区主要是培训他们如何与专业服务能手对接。二是对于"新农人"，郫都区要根据当地产业特征、人员素质特征，结合农业职业经理人型新型职业农民、服务能手、生产能手的标准与要求制订具体的、合适的培育计划。郫都区针对农业企业负责人、合作社负责人、青年农场主开展农业职业经理人型新型职业农民的培育，针对普通农户开展生产能手和服务能手的培育。

（三）对接城镇的人才引进精准政策

郫都区重点从大中专院校毕业生、有一定文化程度和农业生产管理技能的种养能手以及有意投身农业的返乡农民工、城镇居民、复员转业军人和熟悉农业生产经营管理的其他人员中，培养一批新型职业农民，选拔一批农业职业经理人型新型职业农民，并颁发高级新型职业农民证书。郫都区鼓励符合城镇职工养老保险条件的农业职业经理人型新型职业农民以个体身份参加城镇职工养老保险，以上一年度全省在岗职工月平均工资的60%为缴费基数，缴费费率为20%，其中个人缴费8%，财政补贴12%，其财政补贴资金由郫都区财政承担，解决新型职业农民长远发展的后顾之忧。郫都区实施的人才引进精准政策围绕"产业有人才、养老有保障、农民有技能、服务有组织、经营有效益"这一目标，通过制度设计、政策扶持、多元培育、认定管理，培养了一批知识型、技能型、创新型新型职业农民，推动了农业农村经济发展。

社会资本理论

社会资本是指个人在一种组织结构中所处的位置的价值。于群体而言，社会资本是指群体中使成员之间互相支持的那些行为和准则的积蓄。20世纪70年代以来，经济学、社会学、行为组织理论以及政治学等多个学科都不约而同地开始关注一个概念——"社会资本"（social capital）。布迪厄是第一位在社会学领域对社会资本进行初步分析的学者，科尔曼对社会资本做了较为系统的分析，帕特南从政治学的角度对社会资本进行了研究。许多学者对农村的社会资本存量进行了研究，结果表明，随着市场经济的冲击和农村贫富差距的拉大，农村社会的社会资本存量越来越少，农村的人际关系观念逐渐淡薄，相互之间的交流与帮助越来越少，农村的社会资本不断流失。这种状况严重影响了农民的团结，对本来就处于弱势地位的农民非常不利。

农村人力资本

人力资本投资是指一个国家为了经济发展，在教育经费和技术训练等方面进行的投资。西方经济学家认为，教育上的投资是最有效的投资，这种投资能增进全民的知识、技术和能力。

农村人力资本是指凝结在农村劳动者身上可以通过教育、医疗保健、培训、迁移等形式形成的具有经济价值的知识、技能、健康等内在质量因素的总和，是以一定的数量和质量体现在农村劳动者身上的非物质资本，如能为农民带来剩余价值和经济收入的生产能力和知识技能。

农村人力资本投资

人力资本投资是指家庭、个人、政府、企业以及其他社会单位以人力资源为对象，投入一定的货币、资本和各种要素以获得人力资本积累而进行的投资活动。人力资本投资支出的内容主要包括正规教育支出、健康投资支出和劳动力迁移支出。

农村人力资本投资是指以农村居民家庭和个人为主要投资主体，不包括政府、企业以及其他社会团体的投资。农村人力资本投资支出主要包括农村居民的教育文化、医疗卫生保健、交通通信三部分支出。

乡村人才振兴

乡村振兴战略包括产业振兴、人才振兴、文化振兴、生态振兴、组织振兴。人才振兴是乡村振兴的基础。长期以来，影响和制约农业升级、农村进步、农民发展的最大瓶颈是农业人才严重匮乏，并且仍然是当下实施乡村振兴战略的最大掣肘。实施乡村振兴战略，必须从根本上树立"人才是第一资源"的理念，充分认识农民在乡村振兴中的主体地位，把乡村人才振兴放在乡村振兴的重要位置，培育产生一大批新型农民，打造一支强大的乡村振兴人才队伍，为加快推进农业农村现代化提供坚实的人才支撑。

第二节　江油市促进农民工返乡创新创业案例

一、我国农民工返乡创新创业的背景

（一）经济转型升级，传统产能过剩

随着我国经济发展进入新常态，人民的需求由"满足"向"高品质"转变，加上对市场信息掌握不及时，部分行业出现了产能过剩[①]。在经济转型升级和产业结构调整的过程中，一些以传统生产方式为主导的产业和劳动密集型产业正在被新兴产业逐渐替代。随着新兴产业的快速发展，市场和企业无疑对劳动者的年龄、受教育水平、学习能力、创造力等方面提出了更高的要求。然而，农民工总体素质偏低，缺乏对新生事物的敏感性，学习能力和创新创造能力较弱，在城镇化的进程中逐渐被淘汰[②]。

（二）乡村循环农业、休闲旅游等新产业快速发展

近年来，乡村循环农业、休闲旅游等新产业快速发展。2018年，全国各地区打造休闲农业，以休闲农业和乡村旅游为载体接待30多亿人次的游客，创造收入8 000多亿元[③]。与此同时，四川省也在加快构建和壮大"5+1"现代产业体系和现代农业"10+3"产业体系，并根据本地优势促进一二三产业融合发展。网络、物流、仓储等配套基础设施不断完善，为越来越多的农民工返乡创业提供了良好的环境，降低了创业的成本。这也在很大程度上吸引着有经验、有能力、有资金的农民工返乡创业，为家乡的经济发展做出贡献。

（三）出台系列政策措施实施"回家工程"，发展"归雁经济"

四川省有2 500多万农民工，是对外输出劳动力的大省[④]。2018年11月21日，四川省人民政府办公厅印发《促进返乡下乡创业二十二条措施》（川办发

---

① 袁利华. 产能过剩背景下传统产业转型升级的思路分析 [J]. 中国商论，2019（1）：190-191.
② 杨志明. 农民工发展的光辉历程和鲜明特色 [J]. 中国劳动，2018（12）：14-20.
③ 乌兰. 基于休闲农业与乡村旅游协同发展的政府职能 [J]. 山东工商学院学报，2019（6）：105-111.
④ 周相吉. 四川在人口大县设置农民工服务机构 [EB/OL]. （2019-05-09）[2020-06-16]. http://www.moa.gov.cn/xw/qg/201905/t20190509_6300913.htm.

〔2018〕85号），在财政补贴、信贷支持、创业服务和培训、技术服务、用地保障等方面加大了扶持力度。江油市作为四川省劳务输出重要基地之一，市委、市政府将返乡农民工创业放在全市战略发展的高度，出台《江油市促进返乡下乡创业三十条措施》（江府办发〔2019〕20号）等系列政策文件，鼓励、引导农民工返乡创业，实施"回家工程"，发展"归雁经济"并狠抓政策落地，取得良好实效。

二、案例分析

（一）江油市返乡创业基本情况

截至2019年6月底，四川省建成农民工返乡创业园403个，创办企业17.1万余家，新增返乡创业2.79万人。四川省已累计有返乡创业农民工68万人，带动就业210余万人，实现总产值近4 000亿元[①]，吸引了更多农民工返乡创业，壮大了"农民工经济"，促进了县域经济高质量发展。

江油市作为四川省劳务输出重要基地之一，共有人口88.74万人，其中农业人口59.56万人，占江油市总人口的67.12%。农业人口中有农村劳动力34.5万人，其中外出转移就业劳动力有约22.04万人，占江油市农村劳动力的63.77%。在外出转移就业劳动力中，省外务工劳动力为11.97万人，省内务工劳动力为10.07万人。省外务工人员主要集中在6个地区：北京1.78万人，广东1.39万人，上海1.12万人，江苏0.7万人，新疆1.12万人，浙江1.19万人，合计7.3万人，占省外务工人员总数的61%。省内务工人员主要集中在成都地区，达6.22万人，占省内务工人员总数的61.77%；绵阳地区务工人员为2.62万人，占比为26%；省内其余地区务工人员为1.23万人，占比为12.21%。这些务工人员从事的工种主要以建筑业、制造业和第三产业为主[②]。

截至2019年11月底，江油市的省外务工人员回流5 468人，其中600余人返乡创业，再就业人数为4 819人。江油市新增创新创业企业75家，吸纳就业1 105人，实现产值26.24亿元[③]。

---

① 刘春华. 四川省农民工服务中心设立 已有88个县设置农民工工作机构［EB/OL］.（2019-07-18）［2020-06-16］. http://www.moa.gov.cn/xw/qg/201907/t20190718_6321128.htm.

② 王莉. 江油市农民工就业创业情况分析［J］. 四川劳动保障，2019（9）：28.

③ 闫晓鹏. 江油市建立政策扶持机制助力返乡农民工创业就业［EB/OL］.（2019-07-11）［2019-06-16］. http://www.jiangyou.gov.cn/xwzx/bmdt/12894791.html.

江油市创业担保贷款发放情况如表8-1所示①。农民工创业担保贷款金额占创业担保总贷款金额的68.34%，农民工创业担保贷款笔数占创业担保总贷款笔数的67.86%，可见创业担保贷款整体重心向农民工倾斜。这对返乡农民工创业起到了正面的激励作用。

表8-1　江油市创业担保贷款发放情况（截至2019年11月底）

项目	农民工创业担保贷款	创业担保总贷款
贷款笔数/笔	95	140
贷款金额/万元	1 405	2 056

（二）江油市农民工返乡创业支持政策与措施

为支持和鼓励农民工返乡创业，江油市16个部门联合推出36项返乡农民工创业扶持政策，从财政支持、创业扶持、基础设施建设、用地保障、公共服务等多个方面明确了具体的支持措施和办法；同时狠抓政策覆盖面，将原来只针对高校毕业生的创业扶持政策扩大到全市返乡农民工创业者，为其成功创业和公平地享受普惠金融服务提供政策扶持。

1. 以政策推进返乡创业

第一，创业奖补支持政策。江油市针对返乡农民工创业制定了一系列财政补贴政策。其中，创办新型农业经营主体和服务主体的返乡农民工可以享受相应的政策支持。经过登记注册的返乡农民工可以按规定享受小微企业的扶持政策。对于引进资金、先进技术和就业带动效果好的项目的返乡创业者，政府可以将其认定为招商引资，并享受招商引资相关政策给予的优惠和奖励。对于返乡创业企业回迁家乡或购买生产用机械设备的，在符合产业发展规划的前提下，江油市政府根据具体情况给予补贴。

对于第一次创业且能正常经营超过1年的返乡创业农民工，政府给予1万元的一次性创业补贴。符合其他补贴条件的返乡创业农民工可以按照规定享受创业补贴。返乡创业企业符合条件的，可以享受奖补及岗位补贴、社保补贴。同时，政府将就业创业补助资金用于购买社会组织的专业化服务，为返乡创业农民工提

---

① 胡晓莉. 江油发放创业担保贷款140笔2 056万元助力农民工返乡创业［EB/OL］.（2019-11-07）［2020-06-16］. http://www.jiangyou.gov.cn/public/5201/22591031.html.

供专业化服务，减少创业过程中的阻力①。

第二，融资贷款优惠政策。在融资贷款方面，江油市主要推行创业担保贷款来解决农民工创业资金问题。为了让创业者在申请创业担保贷款后及时获得资金，江油市进一步简化经办流程，直接将创业担保贷款的受理权限下放到各乡镇人力资源和社会保障经办机构或经办银行。各部门同时对电子资料进行审核，银行再通知审核通过的申请人一次性递交纸质资料。担保机构审核评估创业担保贷款申请资料后，可以适当降低反担保门槛。对于资信情况良好、创办项目带动效果好的申请人，担保机构可以考虑取消反担保。此外，江油市就业服务中心与银行、担保机构签订了经办协议，并进一步明确各部门职责，确保政策执行畅通无阻，为返乡创业者减轻了创业的负担。

创业担保贷款额度在之前的基础上进行了提升，具体情况见表8-2。其中，返乡创业农民工的贷款额度上限从之前的10万元提高到15万元。江油市财政还对创业贷款申请者进行贷款补贴。为了保证资金能及时足额到位，江油市财政在每年年初对担保贷款贴息资金进行预算，确保创业者都能够享受到政策红利②。

表8-2 创业担保贷款额度

对象	贷款额度/万元	还款激励
返乡创业农民工	≤15	对还款积极、带动就业能力强、创业项目好的借款个人和小微企业，可以继续提供创业担保和贷款贴息，但累计不超过3次
合伙或共同创业	人均≤10，总额≤50	
创办小微企业	≤300	

在政策宣传方面，江油市印发多份创业担保贷款政策宣传折页，并发放到返乡农民工手中，对创业担保贷款的贷款对象、申请流程、贷款额度等进行详细介绍，让返乡农民工知晓创业担保贷款政策。同时，相关部门还在重点乡镇、工业园区、孵化平台等创业项目集中区域，开展宣传活动。此外，江油市政务网、公众号等进行线上宣传，让更多返乡农民工知晓政策，分享政策红利。

从2010年起，江油市开始设立担保基金，投入资金800万元扶持返乡农民

---

① 刘春华. 四川出台促进返乡下乡创业二十二条措施 这些创新关键词要知道［EB/OL］.（2018-12-22）［2020-06-16］. http://www.sc.gov.cn/10462/12771/2018/11/22/10463459.shtml.

② 胡晓莉. 江油发放创业担保贷款140笔2 056万元助力农民工返乡创业［EB/OL］.（2019-11-07）［2020-06-16］. http://www.jiangyou.gov.cn/public/5201/22591031.html.

工创业，解决返乡农民工创业资金困难问题①。2019 年 1 至 6 月，江油市发放创业担保贷款 119 笔，金额 1 740 万元，直接带动就业 3 000 余人②。返乡农民工创业担保贷款占创业担保总贷款的 76%，可以看出江油市重点将创业担保贷款扶持政策落实到返乡农民工创业工作上。

第三，创业用地支持政策。对于返乡农民工流转土地进行创业，流转面积超过 60 亩的，江油市按照年流转费用的 1/10、最高不超过 2 万元的标准给予创业者一次性奖补。流转土地 30 亩以上用于种植粮食的创业者可以认定为种粮大户，并可以享受种粮大户补贴。

为了保障返乡农民工的创业用地，江油市对农村新产业、新业态新增建设用地，按计划总量的 8% 予以单列；从事绿色农业、森林康养、休闲农业和乡村旅游等的农业经营主体，其辅助设施建设用地可再增加 3%。

投资创办工业项目的，土地出让价款可以按照相关规定分期缴纳，具体规定为签订土地出让合同后 30 天至少支付土地总价款的一半，剩余部分可在 1 年内分期全部缴清。对于以租赁方式供地的，可根据工业项目的投资、税收等实际情况，在投资协议中约定给予经营主体项目建设期内不超过 3 年期的租金优惠③。

2. 以平台助力返乡创业

（1）搭建管理平台。江油市进行登记制度改革，对涉及返乡创业的行政许可申请事项进行取消和下放，对涉及返乡创业的非行政许可审批事项进行清理并彻底取消，从而促进公共管理水平的提高，降低管理和交易成本④。

（2）搭建交流平台。2015 年，江油市成立了江油市返乡农民工创业园，这是江油市成立的第一批返乡农民工创业园，为之后的创业平台搭建奠定了基础。2017 年，江油市成立了第二批返乡农民工创业园，包括江油市电子商务创业中心、江油市创客空间、大堰镇创新创业服务中心等，进一步推动返乡农民工创新

---

① 李新，童亮. 江油市农民工返乡创业现状分析 [J]. 四川劳动保障，2017（7）：35.

② 江油市人社局. 江油市"五举措"确保创业担保贷款政策普惠创业者 [EB/OL]. （2019-07-29）[2020-06-16]. http://www.jiangyou.gov.cn/public/5201/17945541.html.

③ 江油市人民政府办公室. 江油市人民政府办公室关于印发《江油市促进返乡下乡创业三十条措施》的通知 [EB/OL]. （2019-10-22）[2020-06-16]. http://www.jiangyou.gov.cn/public/5041/22625341.html.

④ 江油市人民政府办公室. 江油市人民政府办公室关于印发《江油市促进返乡下乡创业三十条措施》的通知 [EB/OL]. （2019-10-22）[2020-06-16]. http://www.jiangyou.gov.cn/public/5041/22625341.html.

创业和合作交流①。另外，江油市还实施"李白故里英才回引计划"，通过乡贤工作站等平台，收集外出务工、创业人员信息2 000余条，推送返乡创业就业优惠政策10余次②。同时，江油邀请创业指导专家对创业者进行面对面的指导，其中中国西部人才开发基金会副秘书长陈志朝等专家在创业项目巡诊活动上对创业者进行现场指导。

（3）搭建服务平台。江油市搭建服务平台，为返乡创业农民工提供创业专业服务、技术服务、指导服务和援助服务等。江油市采取政府购买服务的形式，调动行业协会、群团组织等社会力量积极参与，帮助返乡创业农民工解决企业创办、经营、发展中遇到的各种问题，不断提高返乡创业者的经营能力。江油市组建77人的驻村技术团队，为返乡农民工提供产业发展的技术服务③。江油市在建立创业者数据库的基础上，开发创业项目数据库，并积极开展创业大赛、创业大讲堂、创业培训等活动，为返乡创业农民工及时传递政策信息，帮助其更透彻地分析市场变化，使他们可以互相分享创业好项目，并对他们进行创业指导等。对于创业失败的农民工，江油市提供"一对一"就业援助，并将其纳入社会保险和社会救助体系，帮助其解决基本生活问题。

3. 以项目促进返乡创业

江油市全面开展农村实用技能免费培训，支持农民兴办家庭工坊、特色民宿，发展当地传统特色手工业，以乡村旅游为依托，发展休闲农业，改善农村生态环境，实现增收和环境的可持续发展。对于返乡农民工创办的三产融合的发展项目，江油市按照规定给予融资担保和贴息支持。

（1）支持现代农业"两区"建设。江油市对规模经营主体流转土地集中连片种植水稻、小麦面积在300亩以上且形成旅游景观和品牌的，按照相关规定给予经营主体50元/亩的奖励，以支持"两区"范围内的粮食规模化经营。同时，江油市还对稻渔综合种养进行补助，对连片种养面积上百亩的稻渔综合种养经营主体，按照相关规定给予100元/亩的补助，并在第二年后连续3年给予50元/亩

①　李新，童亮. 江油市农民工返乡创业现状分析 [J]. 四川劳动保障，2017（7）：35.

②　闫晓鹏. 江油市建立政策扶持机制助力返乡农民工创业就业 [EB/OL].（2019-07-11）[2020-06-16]. http://www.jiangyou.gov.cn/xwzx/bmdt/12894791.html.

③　闫晓鹏. 江油市建立政策扶持机制助力返乡农民工创业就业 [EB/OL].（2019-07-11）[2020-06-16]. http://www.jiangyou.gov.cn/xwzx/bmdt/12894791.html.

的基础设施维护费补助①。

（2）支持农业品牌发展。江油市鼓励返乡农民工创办的新型农业经营主体创建品牌，对经营主体新获得"中国驰名商标""四川省著名商标"等品牌的，按照相关规定给予 5 万~20 万元的一次性补助；对获得农产品"三品一标"认证并使用标志的，每 3 年给予 3 万元奖励；对获得绿色食品认证并使用标志的，每 3 年给予 5 万元奖励；对获得有机食品认证，面积在 500 亩以上的，给予 10 万元的一次性奖励；对获得地理标志保护产品的，给予 20 万元的一次性奖励②。支持农业品牌发展可以在很大程度上帮助创业者不断改良产品，进行产品创新。

（3）支持发展农业康养产业。江油市对新建或改建现代农业康养、森林康养、绿色康养基地等建设项目的经营主体采取股权投资、融资担保和贷款贴息等方式给予支持。江油市鼓励经营主体参与康养基地评选，对新获得相关荣誉称号的，按照相关规定给予奖励，具体措施如表 8-3 所示。支持发展农业康养产业将激励返乡创业农民工、乡镇政府、社会专业服务组织等利益相关体共同协作。

表 8-3　发展农业康养产业奖励政策　　　　　　　单位：万元

称号类型	奖励金额
国家级森林小镇	20
省级森林康养基地	10
省级森林人家示范基地	10

资料来源：扶贫中心. 对市十三届政协四次会议对 164 号提案答复的函 [EB/OL]. (2019-08-02)[2020-06-16]. http://www.jiangyou.gov.cn/public/15121/23814871.html.

（4）支持发展农村电商产业。江油市培育发展农村电商龙头企业。本土农村电商龙头企业如果进入全国行业排名前 10 位，江油市按照相关规定给予该企业 100 万元的一次性奖励。江油市积极构建农产品电子商务平台，按照在第三方

---

①　扶贫中心. 对市十三届政协四次会议对 164 号提案答复的函 [EB/OL]. (2019-08-02)[2020-06-16]. http://www.jiangyou.gov.cn/public/15121/23814871.html.

②　扶贫中心. 对市十三届政协四次会议对 164 号提案答复的函 [EB/OL]. (2019-08-02)[2020-06-16]. http://www.jiangyou.gov.cn/public/15121/23814871.html.

平台上的销售额进行奖励，具体如表 8-4 所示①。不难看出，江油市以发展农村电子商务产业为载体，兼顾本地传统特色农产品销售、品牌建设、乡村旅游等，在政策制定上具有系统性和全局性。

表 8-4　农产品电子商务销售奖励

销售类型	奖励政策
本地农产品年销售额 5 000 万元以上	分别按照年销售额 1%、最高 100 万元进行奖励
品牌农产品年销售额 1 000 万元以上	
农资产品年度线上销售额 1 000 万元以上	
宣传销售休闲农业与乡村旅游产品和线路年度线上交易额 500 万元以上	

4. 以环境吸引返乡创业

（1）优化农村基础设施建设。江油市综合考虑现有的和即将创办的涉农项目，运用创业就业财政补助金推进返乡创业园区通水、通电、通网，完善交通、物流等基础设施建设，为返乡农民工创办的企业"走出去"和"引进来"提供便利，降低农民工的创业成本，营造良好的创业环境。

（2）支持农业科技创新研发。江油市支持现代农业产业科技创新中心建设，按照年度建设进度优先给予资金保障。江油市按照产业标准和规模标准分级分类对企业开展的研发活动给予股权投资或融资担保、贷款贴息支持，从而鼓励企业加大研发投入。江油市加大对农业龙头企业牵头承担国家级重大科技项目的支持力度，并按照国家实际到位经费的 10% 给予农业龙头企业不超过 50 万元的配套资金支持。

（3）支持产学研用协同创新。江油市鼓励高校及科研院所与农业龙头企业合作建立农业产业技术研发平台，并对农业研发平台以"后补助"方式给予资金支持②。

（4）完善保障体系。江油市将返乡创业者纳入社保、教育、医疗、救助等

---

① 扶贫中心. 对市十三届政协四次会议对 164 号提案答复的函 [EB/OL]. （2019-08-02）［2020-06-16］. http://www.jiangyou.gov.cn/public/15121/23814871.html.

② 扶贫中心. 对市十三届政协四次会议对 164 号提案答复的函 [EB/OL]. （2019-08-02）［2020-06-16］. http://www.jiangyou.gov.cn/public/15121/23814871.html.

公共服务范围，将符合条件的返乡创业者纳入城镇住房保障和住房公积金制度范畴①。

5. 以典型带动返乡创业

返乡农民工创业是推进乡村人才振兴的抓手②，江油市将返乡农民工培育成新型职业农民，改变传统的低效高耗的务农方式，总结经验并启动开展职业农民职称评定试点③。在返乡创业的农民工中，江油市永胜镇刘小凤的创业经历是一个典型的成功案例，她作为新型职业农民成功创业并带动村民致富。江油市将其作为宣传案例之一，分享其成功经验和做法，不断带动新的返乡创业农民工进行大胆尝试。

第一，典型人物示范带动。刘小凤是江油市永胜镇文化新村土生土长的农民。2008 年汶川地震后，刘小凤决定返乡，她一边重建家园，一边带领家庭成员搞起了种植、养殖。2010 年，刘小凤利用自家的土地和房前屋后的空地、山坡，养起了猪、鸡、鹅等畜禽，栽上了桃、梨、李等果树。看似日子过得还不错，但是刘小凤的收益远没有之前外出打工高。正在情绪低落、无比迷茫的时候，市、镇两级的农业技术人员来到她家，帮她分析现状，指出存在的问题，建议她扩大种养规模，搞出特色。刘小凤听取了这些好建议，经过深思熟虑，先流转了本村农户闲置的 50 亩土地，又从本镇新北村流转土地 150 亩，开始尝试种养结合的适度规模经营模式。适度规模经营不仅在很大程度上节约了经营的单位成本，还集中了大家的智慧，慢慢地，刘小凤的经营规模越来越大。

2013 年，刘小凤成功注册了凤姐家庭农场。刘小凤边经营边学习，创业之路越走越宽。2012 年，刘小凤参加了在四川农业大学开设的新农人科技培训班；2014 年 8 月，刘小凤参加了农业部举办的培训；2015 年 8 月，刘小凤参加了四川省家庭农场主项目实施培训班。不断学习和积累，让刘小凤充满信心，事业逐步发展壮大。刘小凤先后获得了全国工商联、四川省农业农村厅等单位授予的创业能手、家庭农场省级示范场等荣誉称号。2019 年，刘小凤还入选了四川省发

---

① 人社局. 关于印发《江油市 2019 年人力资源和社会保障工作要点》的通知 [EB/OL]. （2019-04-19）[2020-06-16]. http://www.jiangyou.gov.cn/public/5201/13156601.html.

② 许东明. 加强农民工党建 助力乡村振兴战略 [J]. 四川党的建设，2019（20）：26-27.

③ 江油市含增镇. 解读 2019 年四川省委 1 号文件《关于坚持农业农村优先发展推动实施乡村振兴战略落地落实的意见》[EB/OL]. （2019-11-26）[2020-06-16]. http://www.jiangyou.gov.cn/public/5761/22644531.html.

展现代农业优秀返乡农民工名单。在刘小凤的带动下，刘小凤所在的省级挂牌贫困村——文化新村已发展专业合作社 2 家，发展家庭农场 3 家，新建了桃园 200 亩、藤椒园 170 亩、小龙虾养殖水面 50 亩、芋头园 150 亩，有力地促进了农业和农村经济发展，并带动群众走上了小康之路。

为了更好地发展产业，带动群众脱贫致富，刘小凤开始重视科技创新，并与西南科技大学进行合作，签订了技术合作协议，由西南科技大学向刘小凤创办的企业提供技术支撑。这大大地增强了刘小凤创办的企业的竞争力。在横向发展的同时，刘小凤积极开展纵向联合，申请加入了江油市蜀岭联合社和四川省农民专业合作社联合会。2015 年，刘小凤完成了四川省家庭农场名录库信息更新，承担了 2015 年度四川省级财政支持家庭农场专项资金建设项目，完成全部建设内容。随后，刘小凤抓住机遇，开始涉足农旅有机融合，配合巴蜀名胜窦圌山的旅游开发，将旅游融入农业，吸引游客到家庭农场休闲，不但让游客体验了摘树叶、制作豆腐、喂鸡、种菜等活动，也带动了刘小凤自家产品的销售①。

第二，典型乡镇示范带动。刘小凤所在的永胜镇也是促进农民工返乡创业方面的典型。永胜镇利用自身的区位优势和资源优势，围绕"两区一带"建设，坚持绿色发展路径，创造良好创业就业环境。一是推动"万亩粮经复合产业区"增效。永胜镇通过"五粮液酒厂+专业合作社+种植农户"的模式，全面打造以五粮液酿酒专用粮为特色的万亩粮经复合产业区，已建成 3 000 亩五粮液酿酒专用粮基地，粮食价格成功提高 12%，实现"从一粒种子，到一滴美酒"的蝶变。总投资 300 余万元的"彩虹田"生态农业项目是大学生创业项目，该项目的主要农产品手工腊肉年销售额达到 80 万元。该项目种植"茧市坝"生态大米 100 亩，每亩产出约 550 千克，市场价格每千克 16 元；新种植无花果 200 亩，"金波李" 300 亩；通过土地流转、工厂用工、加工农户采摘的农副产品等方式充分带动集体经济发展，帮助农户增收致富。二是加快"文金双花果产业区"扩大面积。农村土地股份合作制改革试点的双庙藤椒产业园扩园至 300 亩，并鼓励园区内农户以土地入股或大户带动、农户自种、统一销售的形式加入合作社。集种植、采摘体验、旅游接待于一体的樵夫农园扩园至 800 亩，油桃、脆油桃、蟠桃效益明显。三是推进"花韵咏盛"武马路产业带项目建设。"花韵咏盛"武马路产业带

① 江轩. 打工妹返乡 养鸡养出新人生 [EB/OL]. (2016-06-20) [2020-06-16]. https://mianyang. scol.com.cn/jys/201606/54611337.html.

项目建设总投资近 2 亿元，已完成 1 000 余亩苗木花卉种植，完成部分道路开挖、塘堰整治，套种秋菜 300 亩，完成 300 亩芍药育苗。项目全面完工后，将建成集健康养生、生态保护、休闲观光为一体的农业综合体，推动永胜镇从传统农业乡镇向农旅融合发展转变。

永胜镇把改善基础设施作为推进镇村建设的重点，立足实际，整合项目、资金、人才等各类资源。一是彻底解决交通问题，保障出行和物流顺畅。永胜镇新修建 3 800 米的村道，对之前的村道进行硬化加固加宽，整治危桥 3 座，投资 400 万元安装波形防护栏 15.1 千米。二是保证农田水利设施建设，防止汛期决堤。永胜镇维修排洪沟 1 段，维修永平河垮塌河堤 50 米，完成杜家沟水库溢洪道应急整治。三是治理荒山，重拾绿色。永胜镇投资 260 万元的向家沟荒山治理项目完成 2 100 米道路建设及沿路树木栽种，修建 100 立方米蓄水池。四是积极配合武引二期工程建设。永胜镇做好青苗赔付、征地拆迁协调配合工作①。

三、案例启示

（一）统筹协调是根本

引导农民工返乡创业需要在招商引资、土地供给、供水供电、税收优惠等多方面制定有吸引力的政策措施，必须打出政策"组合拳"。因此，政府部门需要做好顶层设计，建立农村创新创业协调机制，统筹推进工作。江油市把农民工返乡创业放在战略发展的高度，出台实施意见，逐步完善返乡创业扶持工作机制。

（二）政策引领是动力

返乡创业农民工中有大量的青壮年劳动力，他们有较强的学习能力且怀揣梦想，但缺少资金和经验。政府部门必须贯彻落实各项优惠政策措施，建立正向激励机制，对返乡创业者"扶上马、送一程"，减少返乡农民工的创业风险，助其成功实现梦想。江油市对返乡创业的农民工实行了创业担保贷款提升额度、贷款贴息、用地保障等政策，同时给予不同程度的税收、社保等补助，极大地吸引了农民工返乡创业②。

---

① 江油市永胜镇人民政府. 江油市永胜镇人民政府 2018 年工作总结及 2019 年工作计划［EB/OL］.（2019-02-01）［2020-06-26］. http://www.jiangyou.gov.cn/public/5981/13318161.html.

② 徐国香. 返乡农民工就业创业的现状及对策研究［J］. 纳税，2019（32）：296-297.

（三）创业环境是保障

要让农民工返乡创业有先天条件、无后顾之忧，必须着力改善农村基础设施和环境，保障创业人员的住房、教育和医疗。江油市下大力气全面推进农村交通电信设施建设和老旧房屋整治，将返乡创业者纳入社保、教育、医疗等公共服务范围，将符合条件的返乡创业者纳入城镇住房保障和住房公积金制度范畴，使得外出务工人员有了"回家"的感觉，返乡创业无忧无虑，保障坚实。

（四）示范带动是关键

返乡创业的核心要素是"能人"。江油市善于发掘本地特色资源，调动整合生产要素，寻找外部市场机遇。"能人"创业成功本身就具有故事性和示范性，对这些典型范例进行梳理和宣传，有利于形成创业的集聚效应，点创新、线模仿、面推广，事半功倍[①]。江油市通过宣传返乡创业的成功典型，并进行表彰，向广大有志于创业的返乡创业农民工分享其创业经验和做法，营造一种良好的创业氛围。

农业的弱质性

　　农业的弱质性一方面体现在其生产的高风险性上，另一方面体现在农户在农产品市场的弱势地位上。前者指农业风险单位（以此风险事故所造成的损失范围）发生频率高、概率大，造成的损失规模大且难以分散，同时具有伴生性和明显的区域性，严重阻碍农业发展。后者指"小农户、大市场"背景下的农产品产值很难得到有效保障。因此，农业的弱质性可以归纳为三个特点：一是生产周期长，供给调整滞后于市场，且农产品供给弹性大、需求弹性小；二是农业承受自然风险和市场风险双重风险，农业经营风险大；三是农业经营效益不高，农业的资金和人才等要素流失严重，农业的预期收益和投资回报率低。农业的弱质性不仅在发展中国家如此，在发达国家也不例外。

---

① 李贵成. 返乡农民工企业家精神培育的环境调适与优化研究［J］. 河南社会科学，2019（11）：106-112.

政府职能理论

政府是第一部门，又称公共部门，有资源配置、收入分配、宏观调控三大主要职能。资源配置职能由中央政府和地方政府按照公共品的范围或税收对象特征等因素分别承担。收入分配职能由中央政府承担，不由地方政府承担，原因如下：首先，地方政府缺乏动力；其次，如果收入分配职能由地方政府承担，那么会造成地方政府之间的竞争，加剧地区之间的经济不平衡或贫富差距。宏观调控职能由中央政府承担，因为地方政府对宏观经济环境与要素把握有限。

政府职能也叫行政职能，是指行政主体作为国家管理的执法机关，在依法对国家政治、经济和社会公共事务进行管理时应承担的职责和所具有的功能。政府职能体现着公共行政活动的基本内容和方向，是公共行政本质的反应。公共产品的特性导致了对其供给的稀缺，因此只能依靠政府出面组织生产和供应才有可能得以解决，这是政府职能的基本依据。

公共产品理论

根据萨缪尔森的定义，纯公共产品是指这样一种产品，即每个人消费这种产品不会导致别人对该种产品消费的减少。纯公共产品具有以下基本特征：一是非竞争性，即某人对公共产品的消费不排斥和妨碍他人同时享用，也不会因此突然减少消费该种公共产品的数量和质量。二是非排他性，即在技术上无法将那些不愿意为消费行为付款的人排除在某种公共产品的收益范围之外；或者在技术上虽然可以排他，但排他的成本非常高，导致经济上不可行。三是效用的非可分割性，即公共产品是向整个社会共同提供的，具有共同受益或联合消费的特点。

农业的准公共产品性质

库兹涅茨（1961）、加塔克和英格森特（1987）等总结了农业对人类发展的主要贡献，即产品贡献（食品和原材料）、市场贡献、要素贡献、外汇贡献等。不难发现，随着现代社会需求结构的变化和现代农业的发展，农业多种功能（又称农业多功能性）日益增强。现代农业已经从传统的自给自足和竞争性的主要产业，演变为承担农产品供给保障责任的社会保障性产业，而这一产业的性质已具有类似于国防、卫生、失业保障等公共物品的性质。现代农业的社会政治稳定性保障功能、全民保障性功能、范围福利性功能和人文景观功能已经凸显其准公共物品性质的特征。

企业家才能

　　创业者是实现生产要素重新组合的实施者。能否充分挖掘企业家才能在创业过程中的重要作用，是决定创新企业成败的关键因素。奥地利学派认为，拥有"企业家才能"的企业家能够按市场的意志合理配置生产要素，在提升企业利润的同时带动经济的发展。新型农业从业者与传统农民的区别在于企业家才能的差异。企业家才能可以为传统农业生产部门的生产要素价值提升创造更大的空间。企业家才能不仅是古典经济理论中一种特殊和稀缺的生产要素，更是一种面对不确定性因素发挥各种主观能动性后取得预期利润的行为。

　　在农业生产经营中，企业家才能是连接现代农业和新型农业从业者的桥梁。企业家才能在心理上体现为较高的情商和智商，能够高瞻远瞩，运筹帷幄；在能力上体现为能够根据自身情况和农业经营的特点制定因地制宜的策略，通过对生产要素进行高效整合，实现利润最大化。企业家才能的多维结构，决定了企业家才能的培育是一个复杂和系统的工程，必须在强化现有培育方式的基础上，引入集体、政府和社会专业化力量，开发一种集组织创新、制度创新与技术创新为一体的培育方式。

第三节　蒲江县农村产业融合案例

　　推进农村一二三产业融合发展（简称"农村产业融合"）是党中央在经济发展进入新常态的背景下对农业工作作出的最新部署。推进农村一二三产业融合发展是构建现代农业产业体系，加快转变农业发展方式、探索中国特色农业现代化道路的必然要求，同时也是我国推进农业供给侧结构性改革和走农业健康可持续发展道路的必然要求。推进农村一二三产业的融合发展有利于促进农村资源要素的重新整合，有利于引导农业技术的深入渗透。农村一二三产业融合发展作为农业供给侧结构性改革的切入点，通过有序合理规划一二三产业，可以加快转变农业发展方式，转变农业发展思维，构建现代农业产业体系。

一、我国农村产业融合产生的背景

（一）传统农业生产和发展面临严峻的挑战

随着我国对经济发展质量要求的不断提升，农业面临的问题和挑战日益增加：一是我国农业发展面临的资源环境硬约束更加明显，耕地质量退化、生态破坏和环境污染等问题凸显；二是我国农产品生产成本不断增高、比较利益下降明显等问题日益加剧，增强我国农业竞争力刻不容缓；三是稳定甚至提高农产品价格的操作空间日益狭窄；四是农业产业链及其价值链的整合协调机制亟待完善；五是维护农业产业安全、提升农业价值链的挑战明显加大；六是随着工业化、城镇化的持续推进，大量农业劳动力向城镇转移。正如姜长云（2015）所说，在越来越多的农村地区，农村人口和劳动力老龄化、农业发展副业化、农村"空心化"、留守儿童、留守妇女、留守老人以及"谁来种地""如何种地"等问题日益凸显。随着经济增长速度下行压力的加大，如何在经济增长速度放缓的背景下，继续强化农业基础地位、促进农民持续增收，成为必须破解的重大课题[①]。

（二）农民持续增收的重要实现途径

如果说农业产业化实现了第一产业、第二产业和第三产业有机连接，构建了完整的农业产业链，那么农村产业融合则进一步拓展了农业产业链外向延伸能力、农业的多功能开发以及新技术在农业领域的应用融合，将农业的"产业连接"拓展为农业的产业、要素以及主体间的"多重联结"，始终坚持家庭经营基础地位和重点关注农民利益。农民共享增值收益是农村产业融合发展的首要目标。因此，农村一二三产业融合是产业层面上农业产业化的横向扩展与升级，突破农业内部分工的局限，让农业更大范围地参与融入社会产业分工，让农业和农民分享到社会发展的成果，实现农业的发展和农民的增收。在此背景下，推进农村一二三产业融合发展，既是主动适应经济新常态的必然要求，也是促进农民增收的现实选择和重要途径。

（三）农业经营体系创新的内在需要

由于农村产业融合发展层次较低，涉及经营主体规模小、数量多、分布散，单一经营主体"单打独斗"存在诸多困难，发展合力不足。我国在坚持家庭承

---

① 姜长云. 推进农村一二三产业融合发展 新题应有新解法 [J]. 中国发展观察，2015（2）：18-22.

包经营责任制的基础上，亟须探索一种新的机制，既能够满足农村产业融合的核心要旨和主体构成，又能使龙头企业、合作社、农民三者紧密联结的机制，加快转变农业生产方式、重构经营组织形式。在我国农村，农业经营组织形式中出现了按照一定联结方式和机制、由新型农业经营主体组成的农业产业化联合体。农业产业化联合体是当前农村一二三产业融合发展的进一步实践探索，是我国当前农业经营体系的一次重要创新。因此，农村产业融合发展是"更高级"的产业化经营，是农业产业化的深化拓展。

二、案例分析

（一）蒲江县农村产业融合基本情况

蒲江县是国家级有机农业示范县，位于成都市、眉山市、雅安市三市交会处，属于成都"半小时经济圈"。蒲江县的地理位置恰好位于四川省打造川西100万亩茶叶基地的中心地带，并且其拥有"蒲江雀舌"这一中国知名的茶叶品牌。2016年，蒲江县优质茶叶种植面积稳定在15万亩左右，其中拥有无公害、绿色、良好农业规范（GAP）认证的种植面积5.5万亩，全年的茶叶产量接近1.4万吨，产值超过11亿元。蒲江县不仅文化底蕴深厚，其自然环境更是得天独厚，这些都为其茶业的发展提供了有利的条件。蒲江县曾经获得"国家级茶叶标准示范区""中国名茶之乡""全国重点产茶县""中国绿茶之乡"等称号，而其拥有的"蒲江雀舌"的品牌价值已经超过了150亿元，并且蒲江县通过举行"中国采茶节"这样的茶界盛会拓展了"蒲江雀舌"的市场，对蒲江茶业的发展起到了极大的带动作用①。

蒲江县茶叶产业重镇成佳镇位于成都市西南，距离成都市区80千米，全镇辖区面积40.42平方千米，辖8个村（社区）。近年来，成佳镇以打造"中国绿茶之乡·生态旅游小镇"为目标，以"三基地一新城"为发展战略，始终突出茶叶主导产业优势，积极发展茶叶产业、茶叶加工业、茶文化旅游业，大力推动全镇一二三产业融合发展。2012年，成佳镇实现地区生产总值3.53亿元，同比增长15%，农民人均纯收入9 753元，同比增长13.5%。2013年，成佳镇实现地区生产总值4.12亿元，同比增长16.7%，农民人均纯收入12 268元，同比增长

---

① 成都市地方志编纂委员会办公室. 蒲江茶语［EB/OL］.（2019-05-29）［2020-06-16］. http://cdhistory.chengdu.gov.cn/cddfz/c108998/2019-06/03/content_3931d71f01524103a3d5a05d74ac3076.shtml.

25.8%。2014年，成佳镇实现地区生产总值4.43亿元，同比增长7.5%，农民人均纯收入13 209元，同比增长7.7%。2015年，成佳镇实现地区生产总值4.8亿元，比2011年增长56.4%，农民人均纯收入16 904元，比2011年增长96.7%。

（二）蒲江县现代茶叶三大体系构建情况

从现代茶叶生产体系来讲，蒲江县大力发展茶叶的标准化生产。首先，蒲江县规定了11项茶叶生产的标准和流程，这些标准和流程涉及从茶苗的选择到茶叶的采摘等全部环节，这些规定能极大地提高生产的标准化程度，提高茶叶生产的效率。其次，蒲江县将农户、茶叶专业化合作组织和茶叶企业联结起来，将小规模的生产合并成现代化的基地生产，并通过扶持茶叶行业的龙头企业来扩大龙头企业的签约生产基地，从而更有利于将现代机械和技术应用于茶叶生产，提高生产效率。再次，蒲江县将一些茶叶行业中的企业和个体经济组织进行整合，通过调整生产资源的配置来提高生产的效率，以资源整合的形式来增加茶叶生产资料。最后，蒲江县鼓励茶叶生产企业与世界茶叶生产先进水平接轨，加大对先进茶叶生产装备和科学技术的引进，并对茶叶企业的技术创新和研发进行大力的支持。蒲江县的不少茶叶龙头企业已经在许多主要的技术指标上处于国内茶叶行业的领先地位了。

从现代茶叶经营体系来讲，蒲江县开发了契合自身实际的经营模式，并成功培育了大量的新型农业经营主体。首先，蒲江县在以家庭联产承包责任制为基础的前提下，结合自身的情况创造了"茶园托管经营"经营模式和"统防统治"经营模式。其中，"茶园托管经营"经营模式是指通过茶园托管公司（大多由农民专业化合作组织建立）来经营茶农委托的茶园，并且这些茶园托管公司会进行统一的标准化生产与管理，茶园托管公司按加工企业生产要求实施管理，更有效地解决投入品管理和技术规范问题。"统防统治"经营模式是指以茶叶质量追踪管理体系为中心，在以"公司+合作社+基地"模式为前提的条件下，运用"三优"（优惠给予社员生产物资、优先采购社员的鲜叶、优价采购社员的鲜叶）、"两免"（免费为社员提供技术支持、免费为茶园基地施药）、"一补"（合作社给予标准化的茶园额外的补助）、"一返"（龙头企业再返还部分利润）这些利益分配措施来加强利益联结机制，实现了现代生产基地规模化、茶叶生产标准化、茶叶加工集群化，达到双赢的效果。其次，蒲江县大力培育新型农业经营主体。截至2017年年底，蒲江县已经拥有茶叶行业协会2个；培育发展农民专业合作社

384 个，其中国家级示范专业合作社 3 个、省级示范专业合作社 20 个、市级示范专业合作社 29 个；培育发展家庭农场 220 个，其中省级示范家庭农场 6 个、市级示范家庭农场 25 个[①]。

从现代茶叶产业体系来讲，蒲江成功打造了优质的区域茶叶品牌，并实现了茶叶产业和现代旅游业的融合发展。首先，蒲江县一直将茶叶品牌建设当作其现代茶叶产业体系的核心。2008 年，"蒲江雀舌"成功入选国家地理标志性保护产品。2009 年，蒲江县打造了一系列知名的茶叶品牌。这种对茶叶品牌的打造极大地提高了茶叶的附加值，对茶叶产业经济效益的增加有着显著的成效。其次，蒲江县利用其优美的自然资源，以国家 4A 级旅游景区（成佳茶乡景区）为核心，打造了面积达 10 平方千米的川西茶文化旅游区。该旅游区内包含了接触生态茶园、体验茶事活动、感受特色茶文化等项目。2016 年，蒲江县接待游客 415 万人次，实现旅游收入 12.9 亿元，分别增长 5.3%、5.7%[②]。再次，蒲江县通过招商引资建设了以"蒲江雀舌"为卖点的茶文化观光休闲区，鼓励生态茶园和乡村酒店的建设，并举办"中国采茶节""蒲江雀舌茶文化旅游节"等活动进行宣传，不断提高"蒲江雀舌"的品牌影响力，吸引更多的游客来蒲江进行茶文化旅游，让更多的人购买"蒲江雀舌"，增加蒲江茶叶产业的经济效益。最后，蒲江县建设了川西南茶叶交易中心项目，建立了占地 100 亩的多功能综合性茶叶市场。

（三）蒲江县农村产业融合的做法和成效[③]

1. 三业并举，优化产业产品结构

蒲江县结合自身生态特点和市场需求，做大做强优势特色产业，确立并集中集约发展优质茶叶、柑橘、猕猴桃三大主导产业，建成了覆盖县域的三大农业产业带。蒲江县优质茶叶、柑橘、猕猴桃种植面积分别达到 1.33 万公顷、1.33 万公顷、0.67 万公顷。蒲江县通过特色农产品标准化生产示范，推进区域公用品牌建设，出台茶叶、猕猴桃、柑橘等 19 个地方特色农业标准，建立了 50 个标准化核心示范区，其中绿色、有机、良好农业规范（GAP）认证面积达 0.84 万公

① 赵武斌，陈维新，杨敏. 四川省蒲江县标准化生产 产业化经营 打造"蒲江雀舌"茶 [EB/OL].（2018-08-07）[2020-06-16]. http://www.chan3.com/jygl/2957.html.

② 王义重，王银华. 蒲江年鉴 [M]. 北京：开明出版社，2017：242.

③ 周丹丹. 新常态下农村一二三产业融合发展探索与实践——以四川蒲江县为例 [J]. 安徽农业科学，2018（1）：195-197，214.

顷，占总面积的 28%，获评国家茶叶和猕猴桃标准化示范区。蒲江猕猴桃、蒲江丑柑、蒲江茶叶成为蒲江县的标志。

2. 绿色发展，延长农业产业链条

蒲江县围绕农业的提质增效，提升农业附加值，并推动产业绿色可持续发展。一是改善农业环境，夯实发展基础。蒲江县以提升耕地质量为重点，不断优化农业生态环境，引导减少化肥、农药使用量，通过增施精品有机肥、科学循环利用畜禽粪便、测土配方平衡施肥、种植绿肥、秸秆还田等方式有效提升耕地质量水平。蒲江县 50% 以上的耕地的有机质含量年均提高 0.2 个百分点，实现化肥使用量和农药使用量零增长。二是发展农产品加工业。依托优势产业发展，蒲江县先后引进了联想佳沃猕猴桃、川茶新村产业园、佳橙农业、升悦蓝莓、海升果业、德康生猪养殖等亿元以上重大农业项目 20 余个，总投资 80 多亿元。蒲江县培育农产品加工企业 138 家，获评全国农产品加工示范基地。三是着力培育产地市场，健全冷链物流体系。蒲江县建设西部茶都、胜泽源水果物流市场，引入阳光生活产业园等农产品冷链物流项目，实现加工柑橘 15 万吨、猕猴桃 9 万吨，冷藏气调仓储水果年周转量达 9 万余吨，成为国内最大的原产地水果产业园，拓展国内外营销渠道。四是创新品牌营销模式，拓宽流通渠道。蒲江县支持和鼓励有实力的企业采取农超对接、专卖店、直销、家庭配送、订单销售等多种模式，开拓有机产品的国内、国际市场，提升品牌溢价。

3. 拓展功能，打造西南美丽乡村

依托优良的生态环境区位优势，蒲江县推进农业与旅游、教育、文化等产业的深度融合，催生智慧农业、休闲农业、创意农业等新业态，提升农业农村的生态休闲、旅游观光、文化传承、科技教育等功能。一是产业与休闲旅游融合。蒲江县建成"成新蒲都市现代农业示范带"和以茶叶产业为主导的茶乡旅游休闲区、猕猴桃采摘品尝区以及以柑橘采摘为主的旅游休闲区。二是新农村建设与休闲农业融合发展。蒲江县完善乡村旅游基础设施，实施七彩茶林、赏花基地等田园景观化项目，培育一批休闲农庄、度假山庄等乡村旅游特色业态，建成国家 3A 级旅游景区 4 个、国家 4A 级旅游景区 1 个，实现全县"乡村变景区、田园变公园、农房变客房、产品变礼品"，获评"全国休闲农业与乡村旅游示范县"。三是农耕历史与文化创意融合发展。蒲江县明月村依托其"隋唐茶马古道及南方丝绸之路上的驿站"，在川藏线上优越的地理位置，"3 000 亩生态雷竹、7 000

亩生态茶园"的生态环境以及古松俊逸、古窑静默和民风淳朴的文化特色,打造了集历史古迹、文学艺术、休闲体验于一体的文创园,形成新村民与原有居民互助融合、共创共享、幸福美丽的新乡村,创新发展了文化旅游观光与休闲农业发展的特色产业。

4. 创新模式,发展农业新型业态

蒲江县贯彻"互联网+现代农业"理念,充分利用信息化技术,并将其应用于农业生产、经营、管理和服务。一是启动了"5+1"全县耕地质量提升3年行动计划。蒲江县以耕地质量提升为核心,加载土壤环境大数据、有机循环养地利用、绿色防控、农机具配套和电商平台5项工程,利用物联网技术改良农业生态环境,采用大数据等技术改进农业生产环境监测、病虫害监测预警、农产品市场信息发布等,实现耕地提升、品质品位、生态涵养三位一体发展。二是大力发展农产品电子商务。蒲江县建成电子商务产业园1个、电子商务交易平台6个,与京东、天府云商、易田电商等电商企业开展合作对接,建成农村电子商务服务示范站14个。蒲江县各大龙头企业、合作社和2 000余家个体户开展以农产品网销为主的电子商务应用,培育了一批农产品知名电商品牌。三是发展会展经济。蒲江县通过国际有机农业峰会、猕猴桃推介会、中国采茶节等展会节庆活动,发挥展会在凝聚人员、资源方面的作用,推动当地服务、交通、旅游、广告、装饰以及餐饮、通信和住宿等诸多行业的全面发展,同时吸引资金,加速当地农业产业化进程,整合当地资源,改善投资环境,带动区域经济和产业经济发展。

5. 产业集聚,凸显农业品牌效应

蒲江县加快实施农业品牌战略,提升品牌核心竞争力。一是抢占科技高端,强化核心竞争力。蒲江县加强与中国科学院和中国农业科学院等研究单位的合作,建成了四川猕猴桃工程技术研究中心,积极推进我国晚熟柑橘工程技术中心建设,不断聚集优质科技资源,为产业发展提供强有力的科技支撑与服务保障。二是狠抓质量安全建设,强化品质保障。蒲江县强化农业标准体系建设,推进农业生产基地认证,完善农业产业服务和监管体系,提升农产品质量。三是着力宣传,强化品牌引领。蒲江县坚持"区域品牌+企业品牌"双轮驱动,培育"蒲江雀舌"、蒲江猕猴桃、蒲江丑柑三大区域公共品牌。蒲江县综合运用传统媒体、新媒体等传播手段,实施蒲江县优势农产品"走出去"战略,不断提升蒲江县农产品品牌知名度和影响力。

6. 加大扶持，培育产业融合主体

由传统农业向现代农业转变，职业农民和土地流转是两个重要条件。蒲江县以全国新型职业农民培育试点为载体，开展各类农民培训 249 场次，培训农民 2.93 万人次。2016 年，蒲江县新增新型职业农民 440 人、农业职业经理人 480 人，成立了蒲江县新型职业农民协会；新发展家庭农场 20 个，各类家庭农场达 194 个（其中省级示范家庭农场 6 个、市级示范家庭农场 25 个）；新发展农民专业合作社 19 个，各类专业合作社达 360 个（其中国家级农民专业合作社 3 个、省级农民专业合作社 19 个、市级农民专业合作社 29 个）。蒲江县拥有市级以上龙头企业 29 个（其中国家级龙头企业 2 个、省级龙头企业 10 个）。农业新型经营主体发展活跃，45 岁以下农业从业人员达到 48%，"谁来种地"的问题得到初步解决。蒲江县通过产业引领、政策引导、项目扶持，完善农业社会化服务体系。蒲江县涌现出以嘉博文公司"5 +1"耕地质量提升综合服务中心、新朝阳公司健康植保"8S"服务中心、卫农庄稼医院等为代表的一批新型农业社会化服务机构。

三、案例启示

（一）多类型融合模式，提升农业综合效益

蒲江县发展优势特色产业，加快推进农业产前、产中、产后各领域融合，不断提升农业综合效益。一是加快农业产业结构优化调整。蒲江县明确特色优势主导产业，精准定位有机农业、循环农业方向，从源头生产入手，强化农田生态保护，实施耕地质量保护与提升，坚持农业标准体系建设，严格生产全过程管理，做强、做大、做精产业，提升产品核心竞争能力。二是延伸产业链条。蒲江县支持农产品产地初加工、精深加工发展和冷链物流体系建设。蒲江县加强政策引导与扶持，鼓励和引进大型农业企业，投入农产品初加工和精深加工领域，配套农产品冷链仓储物流等辅助设施建设，为产业提供服务。三是拓展农业多种功能。蒲江县立足产业、生态、区位优势，提升农业农村生产生活基础设施水平，既保持农村特色的田园风光，又有舒适、便捷、现代化的生活质量，深入挖掘重要文化遗产传承、民间技艺乡风民俗、休闲农业、美丽乡村建设等农耕文化与农业生态休闲旅游融合发展，提升农业服务业水平。四是发展新业态，引导产业聚集。蒲江县综合运用大数据、物联网等现代信息技术，改进检测统计、预警分析，发展电子商务等手段，加快整合农业产前、产中、产后领域中各类优秀企业进入平台体系，培育各个细分领域的龙头企业，打造服务于有机农业的完整产业体系，形成农业全产业链企业集群。

（二）深化体制改革，壮大产业经营主体

新形势下，蒲江县按照规模化发展和市场化经营的要求，探索机制创新和体制改革，满足农村产业深度融合发展的需要。一是积极推进农村产权制度改革。蒲江县重点推动土地"三权"分离和集体资产权能改革，引导土地流向龙头企业、农民专业合作社和家庭农场等新型农业经营主体，建立标准化和规模化的生产基地，创新农业经营体系，发展适度规模经营，提高农业劳动生产率和农业现代化水平。二是深化农村金融体制改革。蒲江县在确保政策性金融供给的同时，积极开展金融制度创新，扩大村镇银行的覆盖面，拓展商业银行的农村信贷业务范围，加快制定相关规章办法，支持新型农村合作金融组织健康发展。三是创新服务方式。蒲江县按照主体多元化、服务专业化、运作市场化的发展方向，创新农业生产服务、农业科技创新和技术推广、农产品市场流通、农业信息化服务等，为新型农业经营主体在农业生产、经营、服务等领域提供政策引导、技术支持与服务，大力培育新型农业经营主体，加快推进新型农业经营主体带动农户、发展物流和营销体系能力建设。

（三）完善服务体系，构建利益联结机制

保障农民和经营组织能够公平分享一二三产业融合中的"红利"，建立互惠共赢、风险共担的紧密型利益联结机制，这是保障农民增收致富的关键所在。蒲江县完善订单农业，进一步规范合同内容，严格合同管理，鼓励支持新型农业经营主体与普通农民签订保护价合同，并按收购量进行利润返还或二次结算。蒲江县积极推广股份制和股份合作制，鼓励有条件的地区开展土地和集体资产股份制改革，将农村集体建设用地、承包地和集体资产确权分股到户，支持农户与新型农业经营主体开展股份制或股份合作制。蒲江县鼓励产业链各环节连接的模式创新，推进"政产学研"多元利益机制，打造农业产业技术创新和增值提升战略联盟；鼓励农商双向合作，强化"农超对接"；引导新业态发展，支持新型农业经营主体和农民利用"互联网+"、金融创新建立利益共同体，最终实现创收增收。

产业融合理论

产业融合是指在时间上先后产生，结构上处于不同层次的农业、工业、服务业、信息业、知识业在同一个产业、产业链、产业网中相互渗透、相互包含、融合发展的产业形态与经济增长方式，是用无形渗透有形、高端统御低端、先进提升落后、纵向带动横向，使低端产业成为高端产业的组成部分，实现产业升级的知识运营增长方式、发展模式与企业经营模式。产业融合以第五产业知识产业为主导、第一产业农业为基础、第二产业工业为中介、第三产业服务业为核心、第四产业信息业为配套，是在产业层面通过资源优化配置实现资源优化再生、推动产业升级的系统工程。产业融合以第三产业为核心，既体现了以人为中心的发展观，又能多维度提高产业、产品的附加值，不断形成新的经济增长点，是通过资源优化配置实现资源优化再生的智慧经济与科学发展观的重要组成部分。现代化经济体系通过产业融合实现产业升级。产业融合是城乡融合和区域融合的本质，是城乡融合和区域融合的核心、纽带与催化剂。产业融合已经不仅仅作为一种发展趋势来进行讨论，当前，产业融合已是产业发展的现实选择。

交易费用理论

虽然交易费用概念得到了广泛应用，但至今还没有一个公认而权威的定义。科斯早在 1937 年发表的经典论文《企业的性质》中提出了"交易费用"这一革命性的概念，但从来没有给出一个严格的定义。科斯将交易费用解释为"利用价格机制的成本"，并认为人类借助于"市场"组织经济生活、配置经济资源虽然卓有成效，但利用市场机制同样是有代价的，即客观上存在着市场交易费用。其至少包括以下三个方面：第一，相对价格的搜寻成本。交易价格信息并非既定的并为当事人所掌握，现实市场交易价格具有不确定性、未知性，交易的双方必须付出代价将其转化为已知，包括获得和处理市场信息的费用，搜集有关价格分布、产品质量和劳动投入信息的费用，寻找潜在的买者和卖者的费用，了解行为和所处环境的费用。这是交易准备阶段的费用。第二，谈判和签约的费用。这主要包括解决纠纷冲突所需的讨价还价、签订和履行合约，甚至诉诸法律所花费的成本。这主要是交易活动进行时所发生的费用。第三，其他方面的不利因素。这主要是对未来的不确定性和风险预测困难等因素而引起的费用，如果用长期合约替代一系列短期合约，虽然能够节省较多短期合同的费用，但是长期的不确定性也会带来费用。威廉姆森把交易成本规定为经济系统运转所需要的代价和费用，他将交易费用区分为"事前"和"事后"交易费用。其中，"事前"交易费用是指草拟合同，就合同内容进行谈判以及确保合同得以履行所付出的成本；而"事后"交易费用主要包括由交易行为偏离合作方向而带来的双方不适应成本、讨价还价成本、为解决合同纠纷而建立的治理结构费用、为保证各种承诺得以兑现所付出的成本。张五常认为，交易费用包括所有不可能存在于没有产权、没有交易、没有任何一种经济组织的鲁滨孙的孤岛经济中的费用。他认为，这样宽泛地界定交易费用是因为常常无法将各种不同的费用区别开来，交易费用被看成一系列制度费用，其中包括信息费用、谈判费用、起草和实施合约的费用、界定和实施产权的费用、监督管理的费用和改变制度安排的费用。简而言之，交易费用包括一切不直接发生在物质生产过程中的费用。马修斯指出交易费用是一种机会成本，很多行为会导致交易费用的出现，包括寻找潜在买者和卖者以及有关他们的环境和信息、为弄清买者和卖者实际地位而进行的谈判、订立合约、对合约对方的监督、对方违约后寻求赔偿、保护产权不受侵犯。此外，诺斯将交易费用定义为衡量所交换物品的价值属性的成本、保护权利的成本，即监察与实施合约的成本组成。

本章参考文献

[1] 陈传波，阎竣，李睿. 新型职业农民对接城镇职保的试点经验分析：以上海、苏州、威海和成都为例 [J]. 农业经济问题，2019（7）：66-72.

[2] 杨柳，杨帆，蒙生儒. 美国新型职业农民培育经验与启示 [J]. 农业经济问题，2019（6）：137-144.

[3] 李宝值，杨良山，黄河啸，等. 新型职业农民培训的收入效应及其差异分析 [J]. 农业技术经济，2019（2）：135-144.

［4］梁栋，吴存玉. 论乡村振兴的精准推进：基于农民工返乡创业与乡村振兴的内在逻辑与机制构建［J］. 青海社会科学，2019（2）：122-128.

［5］曹宗平. 经济新常态下农民工返乡创业的多重动因与特殊作用［J］. 广东社会科学，2019（3）：23-30，254.

［6］袁方，史清华. 从返乡到创业：互联网接入对农民工决策影响的实证分析［J］. 南方经济，2019（10）：61-77.

［7］骆永亮，裔雪清. 浅析郫县阳光工程培训［J］. 四川农业科技，2013（4）：59-60.

［8］徐辉. 新常态下新型职业农民培育机理：一个理论分析框架［J］. 农业经济问题，2016（8）：9-15.

［9］刘畋佚，涂文明. 农村一二三产业融合发展研究：以四川省成都市蒲江县成佳镇为例［J］. 农村经济与科技，2018（19）：23-25.

［10］罗丹丹. 新常态下农村一二三产业融合发展探索与实践：以四川蒲江县为例［J］. 安徽农业科学，2018（1）：195-197，214.

［11］张益丰，郑秀芝. 企业家才能、创业环境异质性与农民创业：基于3省14个行政村调研数据的实证研究［J］. 中国农村观察，2014（3）：21-28，81.

［12］姜长云. 推进农村一二三产业融合发展 新题应有新解法［J］. 中国发展观察，2015（2）：18-22.

第九章 灾后重建

我国国土辽阔，东临太平洋，背靠亚欧大陆，疆域内地形地势复杂多样，享有"世界屋脊"之称的青藏高原矗立于我国西南，高耸入云。我国处于环太平洋地震带与欧亚地震带的交汇处，加之季风气候显著的气候特征，我国成为世界上地震最严重的国家之一，也属旱涝灾害发生相对频繁的区域。从全国范围来看，青藏高原地震区是我国地震最频发的区域，也是我国最大的地震区，加上四川省龙门山等的地震带覆盖，四川省整体处在大的地震带上。2008 年，汶川地震后，四川省已经发生多次 6 级以上地震，并造成了不同程度的经济社会损失。四川省所在的西南地区水系丰富，雨量丰沛，除地震灾害频发外，水灾也是我国西南地区面临的主要自然灾害。在长期的处理人与自然关系的同时，西南地区人民依托山水庇护、繁衍，也形成了人与自然亲近的生活习性，文化历史更显厚重。因此，灾后重建关乎人民福祉和社会安定，如何稳妥推进灾后重建至关重要。

第一节 灾后重建理论概述

灾后重建的理论主要包括破窗理论与灾害经济学中的恢复重建理论等。

一、破窗理论

破窗理论，即破坏可以创造需求的理论，也即"破坏有益"之说。该理论指出，虽然灾害是消极的、令人悲痛的，但是还应该关注灾害过后如何发展的问题。"破坏有益"指的是自然灾害虽然对一些特定区域的发展造成破坏，但是遭到破坏的经济社会会扩大对生产资料的需求。由于产业间存在的关联效应，因此这种需求会表现出较大的乘数效应，从而带动产出增长。该理论最早由法国经济学家巴斯夏提出，他在理论的阐述中以理发店为例，指出理发店的玻璃被打碎，虽然对理发店来说是损失，但是会带动玻璃厂的供应，玻璃的生产则又会带来其他相关产业增加产出等的连锁反应。该理论认为，就业增加以及生产增长带来的产出增量甚至大于灾害本身的损失。一般看来，破窗理论虽然指出了灾害发生引起的对经济的积极效应，但是损失补偿会成为一种机会成本，即损失补偿本可以为经济发展的其他方面服务，因此自然灾害在本质上并不能带来发展。破窗理论为灾害经济学的发展奠定了基础。

二、灾害经济学中的恢复重建理论

与破窗理论一致，灾害经济学同样研究的是给人们生产生活带来破坏的各类灾害。与灾害给人们带来的消极影响不同，灾害经济学着重通过经济学工具来刻画灾害对经济社会带来的损失以及研究灾后如何恢复重建的问题，表现出了灾害经济学研究应对灾害的积极态度，对灾后重振中如何发挥人的主观能动性具有一定的指导意义。经典的灾害经济学源自奥山（Okuyama，2003），相关领域也有较多的理论，但是针对灾后恢复重建的理论则是在借鉴索洛（Solow）经济增长模型的基础上形成的，奥山通过区分没有技术进步和有技术进步的情况对受灾区的短期发展与长期发展进行了阐释。依托奥山（Okuyama，2003）以及谢永刚等（2009）的研究，本章将模型简化，并通过叙述的方式对灾后恢复重建的理论进行说明。

索洛经济增长模型是较早研究经济增长的经典模型，索洛和斯旺（Solow & Swan）同在 1956 年提出的模型被统称为索洛-斯旺模型。该模型也是后续经济增长研究的基础模型。现实中，我们知道，社会的实际投资至少需要覆盖现阶段水平下的人均资本水平，才能保障人均资本不会出现负向的变动。在仅考虑资本折旧和人口增长的情况下，实际投资则不能小于资本损耗及新增劳动力与原有劳动力三者的资本需求之和。

接下来，本章分析灾害的冲击。灾害发生前，经济处于稳态，即实际投资额度等于均衡点所必需的投资额度。灾害发生后，假定资本的损失程度高于人口的损失程度，或者假定仅有资本损失而无人口损失，这样一来，灾害发生后人均资本存量将会降低。按照上述模型的含义，社会资本的重新配置会持续提高人均资本水平，最终会使经济增长趋向稳态。也就是说，在人均资本减少后，社会的实际投资会高于降低后的人均资本水平所对应的必需资本，经济增长会加速资本积累。此外，灾害发生后，政府以及社会各界的资本会发生再配置，并向灾区倾斜，这相当于对应不同人均资本水平的真实投资额度进一步提高，从而加快了灾区人均资本积累以及向稳态均衡点趋近的速度。然而，外界力量的介入属于短期经济现象，因此灾区经济在加速恢复后仍会沿原有投资路线运动。在不包含技术进步的灾害经济学模型中，灾后恢复重建的资本更加丰裕，灾区人均资本增长越快，相应的灾区经济恢复速度也会越快。

然而，若灾后重建发生技术进步，则会出现完全不同的现象，主要的原因在于相应的人力资本水平下的必需投资会有所变化。也就是说，技术进步后，同样的人均资本水平对应的必需资本增加。在灾害经济学模型中，假定技术进步是通过"效率劳动"来体现的，即技术进步会提高劳动者的生产效率，从而使必需投资除了提供资本损耗以及人口增长所需的资本外，还需要满足技术增长条件。这个时候，我们可以通过以下三种情况来循序渐进地进行考察：其一，无技术进步，无外界投资；其二，无技术进步，有外界投资；其三，有技术进步，有外界投资。前两种情况与前述没有发生技术进步的情形类似，即情况一会促使实际投资与必需投资按照原有路径趋向于在稳态均衡点交汇，情况二由于社会投资远大于必需投资，从而会加快情况一下的交汇速度。在情况三，由于发生了技术进步，相应的人均资本需要更多的必需投资，从而相比于情况二，存在技术进步的情形。情况三增加了"效率劳动"，从而会相应降低人均资本的增长率。因此，灾后重建过程中如果采用新技术，那么人均资本趋近稳态均衡点的速度虽然下降，但是利于加速培育"效率劳动"，从而会提高经济体的技术水平。

灾后重建的上述模型可以类比一位身体和智力共同处于发展期的高中生。假如不考虑智力发展，高中生的身体除去基因等内生因素影响外，外力主要源自摄入的营养以及每天的消耗，若前者大于后者，则体重会增加，体重增加又会引起消耗的增加，营养摄入与消耗的均衡点最终决定了这位高中生的体重。相反，营养与身体消耗同时下降，也会使两者在较低体重上达到身体均衡。若该高中生发生疾病，在康复期间，该高中生是否集中补足营养，则会影响身体在多长时间恢复到疾病前的状态。显然，若集中补给营养，则会加速身体的康复。此外，假如考虑智力因素，由于高中期间学业压力较大，则康复期间，集中补给营养，还会在身体康复的同时给大脑提供充足的营养。这样一来，补给所需的必需营养品就会增加，就会相应抽离部分原本用于身体康复的营养。然而，这一过程虽然降低了身体康复的速度，但是该高中生的智力会有所提升。

因此，从上述理论分析可以看出，灾后重建事关灾区的短期恢复，也关乎灾区人民的长远福利。科学、合理的灾后重建工作，不仅会在短期内使灾区人民的生活达到灾前水平，而且技术能力及自我发展能力的提升甚至会超越灾前水平，为本地未来实现长期发展培育良好的基础。我们具体选取一些经典的灾害恢复重建案例，并结合灾害经济学的相关理论进行分析。

第二节　坚强与涅槃：
全球灾后重建范例——水磨古镇

一、案例介绍

水磨镇隶属于四川省阿坝藏族羌族自治州（简称"阿坝州"）汶川县，与都江堰、青城山、卧龙大熊猫自然保护区、映秀镇相接，距离成都 70 千米，交通便利，都汶高速公路、213 国道、三江旅游快速通道贯穿全镇。汶川县古称威州，是茶马古道上的重要节点。水磨镇也不例外，镇内尚有水磨老街、飞马寨等茶马古道遗迹，水磨镇高峰村更是茶马古道的必经关隘。水磨镇历史文化底蕴深厚，有碑文记载的历史可追溯至商代，是历史上有名的长寿之乡。同时，水磨镇自然景观独具魅力，被誉为"中国最美羌城"，是国家 5A 级旅游景区。不仅如此，水磨镇所在的汶川县，矿产资源丰富，是四川省重要的工业基地。水磨镇在1985 年被规划为阿坝州高耗能工业示范区后，变成一个高耗能、高污染的工业小城。2008 年汶川地震前，水磨镇辖区内的 60 多家水泥厂、铁厂、硅厂等高耗能、高污染企业支撑着当地经济发展与约 50%的人口就业。水磨镇被称为阿坝州的"工业经济走廊"，以铝矿、电石为原料的工业较为发达。

（一）灾害降临与家园破损

2008 年汶川地震的震中映秀镇，与漩口镇、水磨镇并称为阿坝州的三大工业重镇，组成了"阿坝经济圈"。2008年汶川地震发生后，汶川县工业企业受损严重，水磨镇大洋硅业有限公司毁于一旦。汶川地震后，水磨镇改变了以往依靠高能耗产业发展的传统路径。统计资料显示，2013年，水磨镇工业企业数为25家，2017年工业企业数降至14个，水磨镇逐渐走上了一条"农业+旅游"的复兴之路，并取得了显著成效。2010年，水磨镇被联合国人居署评为"全球灾后重建最佳范例"。2016年，水磨镇入选"全国红色旅游景点景区名录"。

时间回到2008年5月12日14点28分，中华人民共和国成立以来破坏程度最大、伤亡人数仅次于唐山大地震的汶川大地震发生，地震造成的严重破坏地区面积超过10万平方千米，波及我国大部以及亚洲多个国家和地区，受灾县（市）达237个，较重程度以上的灾区面积占21.52%。汶川大地震属于浅源地震，毗邻震中映秀镇的水磨镇受灾严重，属极重灾区（汶川县）。由于受灾面积广泛，地震导致道路、电信等基础设施严重损坏，必经桥梁和隧道多数坍塌，因此极大地阻滞了救灾大部队的统一行进速度，救援队伍徒步行进，加上余震不断，滑坡、泥石流严重。地震发生后的第三天，水磨镇仍然没有救灾部队抵达。据地震亲历者王俊芳回忆："地震很吓人，房子一下子就摇起来了。我也不知道哪里来的那么大劲儿，背起我妈就往外跑，还好没被砸到。"2008年5月14日，水磨镇首次向外界发出"急需大部队救援"的求救信号。在各级党委和政府的有力指导下，外界力量、救援部队、当地民众广泛开展了抗震救灾，灾后生产生活也陆续得到恢复。

汶川地震救灾中产生了许多可歌可泣的事迹，救灾英雄将自己的安危置身事外，一心抢险。水磨镇距离震中映秀镇不足10千米，常住人口1.2万人，总人口接近2万人。汶川地震导致水磨镇百余人死亡，阿坝铝厂毁于一旦，民房损坏率近乎100%，公共设施破坏严重。

（二）心不能垮与饱含希望

地震发生后，灾区在全国其他省份的援助下陆续恢复了生产生活。国家更是在地震发生后推进了全国各省份对口援助受灾严重区域（县），旨在举全国之力加快灾区重建。其中，汶川县由广东省援助，水磨镇具体由佛山市援助。援助十年来，汶川县的产业结构已经由以传统的高能耗、高污染的工业产业为主，转向以第三产业为主。十年来，广东省持续投入援建资金112亿元，重点帮扶项目数量达到 702 个。在广东省的大力支持下，水磨镇镇容焕然一新，公共服务等基础设施日益完善，涉及民生服务的领域也都发生了质的提升，水磨镇居民的生活水平也发生了实质性的跃升。

（三）涅槃重生与锦绣水磨

望着水磨新景，居民王俊芳谈道："过去我们这里生活清淡，收入偏低，空气中的灰尘一片一片飘得跟下雪似的。""因祸得福"，在党和国家的战略支撑下，在兄弟省份的无私援助以及四川人民坚强的生活态度下，地震虽然带来了灾难，毁掉了原来的家，但重建还给水磨人更美的新家园。王俊芳说道："现在镇子不搞工业搞旅游，天变蓝了，居民们住有所居、家家经商，生活宽裕。"王俊芳自水泥厂退休后，在水磨中学找了一份临时工作，协助管理学生。水磨镇又重新成为藏、羌、回、彝、汉等多民族的幸福家园。

在恢复重建初期，找准水磨镇新定位是阿坝州和对口援建城市广东省佛山市开展重建工作的首要任务。文永刚（藏族人，水磨镇分管旅游的副镇长）指出："灾后重建中，水磨镇不是简单的'房倒修房、路坏修路'，也不是简单恢复到震前水平，而是立足当前、着眼长远，不仅要解决民生问题，更要解决发展问题。"经科学论证，佛山市在"珠三角"发展经验的基础上，提出摒弃高污染、高能耗的"传统"水磨发展路子，打造全新的以文化为本的生态水磨镇，以旅游城和文化城为特色推动水磨镇重生。重建后的水磨镇充分发挥了区位优势。"尽显羌文化特色，小而精致，是川西坝子的小丽江。"文永刚说道。新的水磨镇日接待能力设计为 5 万人，目前节假日接待能力达到 2 万人，游客以成都市及周边地区的居民为主。文永刚指出："水磨作为新兴的旅游区，接下来的发展要进一步突出自己的特点，努力发掘藏、羌文化。"

水磨镇重焕生机还集中体现在标志性文化街的复原以及农村产业的恢复兴旺上。其一，老街是水磨镇最繁华的地方。在地震中，老街被毁，住宅全部倒塌。按照统一规划、旧址复原的原则，佛山市依托当地自然资源，在有机融合汉、羌、藏等民族文化的基础上，推进了禅寿老街项目恢复工程，建成了具有川西民居风情、古香古色的旅游小镇。同时，佛山市将恢复重建的 1 200 米长的老街打造成了"以家带店"的宜居模式，解决了灾后 227 户居民的住房问题，还带动了旅游业发展，为增加居民收入创造了有利条件。其二，产业的复兴以乡村旅游发展为契机，带动了"特色农产品销售+服务业"的发展模式。居住在老街的居民余平良率先尝试"茶楼加客栈"的经营模式，带动了老街旅游事业的规模化经营，居民收入逐年攀升。此外，经营店铺也是当地居民增收的主要渠道。25 岁的王敏投资 5 万元在禅寿老街开了一家专卖当地山货土产的小店，实行家庭经营。

灾后重建的水磨镇，打通了开发乡村旅游的渠道，拓宽了当地居民的就业路子，居民生活水平蒸蒸日上，外出务工人员回流明显。恢复重建后的水磨镇"造血"能力稳定并不断强化。

二、案例分析

可以看到，地震灾害给水磨古镇造成了相当严重的破坏。灾后，当地党委、政府、群众的努力以及社会各界力量的援助，使得这座历史底蕴深厚的古镇在较短时间内资本积累速度急剧上升，加快了水磨镇的灾后恢复重建速度。不仅如此，广东省佛山市的援建依托当地民族文化和历史积淀，在原有特色文化资源的基础上设计了个性化的重建项目，一举改变了传统的以高能耗、高污染产业为支柱的产业结构，推动了水磨镇集约开发利用自然资源的新局面，使得重建后的水磨古镇重焕生机。水磨镇在原有产业的基础上，不仅提升了要素生产率，而且使生态环境得到了保护和改善，产业结构的转变提升了当地居民的生活水平，增强了当地居民的生活幸福感。

第三节 "飞地"经济助推藏族聚居区灾后脱贫：金堂县"成阿飞地"案例

一、案例介绍

早在 2009 年，《成都市统筹城乡综合配套改革试验总体方案》得到批复，四川省就已经开始积极借助城乡统筹的基本思想，探索四川省灾后重建的模式。同时，"飞地"经济也是城乡统筹发展的新模式以及帮扶发展的新实践。四川省阿坝州位于四川省西北部，紧邻成都平原，北部与青海省、甘肃省相邻，东、南、西三面分别与成都市、绵阳市、德阳市、雅安市、甘孜藏族自治州接壤，是四川省第二大藏族聚居区和我国羌族的主要聚居区。阿坝州 13 个县均为深度贫困县，为四川省深度贫困地区，全州建档立卡贫困村 606 个，贫困人口 10.3 万人。

2017 年，阿坝州实现 5 个贫困县（市）摘帽、239 个贫困村退出、30 311 名贫困人口脱贫的年度目标。

阿坝州是汶川地震的主要受灾区之一。根据《汶川地震灾后恢复重建总体规划》的部署，经四川省政府批准，成都市和阿坝州合力在成都市金堂县淮口镇共建省级工业园区。成阿工业园区规划面积 10 平方千米，重点发展节能环保主导产业，是四川省环保产业示范园、四川省新型工业化产业示范基地、国家新型工业化产业示范基地。近年来，成都市、阿坝州两地党委和政府深入贯彻落实中央与省委关于全面建成小康社会相关部署要求，以帮助民族地区发展、全力扶贫帮困奔小康为己任，全力加快推进成阿工业园区建设，并以成阿工业园区为抓手，积极探索藏族聚居区"飞地"产业扶贫新模式，反哺阿坝州脱贫奔康，为民族团结合作产业示范区建设探索了一条新路。截至 2019 年年底，成阿工业园区共有规模企业 76 户。2017 年，规模以上企业完成产值 79.53 亿元，增长 53.08%。

（一）插上腾飞的"翅膀"：多举措提升园区帮扶效应

第一，强化区域合作宗旨，共建"飞地工业园区"。作为合作共建的民族"飞地工业园区"，成阿工业园区肩负支持阿坝州产业重建、支持民族地区经济社会发展、促进藏族聚居区和谐稳定等重要历史使命。成阿工业园区建立以来，按照"合作共建、互利双赢"和"优势互补、资源共享"的合作宗旨，以帮助民族地区发展、全力扶贫帮困奔小康为己任，立足产业发展，多渠道筹措资金，强力推进园区基础设施及配套项目建设。园区路、网、水、电、气等要素保障齐备，学校、市场等生活配套逐渐完善，10 平方千米承载能力全面形成，产业形态初具规模，各项工作取得了重要阶段性成效。

第二，充分发挥属地优势，开发建设主动担当。为帮扶民族地区经济实现由"输血"到"造血"的转变，在园区开发建设和资金筹措方面，属地党委和政府真心支持、不遗余力，充分发挥属地优势，全力加快推进基础及配套设施建设，全力做好项目招商引资、征地拆迁、政务服务等工作。园区建设初期，为弥补灾后重建资金和援建资金不足，缓解基础设施建设的资金压力，属地政府在成都市委和市政府支持下，为保证园区发展，财政主动垫支近 1 亿元，提供了价值 25 亿元的土地使用权抵押担保，并为还本付息进行兜底担保，累计落实到位资金 66.9 亿元，为合作"飞地工业园区"基础设施建设提供了有力保障。

第三，不断创新运行机制，效益分享慷慨相助。跨区域合作共建"飞地工业园区"，在体制机制上是一次全新的探索。在两地联席会议领导下，园区双方选派干部讲政治、顾大局，讲团结、重协作，不打小算盘，全力促发展，认真落实联席会议各项决策部署，园区建设发展取得令人瞩目的成就。针对民族地区财政较为困难的现状，园区在前期投入和效益分享方面给予大力支持、倾斜。投入机制上，成都市和阿坝州按 6∶4 的比例进行前期投入。利益分配上，2009—2018年，成都市和阿坝州按 3.5∶6.5 的比例分享；2019 年起，成都市和阿坝州按 4∶6 的比例分享。为深入贯彻落实国家、省委"精准扶贫、精准脱贫"的精神，根据 2015 年 7 月成都市-阿坝州工作座谈会议精神，成都市进一步加大对阿坝州藏族聚居区的支持力度，落实阿坝州前期投入返还、所有债务承担、继续按约共享等相关机制和具体举措。

第四，深化干部交流合作，着力培养民族干部。为加强民族地区干部交流合作，园区从维护民族团结、促进各民族共同进步的高度，在区域合作中高度重视对阿坝州民族干部的培养和使用，千方百计为少数民族干部成长搭建平台。园区在日常工作中的重要会议、重大事项决策等方面坚持邀请民族干部列席会议。园区在建设、招商、投资服务等重要岗位上均安排有民族干部任职，特别是在推进区域合作、对上争取、维稳处置等重点工作中注重发挥民族干部的优势。通过实践历练，民族干部思想观念有效转变、业务水平显著提升，为回到民族地区建功立业打下基础。园区成立至今，阿坝州先后轮流派到园区工作的同志共计 4 批 27人，在已回阿坝州工作的 20 人中，有 5 人被提拔为副县级以上领导。

第五，着力民族帮扶服务，增强藏族聚居区帮扶实效。按照中央和省委关于全面建成小康社会相关部署要求，园区深入开展精准扶贫、减贫以及"挂帮包"活动，主动把对口联系扶贫工作延伸到阿坝州民族地区，先后对口帮扶汶川县龙溪乡马灯村和大门村。为帮助少数民族同胞改善生活环境、支持民族地区改善民生，园区先后筹资 40 余万元，对马灯村实施污水改造，帮助大门村改造提升基础设施，并组织园内企业为阿坝州教育发展基金会捐赠了电脑、书包等物品。目前，园区正在对接帮助阿坝州将农副产品销往园区及销往外地等事宜。

第六，借助园区企业平台，促进用工就业帮扶。园区依托园区内企业和园区配套的成都技师学院，采取送工作、送技术、送资料等形式，每年组织园内企业到阿坝州招聘劳动用工，先后累计解决阿坝州马尔康市、茂县、汶川县、红原县等民族地区 1 000 余人就业问题。目前，园区正在对接藏族聚居区"9+3"职业教育学校，并通过加大对符合条件且有技能培训意愿的贫困户劳动力进行专业技能培训，促进藏族聚居区同胞到成阿工业园区就业，最终实现一人成才、全家脱贫。

（二）动真情、用真心、出真招，园区建设成效显著

在省委和省政府及市、州两地党委和政府的坚强领导下，园区在建设和发展过程中，按照"两化互动、产城一体"的思路，立足于产业发展，多渠道筹措资金，强力推进园区基础设施及配套项目建设。通过几年的努力，园区从无到有、快速推进，承载能力全面形成，产业形态初具规模。2017 年，园区新增规模以上工业企业 20 户（其中 8 户待批），共计 76 户，累计完成工业总产值 79.53 亿元，同比增长 53.08%；完成工业投资 55.46 亿元，同比增长 19%；实现税收 1.1 亿元。截至 2017 年年底，园区累计签约引进天津巴莫、上海同捷、杭州士兰等重大项目 118 个（不含标准化厂房企业），协议总投资 325 亿元；园区已投产项目 113 户，累计实现产值 247.88 亿元，累计完成固定资产投资 260.64 亿元（含基础设施投入），累计实现税收 6.4 亿元。目前，园区被评为全国民族团结进步创建活动示范单位、四川省民族团结进步创建活动示范单位、成都市民族团结进步模范集体。

可以看出，共建"飞地工业园区"是帮助民族地区产业发展，实现民族地区脱贫奔康的有效形式。园区的快速发展，不仅为阿坝州藏族聚居区带来较为可观的财政收入，还大量吸纳阿坝州劳动力就业，助推民族地区脱贫奔康，实现两地双赢、经济效益和生态效益双赢的发展格局。省委、市委（州委）主要领导均对成阿工业园区发展做出重要指示；新华社、人民日报、中央电视台对两地共建成阿工业园区给予了报道；全国各地多批次党政代表团前来考察指导。"飞地"经济是构建地区间横向生态补偿机制的有效形式。近年来，"飞地工业园区"在推动生态脆弱地区环境保护与经济发展双赢方面进行了积极的探索，为我国横向生态补偿机制的健全和完善积累了宝贵经验。因此，抢抓机遇，丰富完善"飞地工业园区"扶贫攻坚模式，有助于藏族聚居区全面脱贫奔康。按照中央第六次西藏工作座谈会和四川省委藏族聚居区工作会议精神要求，四川省深化区域合作、成都市制造业发展新十年战略、区域合作发展引领新趋势等都是藏族聚居区脱贫攻坚的重大历史机遇。藏族聚居区要进一步抢抓发展机遇，在发展中丰富完善"飞地工业园区"扶贫攻坚模式，增加工作举措，通过共建"飞地工业园区"，实现由"输血"到"造血"的转变，加快发展，助力脱贫奔康。

> **"飞地"经济**
>
> 　　"飞地"经济是一种区域合作的重要模式。"飞地"指的是合作的双方并不归属同一区划。因此，在合作中，会有"飞入地"和"飞出地"之分。"飞地"经济通常是以国家批复的各类园区作为合作载体。按照其是"飞入地"还是"飞出地"投资（管理），可以分为"飞入地"投资（管理）、"飞出地"投资（管理）以及共建（共管）三类模式，而后按照平等协商等原则进行利益的分配。本例中，成阿工业园区属共建"飞地"。
>
> **产业园区**
>
> 　　产业园区一般是为某类特定产业设立的，并通过关联效应带动相关产业发展。产业园区是推动区域产业集群发展的重要模式。产业园区按照集聚产业的不同可以分为不同的园区类型，如物流园区、农业园区、高科技园区等。可以看出，产业园区为特定资源的聚集区，是培育新兴产业、推动高技术产业增长和提升区域发展质量的重要载体。

二、案例分析

　　金堂"成阿飞地"作为成都市与阿坝州合建的工业园区，由财政合力支持，不仅推动了阿坝州灾后重建，提升了灾区收入，增加了居民就业岗位，体现了灾害经济学中外部力量的介入会加速经济恢复，甚至使经济发展水平超越灾前水平。不仅如此，"成阿飞地"还体现了增长极理论及不平衡增长理论。增长极理论强调两种效应：极化效应和扩散效应。不难看出，增长极更强调的是"极"点区域的发展，极化效应是强化要素的空间重置，并向重点发展区域集聚，从而充分发挥极点的规模优势，提升经济发展水平。扩散效应则与此相对，指的是极点区域发展较好后，对周围区域的辐射带动作用。因此，从某种意义上而言，在增长极理论中，无论是极化效应还是扩散效应，均需要推动基础设施等的建设，以便要素流动和辐射效应的扩散。显然，增长极的发展也会带动区域形成不平衡增长的空间格局。平衡增长理论强调通过资源配置，推动重点区域与重点产业优先发展，从而提高资源的利用效率。可以看出，"成阿飞地"借助园区产业取得了显著的发展成绩，吸引了阿坝州劳动力在园区就业。同时，"成阿飞地"为藏族聚居区的发展带来了实质性好处，体现出增长极理论与不平衡增长理论在带动区域协调发展中的指导作用。

第四节　产业重构助力灾后重建：
震后崇州市再现"颜值"案例

一、案例介绍

震后重建在四川省涌现出了诸多典型案例。在灾后恢复生产的过程中，我们可以结合灾害经济学进行案例解析。崇州市受汶川地震的影响严重。从灾后重建到产业发展，从百废待兴到谋定后动，崇州市展示出灾后崛起的强劲脉络，并率先在成都市实现灾后重建三年目标任务两年基本完成的目标。科学重建、为民重建、提升重建、开放重建，崇州人用统筹城乡发展的思路和方法，取得了灾后重建的决定性胜利，谱写了城市华丽升级的美好篇章。

（一）旅游重建，国家 4A 级旅游景区街子古镇的明珠效应

街子古镇是成都市"十大魅力古镇"之一，自灾后恢复重建以来，已经是成都市养生美食、特色非物质文化遗产与特色旅游产品的中心之一。置身其中，游人可尽情享受古镇的古典韵味。古镇风韵已有，崇州市接下来会进一步围绕古镇打造特色业态，开发古镇生态。

2008 年，汶川地震后，崇州市成立了由市委主要领导任组长的旅游开发领导小组，针对 10 个安置点编制了旅游小村发展规划。在与"西部轻工名城、田园宜居之都、山地旅游高地"的城市定位相呼应之下，景区景点的开发规划与城镇建设规划结合、近期目标规划与长远目标规划结合，成为震后崇州市旅游迅速回温的得力举措。旅游复兴之路有序有力推动开来，让街子古镇这颗崇州旅游产业链上的明珠重新夺目。

震后第三天，西南交通大学的专家即受邀就街子古镇的修复和保护提出专业化建议和措施，除了对 8 万平方米的古建筑群做拆除或做加固处理外，通电、通水、通路、古街道平整等"三通一平"工程也迅即开工。震后两个月，街子古镇灾后重建初步规划方案就已确定，街子古镇将以一个充满古镇幽趣、唐诗韵味的山水古镇形象出现在世人眼前。

街子古镇的修复紧扣重建规划和历史使命，街子古镇的风貌建设、江城街升级、伴江游道、光严禅院、凤栖山等片区的整体打造紧锣密鼓地展开，古镇的基

础设施和民居风貌快速提档升级。2010 年 5 月，街子古镇正式成为国家 4A 级旅游景区，成为当地旅游产业的黄金增长极。如今，街子古镇已成为当之无愧的文化名镇、人居城镇和生态城镇。2018 年，崇州市共接待游客 1 645.2 万人次，相当于 2010 年的 5.32 倍；旅游收入 65.52 亿元，同比增长 28.7%。街子古镇作为崇州市的 2 个国家 4A 级旅游景区之一，功不可没。

（二）枢纽打造，盘活沿线空间 300 亿元

崇州市有不少人的生活因为一条路而改变。这条路叫重庆路，是重庆市对口援建崇州市灾后恢复重建的最大项目，全长 54 千米，总投资近 6 亿元。重庆市援建者认为，灾后交通恢复重建，不能只简单地建起一条应急的救灾通道，还应该把区域内的交通网络建设、产业布局、村落规划等一并统筹考虑，提升崇州市交通能力。随着重庆路的建成，一份《重庆路沿线旅游发展规划》也应运而生，除了规划"山地旅游高地"外，还包括了依托特色农业的"现代农业示范区"、依托高端房地产业的"田园宜居之都"。

重庆路的修建不仅是一条交通要道，更是一条致富之路。重庆路把源源不断的游客从街子古镇带到了蒋志先的农家乐；让怀远镇三官村的成片莲藕可以在荷塘边就装车直达高速公路；让道明镇斜阳村的王云华再不用走路到镇上卖山货。重庆路改变了崇州市沿山 20 万群众的生活，更是使其告别了崎岖的山路和传统的生产生活方式。事实上，重庆路的开通盘活了崇州市沿山所有乡镇的乡村旅游资源。崇州请来的权威机构评估认为，重庆路周边的开发空间至少值 300 亿元。

在恢复重建中，崇州市借鉴重庆路的规划建设经验，逐渐建起了由轨道交通、高速路、快速路、主干道、旅游公路共同组成的"六纵六横三轨三站"交通新格局。

（三）产业重建，大同村的示范改革之路

灾后的产业振兴是培育灾区"造血"能力的关键。崇州市文井江镇大同村是四川省成都市崇州市特产、全国农产品地理标志产品——枇杷茶的唯一原产地。每年春季，村民都忙着在自家茶园里采枇杷茶。

大同村是崇州市一抹特殊的风景。大同村是崇州市在汶川地震后唯一一个选择全村统规统建的村。3 年来，大同村完成了 3 个安置片区的现代化打造，解决了 264 户、1 021 名村民集中居住后的产业发展问题。如今，大同村青葱翠绿的半山腰上，一幢幢色彩明亮的两层小洋楼在阳光照耀下十分"养眼"。大同村被

不少相邻村镇誉为"灾后重建的特色典范""成都市城乡统筹发展路径的成功范本"。

开拓一条集农业旅游为一体的观光农业之路，才是大同村的使命与攻关方向。这与成都市建设"世界现代田园城市"、现代农业发展"三个一流"和《成都市推进农业高端产业发展工作计划》不谋而合。目前，大同村正着力培育"观光农业——大同乡村旅游农业示范园区"，致力于打造成为城里人了解农民生活、享受乡土情趣的度假乐土，为下一步开辟茶叶观光区、乡村酒店以及温泉度假旅游小镇打下基础。

根据《文井江镇大同村现代农业发展规划（2011—2015年)》的部署，2015年，大同村农业产业化经营和农民专业化合作经济组织带动农户达到200家、带动农户率在90%以上，全村人均纯收入达到7 210元，"十二五"期间农民人均纯收入保持每年15%的增长。

二、案例分析

可以看出，灾后重建中恢复性投资的增加会加速灾区经济发展。灾区通过规划新的产业发展，借助产业融合的思路，带动高附加值农业产业发展，即在灾后恢复重建中采用新技术，有利于积累整个灾区经济的发展后劲。借助交通网络以及产业开发、资源集约等手段，灾区可以搭建起恢复重建后自我积累的长效机制，保障恢复重建后的可持续发展。

本章参考文献

唐彦东. 灾害经济学［M］. 北京：清华大学出版社，2011.

第十章 乡村治理

乡村"治理有效"是实现乡村振兴战略的基础，也是必经之路。要加快乡村现代化建设，必须要形成高效有序的乡村治理体系，新型乡村治理体系的政策框架需要多学科联动和系统创新。实现乡村有效治理的发展之路是围绕"一元多核"构建"三治合一"的乡村治理体系。乡村治理的制度设计应结合内部、外部两个视角，乡村治理的实践需要整合乡村内部、外部两股力量，构建以中国共产党为领导核心的、以政府为负责主体的多元主体共同参与的乡村治理体系。在"自治"的制度框架下实现"德法兼济"是达成乡村善治的有效途径。本章选取了雅安市立法管理新村聚居点、成都市新都区创新农村生活污水治理、成都市打造"小组微生"农村建设新模式三个案例，基于善治、元治理、可持续发展三个视域，分别进行分析。

第一节 中国特色乡村治理的发展轨迹

乡村治理的发展具有阶段性的特征，在不同的阶段，乡村治理模式会呈现出不同的特点。我国的乡村治理体系经历了一个漫长的变迁过程（见图 10-1），在不断的实践中，乡村治理立足于我国乡村社会的实际情况，走出了一条符合我国基本国情的中国特色乡村治理之路。

1949 年，随着中华人民共和国的成立，乡村治理开始被纳入国家一体化中，开启了农村集体化进程，并依托于"政社合一"的人民公社组织实现了基层政权和乡村社会经济组织的整合。改革开放以后，国家开始对乡村治理"放权"，以村民自治委员会为基础的村民自治制度的推行，让我国形成了"乡政村治"的治理格局。乡村治理发展至今，仍然充满着勃勃生机，基于我国基本国情不断

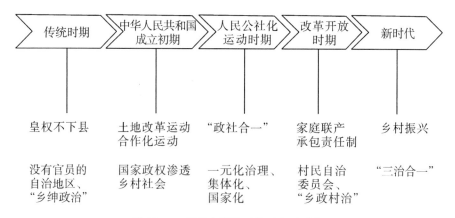

图 10-1 我国乡村治理体系变迁过程

发展创新。党的十九大报告在深刻总结我国乡村治理的实践经验的基础上对乡村治理提出了构建"三治合一"乡村治理体系的新要求。

一、传统时期的乡村治理

封建社会的乡村是"没有官员的自治地区",基于"皇权不下县"的历史背景,形成了一方面是皇权对郡县进行专断治理,另一方面是乡村社会依靠自身的内生秩序表现出一种"无为而治"的治理格局。传统时期的乡村治理往往呈现出"乡绅政治"的结构特征,乡村社会具有较强的内在封闭性,各自有着独立的社会圈子,基于不同的习俗、惯例、生活方式等衍生出了"土生土长"的管理办法,由乡绅、族长等"地方精英"作为乡村的管理主体。独立于国家政权体制外的非现代性的乡村传统治理只是维护乡村社会秩序的手段,从而起到巩固皇权统治的作用。晚清民国时期,虽然乡村治理不再被冷落,被纳入了国家政权的建设中,却产生了内卷化效应,停滞不前。

二、中华人民共和国成立初期的乡村治理

中华人民共和国成立初期,我国乡村社会经历了土地改革运动,通过"打土豪,分田地",建立了农民个人所有的土地制度,实现了千百年来农民"耕者有其田"的梦想。土地改革不仅是一次经济革命还是一次极具政治属性的革命,它使得悬浮于乡村社会的国家政权开始下沉。国家政权对乡村社会进行了整合,并建立了基层政权组织,使得原有的乡村社会结构发生巨变,乡村的传统内生秩序

受到冲击。本是政权悬浮的乡村社会被纳入了国家一体化进程中，作为国家政权组织而存在。土地改革后，我国乡村又进行了合作化运动，完成了农村个体经济向集体经济的转变，开启了农村集体化的进程。国家政权作为一股主导力量在乡村社会中渗透，致使乡村社会中原有村落家族共同体的社会功能开始弱化，这也为实行高度集体化的乡村治理体系奠定了基础。我国农村集体化进程以互助组为起点，并逐步向初级社、高级社推进，最终达到我国农村集体化的高潮时期——人民公社化运动时期。

三、人民公社化运动时期的乡村治理

1958 年夏季，我国开始了人民公社化运动。在极为短暂的时间内，我国农村就实现了公社化进程。实际上，乡村治理体系的发展往往与政权组织建设、经济组织建设是同步进行的，人民公社是一个实行"政社合一"体制的组织，国家主导力量极为强势地介入了乡村社会，使得人民公社化运动时期的乡村治理极具集体化、国家化的特点。该时期的乡村治理是一种"自上而下"的路径建立和运行模式，是依托于"政社合一"的人民公社组织而存在的乡村治理体系，与国家治理保持着高度的一致。但随着社会发展，一元化治理模式的人民公社暴露出来的弊端让其难以为继，农村公共组织和公共权力呈现"真空"状态，为维系乡村社会的稳定和发展，国家不得不去寻求一种新的乡村治理模式。

四、改革开放时期的乡村治理

党的十一届三中全会召开后，农村经济体制开始改革，人民公社原有的体制逐步解体。20 世纪 80 年代初，以包产到户为主要内容的家庭联产承包责任制在农村广泛推行，乡村社会的结构再一次受到巨大冲击，乡村急需一个新的组织来进行管理。此时，以自然村（屯）为单位，所有家户联合起来，成立了一个自治性组织——村民自治委员会。很快，国家开始对乡村治理"放权"，并从法律的角度予以保障。1982 年，《中华人民共和国宪法》肯定了村民自治委员会的法律地位。1998 年，《中华人民共和国村民委员会组织法》的出台，为"乡政村治"治理格局的形成奠定了基础。很长一段时间，对村民自治的有效实现形式的探索层出不穷，"乡政村治"的治理模式提高了村民的政治参与意识和主人翁精神，却也出现了行政化日益严重、村民自治低效化的问题。与此同时，乡村"空

心"化、关系利益化、矛盾复杂化等问题不断凸显，让乡村如何实现高效治理、如何促进乡村治理实现现代化成为焦点。

五、新时代的乡村治理

2017 年 10 月，党的十九大报告提出了"乡村振兴战略"，并强调"治理有效"是"乡村振兴"中的重要内容，同时也对乡村治理提出了新要求，即健全自治、法治、德治相结合的乡村治理体系，以"三治合一"乡村治理体系来达到乡村治理有效的要求，从而实现乡村的全面振兴。"三治合一"的治理模式是实现乡村治理现代化和达到乡村善治的关键。"三治合一"是一个"一体两翼"的治理模式；村民自治制度是核心内容，法治是实现乡村善治的重要保障，德治则是有力支撑；自治、法治与德治，既是相互独立的又是紧密联系的，缺一不可，必须实现"三治"融合，才能发挥系统功能，达到整体效果，如图 10-2 所示。

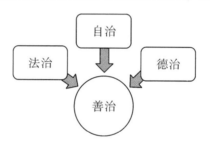

图 10-2 "三治合一"乡村治理体系

在构建"三治合一"乡村治理体系的同时也要明确，乡村治理发展至今不再是一种一元的治理模式，想要真正实现有效治理的目标，必须构建起在村党组织的核心领导下，确保政府为负责主体，吸引多元主体参与的多元合作化模式，即围绕"一核多元"，实现"三治合一"，从而形成现代化的乡村治理，达到"善治"的目的。

具有中国特色的乡村治理模式，生命力顽强，在不断完善的过程中，总是能找寻出一条符合我国国情的创新之路。乡村如何完成现代化的推进，是一个不可避免的命题，也是一个亟待解决的问题，而实现乡村有效治理则是实现农村现代化建设的必由之路。在发展的道路中，我们必须给予乡村治理足够的重视，意识到乡村治理并不是一成不变的。随着经济社会的发展，乡村治理模式必须要与时俱进、不断创新，在中国共产党的领导下走出一条符合国情、联系实际、因地制宜的中国特色道路。

治理

对于治理（governance）这一概念的界定出现了多种说法，治理至今仍是一个相对模糊和复杂的概念。俞可平在《治理与善治》中提到治理的概念源自古拉丁文或古希腊语"引领导航"（steering）一词，原意是控制、引导和操纵，指的是在特定范围内行使权威。它隐含着一个政治进程，即在众多不同利益共同发挥作用的领域建立一致或取得认同，以便实施某项计划。

在治理的各种定义中，全球治理委员会的表述具有很高的代表性和权威性。该委员会于1995年对治理做出如下界定：治理是或公或私的个人和机构经营管理相同事务的诸多方式的总和。治理是使相互冲突或不同的利益得以调和并且采取联合行动的持续的过程。治理包括有权迫使人们服从的正式机构和规章制度以及种种非正式安排。而凡此种种均由人民和机构或者同意，或者认为符合他们的利益而授予其权力。简言之，治理是个人与公私机构管理其自身事务的各种不同方式的总和，是使相互冲突或不同利益得以调和并且采取联合行动的持续的过程。

内卷化

内卷化（involution）又译为"过密化"，源于美国人类学家吉尔茨（Clifford Geertz）《农业内卷化——印度尼西亚的生态变化过程》（*Agricultural Involution: The Processes of Ecological Change in Indonesia*）一书。这一概念最早被用来研究爪哇的水稻农业。在殖民地时代和后殖民地时代的爪哇，农业生产长期停滞不前，只是不断地重复简单再生产，不能提高单位人均产值。

根据吉尔茨的定义，内卷化是指一种社会或文化模式在某一发展阶段达到一种确定的形式后，便停滞不前或无法转化为另一种高级模式的现象。简言之，长期从事一项相同的工作，并且保持在一定的层面，没有任何变化和改观。

一核多元

"一核"，即中国共产党是唯一的领导核心；"多元"，即治理现代化的基本内核。一核多元，即以中国共产党为领导核心，以政府为责任主体，积极引导社会组织、市场企业、公众等多元主体共同参与。

第二节　中国特色乡村治理的实践之路

一、案例：雅安市立法管理新村聚居点探索乡村治理"法治"体系

在雅安市芦山县思延镇侨爱新村，一张由侨爱新村自主管理委员会（以下简称"自管委"）发布的村民告知书被张贴在显眼的位置：

新村聚居点农户：

为管理好新村聚居点，根据《雅安市新村聚居点管理条例》（以下简称《条例》）和相关新村聚居点管理的要求，新村聚居点内严禁私搭乱建，请您积极参与，支持新村聚居点管理……

这份看似普通的告知书，体现的是雅安市在乡村治理中的立法实践成效。

（一）曾经脏乱差，村干部很"头大"

"4·20"芦山强烈地震发生后，雅安市经过 3 年的恢复重建，近 2 万户、9.6 万余人搬进了 232 个新村聚居点，且聚居点规模较大。农村居民生活条件得到极大改善的同时，因为生活习惯带来的聚居点治理问题却给村干部带来了不少难题。

新村聚居点——思延镇侨爱新村，居住着 180 户、655 人。侨爱新村党支部书记、自管委主任余洪强说："居住点集中了，生活方式却没变，乱倒乱搭，环境脏乱差，新村村民又来自 4 个不同村子，矛盾和利益纠纷难免。"生活条件极大改善，村民整体素质却没有大幅提升，特别是部分村民长期自由散居，不能适应新的聚居环境，在房屋风貌控制、公共设施维护、环境卫生治理等方面问题矛盾不断，而且由于居民跨村集中居住，乡村治理面临着不少新问题。

雅安市新村聚居点内，居民常常是跨村集中居住，很多新村村民在思想上却还属于原住村。"以前没有《条例》，我们去村上管环境卫生，村民却说自己是别村的，我们'管不着'。"余洪强补充说，"但他们在聚居点住，我们又必须管。"

聚居村管理的麻烦在于，聚居点村民的户籍和产权关系较为复杂，没有明确的法规来规定义务和保障权利。据雅安市法工委的同志介绍，没有确权明责，致使不少聚居点存在居民管理难和公共资产维护难的问题。

（二）地方立法，村民有了自治"家规"

为了管理好新村，调动村民自治，雅安市正式施行《雅安市新村聚居点管理条例》（以下简称《条例》）。这是雅安市首次行使地方立法权、制定的第一部实体性法规。

芦山县龙门古镇白火村聚居点自管委的同志指着办公室墙上悬挂的《条例》说："有了法规，工作都硬气了。"《条例》不仅确定了自管委的法律地位，还设置了基础性制度，让管理变得有序有效。

现在，白火村聚居点依据《条例》制定了消防安全管理、环境卫生管理等制度。"微菜园"整齐了、水泥路面干净了，有经费补助后路灯也亮了。

太平镇钟灵村新村聚居点村民闫开琼说："从山上搬进二层小楼，水管坏了、邻里有矛盾，都有了解决去处。"

（三）推动实施，还要"搭伙"出力

新村打破了原有村组的界限，管理中涉及政府相关部门、乡镇政府、村组基层组织、自管委、聚居点居民等各方，因此在明确各方权利义务的同时，还要加强联动。

《条例》明确规定了各级人民政府和村民委员会、自管委的职责。雅安市人大常委会还要求将新村聚居点环境综合治理工作纳入年度考核，督促新规落实。

自《条例》公布后，雅安市人大常委会结合自身职能职责，探索出新机制，让各方"搭伙"贯彻落实法规：由市委组成领导小组，牵头宣传贯彻；市、县（区）人大常委会监督；市人大常委会和市政府研究制定实施意见，由各县（区）政府和市级相关部门推进，引导群众积极参与。

经过共同努力，社会宣传贯彻《条例》的氛围已经形成。今后，既要加强法规贯彻落实，也要注重规定的持久性，因地制宜，符合实际，及时修改，让法规更灵活，更接地气。

二、案例：成都市新都区创新农村生活污水治理机制，推动乡村生态振兴提质增效

成都市新都区坚持把农村生活污水治理作为乡村生态振兴的重要抓手，按照"试点先行、全域推进、经济实用、全国示范"的工作思路，聚焦"怎么治""谁出钱""如何管"等关键环节，创新探索出"多元资金投入、企业建设运营、

农户主动参与"的农村污水治理新模式，有效破解了基础设施建设滞后、运营管理责任不明、维护经费不足等治理难题，先后被评为"全国农村生活污水治理示范县""四川省农村生活污水治理千村示范工程试点县"，走出了改善农村人居环境，助推乡村生态振兴的新路。

（一）聚焦"怎么治"，建立专业化治理工作机制

新都区围绕建立具有区域特色的农村污水治理技术体系和建设标准，坚持走先试点后推广、先局部后全局的路子，突出抓好"三个环节"，实现"治有章法"。

一是探索优化治理方案。新都区前期综合考虑经济发展水平、财政状况、污水规模和群众需求等因素，选择 3 家高新环保企业的技术和设备进行测试比对，合理选择技术成熟、成本低廉、操作简单、管理方便、运行稳定的污水处理设施和收集方式。目前，新都区已探索总结出统一收集归入市政管网、村镇集中收集处理、农户分散收集处理三种技术方案，并在全区范围内推广实施。

二是因地制宜精准施策。新都区聘请专业团队深入走访群众、现场踏勘、充分论证，根据地形地貌、人口分布、污水水量、集体经济状况等因素，编制《成都市新都区农村生活污水治理专项规划（2016—2020）》，科学确定整治任务和建设时序，实行"一镇一规划""一村一方案"。同时，新都区统筹推进农村污水治理、农村人居环境综合整治、厕所革命等重点工作，建立区、镇（街道）、村（社区）三级协调机制，集约利用各种资源，最大限度发挥资金使用效益。

三是切实满足群众需求。各村治理项目启动后，新都区根据群众生活习惯、施工现场情况等客观因素，灵活确定每户的设计和选址方案，在坚持统一标准的前提下，切实满足群众的个性化需求。项目实施前，新都区组织村民代表到已完成的点位参观、考察，让群众对污水治理成效"看得见、摸得着"。项目实施时，新都区鼓励党员干部、村民代表先行开工建设，让群众对"墙要敲掉多少""路要剖开几天""管子怎么接"等具体问题做到心中有数。项目完成后，新都区将农村生活污水治理设施管理纳入村规民约，加快构建常态化治理机制。

（二）聚焦"谁出钱"，创新多元化资金投入机制

为破解农村污水治理资金困局，新都区整合财政资金与社会资本，创新治理资金投入"三种方式"，实现"治有支撑"。

一是发挥财政资金示范作用。新都区落实区、镇、村三级主体责任，整合财

政资金 2 800 余万元，积极探索村级公共服务和社会管理专项资金在乡村生态振兴新形势下的新示范。新都区先期建设军屯镇五灵村和龙桥镇山水村生活污水治理试点项目，对农村的人粪尿、洗涤、洗浴和厨用后废水等各类污水做到应纳尽纳、应集尽集、应治尽治，探索出不同污染源的差异化治理经验。

二是拓宽社会资本参与渠道。新都区充分发挥市场作用，大力推广政府和社会资本合作（PPP）模式，吸引中国环境集团、中国电建集团等 6 家专业化企业，投入资金 7.6 亿元，实施 68 个村（社区）的污水治理工程。下一步，新都区将加强与成都环境集团的合作，推广"兴蓉+"模式，采取股权合作，整合资产，拓宽融资渠道，因地制宜，实现治理区域全覆盖。

三是建立治理资金保障制度。地方财政在综合运用项目奖励、投资补助、融资利息补贴等资金支持方式的基础上，通过提取部分污水处理费等形式落实设备管道后期运营维护费用，确保运营管护资金可持续、有保障。

（三）聚焦"如何管"，构建精细化运营管理机制

专业人才缺乏，设施建成后用不好、管不好，是制约农村污水治理成效的重要因素，新都区采取"三大举措"，实现"治可持续"。

一是坚持分段管理。新都区遵循"市场的交给市场、专业的交给专业"的原则，制定实施《农村生活污水治理运行维护管理办法（试行）》，明确各方管理范围和责任，即技术公司负责污水处理设备监管运行，各镇（街道）负责管网巡查养护，农户负责化粪池、隔油池的维护管理，实现分段管理、专业管理。

二是突出智能监控。新都区引入物联网和移动互联网技术，开发智能水务管理云平台，通过电脑、手机等远程监控污水处理设备的流量、电量、运行状态，记录出水水质、检查维护等数据，实现信息化、智能化管理。

三是强化考核督查。新都区建立事后评估制度，每季度对技术公司、镇（街道）考核一次，将考核结果纳入水环境治理年终目标，与运行管护经费挂钩。村干部每月入户检查农户设施运行情况，对设备运行情况不合格的农户进行教育指导，激励先进、鞭策后进，推动形成共享共治的格局。

三、案例：成都市打造"小组微生"农村建设新模式

成都市运用统筹城乡改革的思路和办法，按照形态、业态、文态、生态"四态合一"理念，探索形成了"小组微生"新农村综合体建设的体制机制。近年

来，成都市已建成形态优美、配套完善、产村相融的"小组微生"新农村综合体 186 个，总投资 71 亿元，超过 2.63 万户、约 8.4 万人入住新居。目前，"小组微生"已成为成都市统筹城乡改革的新载体和新农村建设的重要标志。

（一）生态底色上描绘新农村

坡屋顶、青砖瓦、庭院廊柱、镂空花窗……川西民居风貌和林盘特色交相辉映，房前屋后清泉环绕，村庄里干净整洁，村庄外田野青葱，柏油路蜿蜒而过，串起了村民聚居点和产业基地，既有现代城市印记，又不失乡村恬淡野趣。郫都区三道堰镇青杠树村新农村综合体建设带来的变化让村民倍感自豪。

"我们 9 个居民点的水、电、气、电话、电视、宽带网络'六通'，聚居点到自留地只需步行几分钟，安逸得很！"村主任钟家旭介绍说，新村充分利用原有的林盘、农田、水系等资源，综合考虑村民生活半径，选择村民小组中心或交界点位的院落布局聚居组团，以"院落"为组合单位，打造"院在田中、院田相连"的川西田园风光。房前屋后规划成老百姓的"微田园"，让每家每户自己种植蔬菜瓜果。

"小组微生"如何建才不走样？成都市创新统筹城乡规划机制，出台《成都市农村新型社区"小组微生"规划技术导则》，明确新村在空间组织、建设形态上的各项要求。成都市推行城乡规划全覆盖和乡村规划师制度，为新村科学规划、合理布局和监督实施奠定了坚实的基础。

"小组微生"怎么建？由谁说了算？成都市在新村建设过程中注重充分尊重农民群众自主权利。双流区胜利镇云华社区鼓励农户以集体建设用地使用权等入股组建土地股份合作社，成立项目理事会、议事会和监委会，自主实施建设，探索出了"是否参与自主选、实施方案自主议、资金安排自主定、建设质量自主督、建好新居自主管"的"五自"模式，真正做到还权于民，集中智慧把新村建成了群众满意的民心工程。

"小组微生"建设的钱从哪里来？成都市运用农村产权制度改革成果，盘活土地、资金等要素资源，用好用活城乡建设用地增减挂钩政策，以土地综合整治、林盘整治项目为载体，探索集体建设用地开发利用的实现路径；采取农户自筹资金、农村产权抵押融资、引入社会资金合作开发等多种方式筹集建设资金。郫都区三道堰镇青杠树村将土地整理节余的 269 亩集体建设用地，通过公开挂牌出让，筹集资金近 1.9 亿元。

（二）田园风光里发展新产业

街安路距大邑县安仁镇仅 1 000 米，6 米宽的稻香旅游环线，蜿蜒 58 千米，串起崇州市 10 万亩粮食高产稳产高效综合示范区，而余花龙门子林盘就在数个荷花田、红提园、油菜花田（水稻田）的环绕之中，每个季节都有独特的"耍法"。"'小组微生'营造出了田园风光，发展乡村旅游，为农民致富增收拓宽了门路。"群安村支部书记余江涛高兴地说。乡村特色节庆活动每年给桤泉镇带来 60 余万名游客，年综合旅游收入上亿元。2016 年，该镇农民人均纯收入攀升至 18 117 元，同比增长 11.4%，新提供就业岗位 521 个，解决农村富余劳动力就业 300 余人。

"纵观全市的'幸福美丽新村'建设，'产业立村'已经成为共识。"成都市统筹委相关负责人认为，"新村要想持续'幸福美丽'，必须靠产业发展提供经济支撑。"

新都区新繁镇高院村的玲珑锦院，结合餐饮旅游业需求，多采用大空间设计格局，便于发展以农家乐为主的庭院经济。高院村引进蓝莓园、百草园、尚作有机蔬菜园等产业项目，让大部分新村农户就近就业，实现农旅结合、产村相融。采用"区镇招商选资，农户洽谈落地"的方式，高院村及周边村的村民以社为单位，将 2 900 亩农用地以每亩 1 500 元/年的价格流转给明学川芎等 3 个农业产业龙头项目。高院村以龙头项目带动农户的模式，建设了 1 000 亩百草园、400 亩尚作有机蔬菜园、300 亩樱桃园，并依托邻近的蔬菜专业合作社建成 1 200 亩精品蔬菜基地，搭建起"三园一社"的产业框架。高院村及周边现已形成中草药、有机蔬菜、樱桃等规模化特色种植产业。

"新农村建设的最终目的，是实现农民增收致富，提升生活品质。"新繁镇党委书记钟毅介绍说，农民通过参与项目开发、建设、经营、管理，实现了就近创业就业，多元增收。目前，农户可获得每亩 1 500 元/年的土地租金收益，出租空置农房每月可获得 5~10 元/平方米的租金收入，进园区务工每天可获得 60~80 元的工资收入。农民还可参与第一产业和第三产业经营，获得持续收入。

（三）配套建立民事民议制度

在都江堰市柳街镇五一社区 9 组陶兰馨居内，幢幢两层小楼，掩映在茂密的树林中，小区里鸟鸣蝶舞，惬意舒适，三三两两的老人和孩子脸上都洋溢着安宁幸福。通过统规自建模式，这里安置村民 175 户、540 人。生活环境好了，钱包也鼓了起来，村民们真正过上了新型农民幸福的富裕生活。

与之配套的是充分发挥群众自主意识的民事民议制度。在成立院落业主委员会（以下简称"业委会"）的基础上，小区推行党小组对全体党员负责、业委会对户代表负责、党员和户代表对全体住户负责的三级自主管理模式，乡村旅游协会、诗歌协会、兰花协会等各类组织积极开展社区服务。

在推进城乡基本公共服务均等化、改善人居环境的过程中，成都市从 2009 年起全面开展村级公共服务和社会管理改革，建立村民议事会制度，推动村民自治逐步走向成熟。多年来，市县两级财政每年向每个村拨付至少 40 万元，实现了村级公共服务"有钱办事"。成都市统筹委负责人介绍说，"小组微生"农村新型社区公共服务设施配套从之前的"1+21"（1 个社区配套 21 项服务）调整为"1+8+N"，就是要依托村民议事会这一自治机制，充分尊重群众意愿，按照"因地制宜、设施共享、弹性配置"的原则合理配套，既满足农户生产生活的实际需要，又避免财政资金和公共资源的浪费。

第三节　中国特色乡村治理实践之路蕴藏的高深智慧

一、基于善治理论视域下的乡村治理法治化建设

善治是随着治理理论的发展而产生的新概念，意思是"良好的治理"。我国乡村治理一直在不断探索有效的社会治理格局，致力走中国特色社会主义乡村善治之路。善治离不开法治建设。法治作为善治的基本要素也是基本原则，离开法治建设的善治实属空谈。法治是人类政治文明的重要成果，是现代社会的基本框架。党的十八届四中全会提出"全面依法治国"的战略方针，是发展社会主义市场经济的客观需要，也是社会文明进步的显著标志，是确保国家长治久安的重要保障。贯彻实施依法治国基本方略，必须把法治基础放在基层，在乡村治理层面必然要实现"依法治村"。乡村社会要实现治理有效，必须以法治建设作为基本保障。

（一）法治是善治的基本要求

法治的基本意义在于法律是公共政治管理的最高准则，任何政府官员和公民都必须依法行事，在法律面前人人平等。善治是使公共利益最大化的社会管理过

程，表示国家与社会，或者说政府与公民之间的良好合作。乡村治理的理想状态则是实现善治。基于善治理论框架，乡村治理的法治化建设是达成乡村善治目标的基本要求、基本原则，探索乡村治理的法治化进程是形成乡村善治格局的关键。

雅安市立法管理新村聚居点，就是对乡村治理法治化建设的有效探索。在《条例》出台以前，新村聚居点的治理问题十分尖锐，主要表现为：第一，聚居点中所住村民的文化素质并不高，长期自由散居养成的生活习惯使其不能适应新村聚居点的居住环境。第二，聚居点的村民多是跨村居住，在思想上仍属于原住村，对于聚居点的管理并不配合。第三，聚居点村民的户籍和产权关系较为复杂，权责不明确导致聚居点的管理和公共资产维护不到位。

法治的直接目标是规范公民的行为，管理社会事务，维持正常的社会生活秩序。在难以统一村民行为及思想、无法明确权责划分的背景下，《条例》的出台让尖锐的矛盾开始得到化解。作为地方立法，《条例》具有强有力的外部保障力。《条例》出台，明确规定了村民的行为准则，肯定了新村聚居点自管委的法律地位，维持了雅安市新村聚居点社会生活秩序的稳定。原本行为并不符合新村聚居点生活规范的村民对照新规有了行为参照准则，由法治建设推动村民改变原有的生活陋习。原本思想还属于原住村、并不配合新村管理的村民依照新规明确了自己的真正归属，由法治建设减少新村聚居点的管理阻力。《条例》还明确了各主体的权利与义务，加强了管理中涉及的政府相关部门、乡镇政府、村组基层组织、自管委、聚居点居民等各方的相互合作，让新村聚居点的治理主体积极发挥作用。

俞可平认为，善治具有十大要素：合法性、法治、透明性、责任性、回应性、有效性、参与、稳定、廉洁、公正。其中，法治是善治的基本要求。法治作为"三治合一"乡村治理体系建设的重要保障，自始至终占据着关键地位。乡村治理有了法律的约束性、强制性，才能使各项工作有效开展。坚持全面依法治村，需要有法可依，在任何乡村治理建设工作实施前都应该确保其合法性。法治化建设中的"法"应为良法，体现人民意志，且只有实现了程序合法和结果合法的有机统一，才能称得上真正意义上的法治。

（二）法治推动自治发展

善治理论中的"参与"要素指"公民对政治和其他公共生活的参与"。法治的最终目标在于保护公民的自由、平等及其他基本政治权利。要达成乡村善治，公众参与是核心。充分调动自治主体的积极性，必然需要以法治来保障自治主体的基本权益，因此乡村治理法治化建设会促进村民自治制度的发展。

雅安市立法管理新村聚居点，以法治建设推动了新村的自治发展，让新村自治有法可依。村民是自治的主体，由于新村的村民是跨村聚集，村民对新村的归属感不强，并没有积极主动参与到新村管理中，村民在日常生活中并没有形成维护新村环境的意识，因此新村聚居点"脏、乱、差"问题棘手。大部分村民没有作为主人翁的意识，不愿主动参与到新村的管理中，自治成了"空谈"。同时，新村聚居点自治管理委员会的地位也显得十分"尴尬"，无法真正发挥作用。

随着《条例》的出台，自治管理委员会的地位得到法律保障，村民"正视"自己作为新村管理的自治主体。自治离不开法治的保障，法治推动了自治的发展。村民作为自治主体，积极发挥主体作用，让雅安市新村聚居点更有效地从"脏、乱、差"变成了"净、洁、美"。

公众参与是实现乡村善治的核心。法治化建设能有效推动村民自治的发展，从法律角度对村民自治主体的地位加以肯定，让村民明确意识到自己的主体地位，进一步积极投身到村落的自我管理中，积极参与村内各项事务，切实维护自身利益。

（三）德法兼济，共建善治

随着现代化建设进程的推进，乡村社会正在历经转型，乡村中传统的内生秩序面临着崩塌、失序的风险，树立符合新时代特性、与时俱进的道德体系，能在乡村的"熟人社会"中发挥重大作用。通过道德规范约束人们行为，形成并维护人们所期望的社会秩序，让与时俱进、符合社会主义核心价值观的道德规范体系发挥道德引领、规范、约束的内在作用，增强村民的认同与支持，能促进乡村治理形成善治格局。在乡村治理法治化建设过程中，"法"是乡村治理的强制性外生力量，只有"德法兼济"，将外生力量内化为主体对乡村治理的深刻认识，才能有效达成善治目标，实现善治的持续发展。

村民的整体素质低、对新村的归属感弱是雅安市新村聚居点出现治理问题的重大原因之一。要让新村实现持续的良好治理，对村民展开素质教育、进行环保宣传是不可避免的。基于善治视域，雅安市新村聚居点应在《条例》出台的同时，展开德治教育，做到德法兼济，在内外部两股力量的共同作用下，共同建设善治格局。具体来讲，新村聚居点可以通过开办素质教育大讲堂促进村民养成良好的生活习惯，通过制作公告栏、环境保护漫画促进村民环境保护意识的形成。

德法兼济是道德与法律互补结合的最好诠释，道德和法律都是社会上层建筑的重要组成部分，都是规范人们行为的重要手段。坚持以德治村和依法治村，发挥德治与法治的相互作用可以促进新时代乡村治理善治格局的形成。

二、基于元治理理论视域下的治理主体多元化参与

"治理"一词随着适用范围、领域的不断扩大，概念愈发繁多，相关理论观点也越来越丰富。随着全球化的发展，社会环境日益复杂，强调治理主体多元化的观点被广泛推广。然而，多元主体治理存在着责任模糊、冲突频发、协作缺乏等问题，可能会导致社会治理面临治理失灵的情况。"元治理"为弥补治理失灵应运而生，被称为"治理的治理"，强调政府是治理中的领导中心，应有效地进行统筹协调。

治理理论多是在西方历史经验的基础上提出的，于我国而言，并不完全适用。我们在研究治理理论一般规律的同时，必须结合我国实际情况进行研究。因此，我们在引入西方治理理论的同时，要将其本土化，立足我国实际情况。乡村社会环境愈发复杂化，现代化的乡村治理不再是一元化治理，而是强调多元主体参与，但是"去中心化""去权威"的自由化趋势不适合中国实际，基于元治理理论视域，探讨治理主体多元化的问题更具参考性。结合我国基本国情，我们必须明确现代化乡村治理提倡的治理主体多元化是在坚持执政党在治理体系中核心地位的前提下的多元化。基于元治理理论视域，结合我国治理情景，我国的乡村治理有效性的实践探索要坚持以中国共产党为领导核心，以政府为负责主体，充分调动多元主体积极性，共同参与乡村治理。在党的领导下，在政府的引导下，积极发挥其他主体的作用是实现乡村治理现代化的有效实践。以基层党组织为领导核心，以政府为负责主体，引导市场、公众等多方力量共同参与乡村治理，可以让乡村治理更科学、更有效。

（一）坚持党委领导、政府负责

基于元治理理论视域，我国乡村治理必须以党委作为领导核心，统筹全局，协调各方关系；以政府作为负责主体，发挥政府工作职能，落实执行具体工作。这是结合我国基本国情，对元治理理论本土化的发展创新。

成都市新都区在党委和政府的领导下，成功探索出了农村生活污水治理的新模式。成都市新都区以"试点先行、全域推进、经济实用、全国示范"作为工作思路，准确把握污水治理的三个关键环节，聚焦"怎么治""谁出钱""如何管"，让成都市新都区农村生活污水治理问题得到了有效解决。党委和政府准确把握了问题的关键，抓住了污水治理中的主要环节，让农村生活污水治理的难题有了明确的解决方向。成都市新都区把握关键环节，一步步踏踏实实地解决问题，处理好每个关键环节的问题，并根据"点→线→面"的工作路径以及由部分到整体的工作思路，最终达到系统化解决整个农村地区生活污水的治理难题。

乡村治理取得的显著成效离不开中国共产党的领导，乡村治理要继续发展、完善，必然要以党为领导核心，走中国特色社会主义道路，毫不动摇地坚持和加强党对农村工作的领导。同时，乡村治理要实现有效性探索，就要积极发挥政府的引导作用，以政府为负责主体，真正实现政府角色向"有限引导型"转变，落实好乡村治理的具体实施，做到不缺位也不越位。

（二）引导多元主体积极参与

元治理是对多元治理模式的管理，在强调政府的治理中心地位时，也十分强调政府作为协调机构的重要性，减少多元治理主体间的对抗和冲突。基于元治理理论视域，我国乡村治理要坚持党委领导、政府负责，充分调动多元主体参与治理的积极性，构建各主体间平等合作的关系，培育各主体间更有效的协作协同。

成都市新都区农村生活污水治理工作稳步开展离不开多元治理主体的积极参与。在党委和政府的领导下，污水治理工作有了关注的重点，也有了工作的思路，但要落实在具体的实践中，还需要积极调动各方力量共同参与治理。在生活污水治理的过程中，党委和政府提出"怎么治""谁出钱""如何管"是关键环节，在每个环节中也有着相应的任务部署，需要积极统筹协调多元主体合作共治。在成都市新都区农村生活污水治理的过程中，党委和政府、市场、精英、公众等治理主体都发挥着无可替代的作用。

在建立专业化治理工作机制时，企业、专家团队、精英等发挥了关键作用。第一，企业参与污水治理，提供技术和设备。三家高新环保企业利用高端技术和设备对生活污水进行了检测，结合现阶段经济发展水平、污水规模、群众需求等因素，合理选择适当的污水处理设施和收集方式。第二，专家团队立足实际，提供具体治理规划。成都市新都区通过聘请专家团队进行实地考察，编制普遍性与特殊性相结合的《成都市新都区农村生活污水治理专项规划（2016—2020）》，科学确定整治任务和建设时序。成都市新都区在实行"一镇一规划""一村一方案"的同时做到与其他重点工作同步统筹推进，实现资金效用最大化。第三，精英发挥带头作用，带动村民配合污水治理。在污水治理项目实施前，成都市新都区通过组织村民代表到已完成的点位参观、考察，让村民们能够对项目工程有初步认识。在污水治理项目实施时，党员干部、村民代表先行开工建设，发挥带头作用，让广大村民能够进一步了解污水治理工程的具体情况。在污水治理项目实施后，精英力量推动污水治理设施的管理工作纳入村规民约，加强了村民对项目工程的认同与支持。贯穿项目工程的实施过程，成都市新都区通过发挥村民代表、党员干部等精英的力量，让污水治理工程的实施阻力大大减少，最终被村民广泛接受。第四，村民在污水治理工程实施前，充分表达了自己的意见，使得工程实施在坚持统一标准的前提下，实现了个性化。成都市新都区农村生活污水治理是普遍性与特殊性相结合的体现，让治理工作更加科学化和合理化。

在创新多元化资金投入机制时，政府和市场共同参与。党委和政府明确了资金投入的形式——整合财政资金与社会资本，在引导地方财政充分投入的同时，充分发挥了市场的作用。第一，党委和政府通过落实区、镇、村三级在污水治理工程中的主体责任，整合财政资金，增强了资金实力，并将整合后的财政资金投入公共服务和社会管理中，通过试点项目进行经验总结，让污水做到应纳尽纳、应集尽集、应治尽治。与此同时，党和政府对后期运营维护工作的资金需要予以重视，在资金支持的基础上留取一部分地方财政资金，为后期工作提供保障。第二，市场进入污水治理，通过政府和社会资本合作模式吸引中国环境集团、中国电建集团等6家专业化企业进行投资，实施污水治理工程。在财政资金不足的情况下，这一模式为破解农村污水治理资金困局做出了重大贡献。同时，成都市新都区对"兴容环境+"农村污水治理模式进行推广，进一步拓宽融资渠道，将社会资本融入污水治理工程中。

在构建精细化运营管理机制时，政府、市场、公众等多元主体协同合作，让运营管理实现有效化。第一，地方政府制定实施《农村生活污水治理运行维护管理办法（试行）》，明确各方管理范围和责任，以强硬力量实现在运营管理过程中的专业化，为运行维护管理提供有力保障。政府既是规则的制定者，也是过程的参与者。地方政府除了制定相应管理办法，也积极参与到了维护管理的过程中，承担着各镇（街道）管网巡查养护的责任。同时，为了确保工作效率与工作质量，地方政府建立了事后评估制度，由政府专门机构对每季度的工作任务进行绩效考核。第二，市场参与污水治理，让治理更具专业水准。在分工明确的情况下，由于技术公司对污水治理技术了解得更为深入，因此承担起了污水处理设备监管运行的责任。同时，成都市新都区通过引入市场中更先进、更科学的物联网和移动互联网技术，开发智能水务管理云平台，实现了污水治理的信息化、智能化。第三，要让生活污水治理实现可持续，必然离不开村民的积极参与。在生活污水治理的过程中，农户主要负责化粪池、隔油池的维护管理工作。要实现生活污水治理有效，除了让村民参与其中外，还应该加强对村民的环保意识教育，从源头上减少生活污水的产生。

元治理理论的基本论点对中国乡村治理有着较强的指导意义。在一元化治理模式不再适应现代化乡村治理时，元治理可以弥补多元治理中存在的问题，对复杂的多元治理进行管制，让治理中心充分发挥统筹协调的作用。同时，治理中心管制不足和管制过度也会引发矛盾和难题，这就要求元治理者在两者中寻求一种平衡。我国在乡村治理中不断强调建立健全基层党组织，以提升组织力为重点，领导基层治理。党组织建设是乡村治理的核心与关键，在党组织的全面领导下，引导、支持多方主体参与乡村治理。

三、基于可持续发展理论视域下的"小组微生"模式

1987 年，世界环境与发展委员会（WECD）在其发表的《我们共同的未来》报告中，第一次正式阐述了可持续发展的概念，即既能满足当代人的需要，又不对后代人满足其需要的能力构成危害的发展。在可持续发展的内涵中，"需要"和对需要的"限制"是两个关键要素。可持续发展理念主张人类要寻求发展，但是发展具有限制性。作为全新的发展观念，可持续发展理论不再一味追求经济增长，而是强调生态、经济、社会的持续协调发展。

川西林盘，风景别具一格，是成都市的一大特色也是一大亮点。利用天然自然资源，成都市探索出"小规模、组团式、微田园、生态化"的新农村建设模式，走出了一条与林盘、山体等生态要素有机融合的小规模聚居、组团式布局、微田园风光、保护生态化的可持续发展之路。成都市"小组微生"模式是一个追求生态、经济、社会持续协调发展的创新模式，既保护了原有的生态环境，又

通过乡村旅游发展了乡村经济，还通过建立民事民议制度促进了自治发展。

（一）生态持续是发展的基础

可持续发展以自然资源为基础，同环境承载能力相协调，要求在追求发展的同时尊重自然、师法自然、保护自然、与自然和谐相处。生态环境保护是可持续发展的重要方面，在维护生态环境的基础上追求经济和社会的发展才是实现可持续长久发展的正确道路。

绿水青山就是金山银山。成都市为了推动城乡统筹发展，为了在保护原生态环境的基础上推进乡村现代化建设，在实践中摸索出了一套颇具特色的新农村建设模式。"小组微生"新农村建设模式主张对自然环境的低干预和现代化建设的低工程，最大限度保护原有生态风貌，做到了生态持续协调发展。成都市郫都区三道堰镇青杠树村在保留原有川西民居风貌和保护川西林盘特色的前提下，进行了新农村建设，既保护了原有的生态环境，又充分利用了原有资源打造出"院在田中、院田相连"的川西田园风光，便利了村民的生活，在限制性的发展中，维护、合理使用了自然资源。

准确把握自然资源及其开发利用程序间的平衡，在不超出维持生态系统承载能力的情况下，追求经济社会的发展，是可持续发展的重要内涵。利用得天独厚的自然资源建设新农村，既保护了生态环境又满足了乡村现代化建设的需要。

（二）经济持续是发展的条件

经济发展是人类生存和进步所必需的物质保障。可持续发展强调发展是核心，在丰富的发展内涵中，强调经济持续发展的必要性，必须通过经济发展提高当代人的福利水平。经济发展并不意味着单纯追求产值增长，而是具备长远眼光的发展，追求数量与质量相结合的经济发展模式。

"小组微生"新农村建设模式提倡保留川西田园的独特风貌，营造出了优美的田园风光，这为实现农旅结合、产村相融提供了得天独厚的条件。以农旅结合带动产业融合发展，是对传统生产模式的一次大变革，也是经济发展模式的新道路。崇州市桤泉镇群安村和新都区新繁镇高院村就凭借微田园风光开启了农旅结合的实践，大力发展乡村旅游，促进了乡村经济增长，增加了农民收入，让"产业立村"成为共识。成都市通过"小组微生"打造新农村，让乡村既保留了原有的独特风光又打造出满足群众需求的居住环境，与此同时还给新农村的经济发展指明了新的道路——为产业发展提供经济支撑。群安村和高院村利用田园风光发展旅游业是农村产业融合的实践，是经济持续发展的体现，是农业多功能性的展现，是乡村振兴的关键一环。

乡村旅游的发展让农业生产带给农民的不仅仅是丰收的喜悦，而且还有随产业链升级而来的新的就业机会，为解决大量农村富余劳动力就业提供了新方向。成都通过社会主义市场机制招商选资，促进了土地流转，让小农作业的传统农业向规范化的现代农业迈出了一大步。在土地流转带给农民土地租金收入的同时，农民还可以通过参与投资项目的开发、建设、经营、管理，实现就近创业就业，获取收入。"小组微生"新农村建设模式不仅给农民营造了一个更宜居的环境，更促进了乡村经济的持续协调发展。基于可持续发展理论视域，在保护自然生态的基础上，"小组微生"新农村建设模式实现了经济数量与质量的同步增长。

（三）社会持续是发展的目的

社会系统的持续进步是可持续发展的目的，社会发展应与经济、资源和环境保持协调。可持续发展主张以人为本，建立发展持续、稳定、健康的自然、经济、社会复合系统。其中，社会持续协调发展的本质应当包括改善人类生活质量、提高人类健康水平、保障人类享有平等自由的权利等。

在"小组微生"新农村建设模式下，青杠树村综合考虑村民生活半径来实现"六通"，保护了原有的川西林盘的风貌，提高了农民的生活品质。陶兰馨居推行建立在院落业主委员会的基础上的三级自主管理模式，建立健全民事民议制度，充分尊重群众自主意识，引导、发挥、协商民主在乡村治理中的积极作用。村民积极对村里的日常事务进行自主管理，村民的合法诉求得到充分满足，保障了村民的合法权益，促进了乡村社会的发展。村民议事会既能满足村民的实际需要，又避免了财政资金和公共资源的浪费。

基于可持续发展理论视域，社会持续协调发展是其目的。"小组微生"新农村建设模式下的乡村社会做到了与自然和谐相处，提高了村民的生活水平，推动了村民自治的发展，让乡村社会实现了稳步前进。同时，要实现乡村的有效治理，必然要赋予乡村治理充分的自主性。我们强调在党组织的领导下支持和保障村民开展自治活动，直接行使民主权利，发展农村基层民主。我们不断发展和完善村民自治的有效实现形式和途径，在坚实的民主自治框架下实现"德法兼济"，构建"三治合一"乡村治理体系，真正实现"治理有效"。

善治

善治（good governance），即良好的治理。善治是随着治理理论的发展而提出的新概念。格里·斯托克提出善治目标的出现，源于治理的失效。

陈广胜在《走向善治》中对善治这一概念进行了有代表性的概括：第一，就治理主体而言，善治是"善者治理"。第二，就治理目的而言，善治是"善意治理"。第三，就治理方式而言，善治是"善于治理"。第四，就治理结果而言，善治是"善态治理"。概括地说，善治就是使公共利益最大化的社会管理过程，其本质特征是政府与公民对公共事务的合作管理，是政府与市场、社会的一种新颖关系。

俞可平在《治理与善治》中提到善治的本质特征就在于它是政府与公民对公共生活的合作管理，是政治国家与公民社会的一种新颖关系，是两者的最佳状态。善治实际上是国家的权力向社会的回归，善治的过程就是一个还政于民的过程。善治表示国家与社会或者说政府与公民之间的良好合作。

元治理

元治理（meta governance），即治理的治理，是指对市场、国家、公民社会等治理形式、力量或机制进行一种宏观安排，重新组合治理机制。这一理论的提出，就是对治理理论的完善。

元治理是以鲍勃·杰索普（Bob Jessop）为代表的英国学者在对治理进行反思的基础上提出的一种治理范式。杰索普认为，元治理是为了克服治理失灵而进行的对自我管理的管理和对自我组织的组织。元治理追求科层制、市场和网络三种治理的协调。

可持续发展

可持续发展（sustainable development）的概念的明确提出，最早可以追溯到 1980 年由世界自然保护联盟（IUCN）、联合国环境规划署（UNEP）、野生动物基金会（WWF）共同发表的《世界自然保护大纲》。

有关可持续发展的定义十分广泛，但被广泛接受的、影响最大的仍是世界环境与发展委员会在《我们共同的未来》报告中的定义。该报告中，可持续发展被定义为："既能满足当代人的需要，又不对后代人满足其需要的能力构成危害的发展。它包括两个重要概念：需要的概念，尤其是世界各国人们的基本需要，应将此放在特别优先的地位来考虑；限制的概念，技术状况和社会组织对环境满足眼前和将来需要的能力施加的限制。"

第四节　中国特色乡村治理的发展趋势

随着经济社会的发展，乡村社会陡然发生巨变，传统的乡村治理已不再适用于现代化的乡村建设，乡村治理体系要与时俱进、不断创新。乡村治理的创新必须要立足于乡村社会的实际情况，汲取过去乡村治理的经验，致力解决当下乡村治理的问题。现代化建设、城乡统筹发展的推进，让乡村社会原有内生秩序受到强烈冲击。在乡村社会越来越开放的同时，乡村空心化、传统思想固化、民主法治意识淡薄等问题不断出现。正处于转型中的乡村社会在现代化的发展中呈现出了新的特点，与之配套的新时代的乡村治理体系要坚持自治、法治、德治相结合的新要求，立足乡村社会的实际，在中国共产党的领导下，以政府为负责主体，充分调动多元主体积极合作，共同参与乡村治理。

一、转型中的乡村社会

中国的现代化建设、城乡统筹发展给乡村社会带来了强烈的冲击。要实现我国的现代化建设伟业必然要推动乡村的现代化进程。目前，我国乡村社会正处于转型期，原有的内生秩序受到现代化进程的冲击，乡村社会发生巨变。当下的乡村社会就存在农民身份模糊化、"熟人社会"性质逐渐瓦解、传统生产方式逐步被淘汰、传统观念价值备受冲击的特征。要加快现代化建设进程，必然要从当下乡村社会呈现的基本性质和特征出发，走符合我国国情的特色发展道路：正确认识转型期乡村社会的特点，大力培养新型职业农民，推动法治建设形成"契约社会"，重视现代化农业生产模式的推广，促进产业融合发展，弘扬具备时代性、符合我国社会主义核心价值体系的乡村文化。

（一）农民身份模糊化

在中国源远流长的璀璨历史进程中，农民始终是一个不可或缺的角色。当下，随着党和国家对"三农"问题的重视，"三农"问题中的"农民问题"也受到了极大的关注。"农民"一词出自《谷梁传·成公元年》："古者有四民。有士民，有商民，有农民，有工民。""农民"一词的概念随着社会的变迁在不断丰富，是一个动态的发展的概念。在我国实行社会主义市场经济制度的环境下，在人才自由流动、就业自由选择、行业分工日趋交叉整合的趋势下，对于"农民"的界定更是模糊不清。原本收录在《现代汉语词典》中有关农民的解释和定义（在农村从事农业生产的劳动者），已经不能够很好地对农民的身份进行界定，因为在当前，农民并不一定直接长期从事农业生产，很有可能通过让渡土地经营权获得固定租金。同时，随着城乡统筹战略的实施，城市化进程加快，农村大量劳动力进城务工，务农兼业化日益显著，"农民工"一词成为学术界的研究热潮。从传统意义上讲，上述群体并不能算是真正的农民，当然更不能将其归为工人、个体户等，这也就说明了当前处于转型期的农民存在着身份模糊化的问题。

农民身份转化是中国实现现代化的必然要求。如今，对于农民的界定，并不能仅按照传统意义上的释义去理解，而应该赋予其时代性的特征，注重农民在时代发展中被赋予的社会属性，不能从单一的角度去看待该群体，尤其是在着重培养新型职业农民的今天。我们更应该意识到，我国农民身份的变迁已经进入新的历史时期。

（二）熟人社会开始向契约社会转变

费孝通在《乡土中国》中提出"熟人社会"的概念，认为中国社会具有乡土性的基本特点，在地方性的限制下形成了生于斯、死于斯的社会。"熟人社会"是对中国乡村社会性质的经典论述。随着现代化进程的推进，乡村社会的原有内生秩序受到了强烈的冲击，乡村大量人口劳动力流出、原有以家庭为单位的生产方式改变、时代新思想的传播等都在使乡村社会发生着巨变。乡村社会的变迁让传统的"地缘关系"变得薄弱，在越来越广阔的社会空间里，人们逐渐成为"陌生人"。当下的乡村社会不再是一个单纯的"熟人社会"，而是逐渐转变为"半熟人社会""弱熟人社会"甚至是"陌生人社会"。

当代中国乡村的社会关系与生产结构已发生剧烈的变化，"熟人社会"的乡村性质逐渐淡化，法治观念的传播越发广泛，人们对于契约的认同也在潜移默化中逐渐加深，传统的依赖亲疏关系办事的行为转变为依赖规章制度办事。乡村社会性质的转变是势不可挡、不可逆转的，这是乡村治理模式逐渐改变的结果，同时也是乡村治理达到善治的关键。由"熟人社会"向"契约社会"转变，必然要重视法律法规对人的约束作用，依法开展乡村治理工作，加强村民对法治的认同与支持。

（三）传统农业生产方式面临挑战

自中华人民共和国成立以来，农业生产方式在社会经济的发展中不断变迁。

土地改革时期，形式各异的劳动生产互助合作相继开展；人民公社化运动时期，以农民生产劳动集体形式兴起的合作社进行了大量的农业合作化运动；改革开放时期，以家庭联产承包责任制为基础的农业生产方式调动了大量农民的积极性。随着社会主义市场经济制度的不断完善，实现由以家庭为单位的传统农业生产方式向现代化农业生产方式的转变变得至关重要。农村劳动力的大量流出、食品需求的快速增长、农业生态环境出现恶化等因素导致以家庭为单位的传统的农业生产方式面临着巨大的挑战。如今，传统的农业生产方式的弊端愈发凸显，生产效率低、人力耗费高、技术含量低等，让传统农业生产方式跟不上时代发展的步伐，发展集约化、规模化、机械化、智能化的现代化农业是实现农村现代化建设的重要一环。但是，受自然条件限制，在山区和丘陵地带进行土地集中机械化管理的条件并不成熟，因地制宜仍然是解决乡村发展问题的基本思路。

以家庭为单位的传统农业生产方式面临着危机和挑战，实现农业生产方式的转型，必然要广泛应用现代科学技术、现代工业提供的生产资料和科学管理方法带来的现代农业生产方式，让农业生产方式适应时代的进步、适应我国现代化建设的进程，甚至是起到推动和促进的作用。同时，促进乡村产业融合，通过"产业立村"实现乡村经济的平稳增长也是实现乡村振兴的一大关键。

（四）传统乡村文化受到冲击

乡村原有的内生秩序实则是以乡村传统文化来作为基石的；乡村文化以独特的秩序意义规范和约束着人们的行为，维护着乡村秩序的稳定。城乡一体化发展，对乡村的传统文化产生了强烈冲击，传统乡村文化的秩序价值被逐步瓦解。传统的乡村文化秩序是以农业文明为基础的，而城乡一体化进程将工业文明引入了乡村，打破了传统乡村文化的封闭性。传统乡村文化受到了城市化的冲击，随着乡村社会经济发展，乡村的内生秩序逐渐失序、瓦解。大量劳动力的流出更是加剧了对地缘关系的不认同和农民与土地之间联系的淡化。城市文化和工业文明不断潜移默化地改变着农民原有的风俗习惯、思维方式、人际交往方式等，随之而来的是农民对乡村的归属感减弱、原有的乡村内生秩序瓦解、传统价值体系的崩塌等。乡村振兴战略中明确提出了"乡风文明"的建设要求，乡村文化对乡村治理的影响不容忽视，同时它也对现代化建设发挥着不可估量的作用。

乡村传统文化受到强烈冲击，农民对传统文化的认同感不断下降，乡村传统道德逐渐破碎、瓦解。要想走出乡村文化秩序危机，实现乡村振兴战略中"乡风文明"的建设要求，必然要构建与时俱进的、符合中国社会主义核心价值观的乡村价值体系，促进优秀乡村文化的传承与发展，树立高度的乡村文化自信，培养村民的文化自信。

二、围绕"一核多元"，构建"三治合一"的治理体系

乡村中越来越多的青壮年劳动力向外流出，留下老人、妇女、儿童留守，导致乡村"空心"化现象严重。农村青壮年劳动力向城市流动，对我国的经济发展、城乡一体化发展固然发挥着重要作用，但是乡村中过多的青壮年劳动力流出不利于乡村自身现代化的建设。乡村"空心"化直接带来的一个难题就是自治主体的缺位。大量年轻劳动力的流出，直接从根源上制造了村民自治的困境。流失的年轻劳动力实则很大一部分是乡村的"精英力量"，留下的老人、妇女、儿童普遍受教育程度不高，民主法治意识不强，因此他们的村民自治热情和积极性也大打折扣，并不能有效地进行自治。

乡村"熟人社会"的社会性质虽然在逐渐转变，但在"熟人社会"中形成的办事方式成为历史遗留问题。中国社会具有乡土性的基本特点，尤其是中国乡村社会受地缘关系、血缘关系的影响颇深，长年形成了"熟人好办事"的风气，办事大多注重和强调彼此之间的亲疏关系、感情深浅程度，以"关系"代替"契约"，以"人情"代替"竞争"。

随着乡村的传统文化价值体系受到城市文化和工业文明的冲击，旧有的秩序和规范逐渐瓦解，新的规则尚未建立，村民缺少自律和他律的标准与要求。而城市化进程中出现了享乐主义、功利主义、消费主义，乡村社会中的不良风气可能会盛行。乡村传统文化价值体系变得碎片化，没有先进乡村文化的引导，缺少与时俱进的符合社会主义核心价值观的价值体系，就会让村民的精神世界变得空虚，同时也难以让村民对乡村产生归属感和认同感。

《中共中央　国务院关于实施乡村振兴战略的意见》（2018 年 1 月 2 日）强调乡村振兴，治理有效是基础。我们必须把夯实基层基础作为固本之策，建立健全党委领导、政府负责、社会协同、公众参与、法治保障的现代乡村社会治理体制，坚持自治、法治、德治相结合，确保乡村社会充满活力、和谐有序。基于当下乡村社会的实际情况，乡村治理在新时代的发展中要积极响应时代新要求，勇于实践，不断创新。科学构建以党委为核心，政府为负责主体，市场、公众、社

会组织等多方参与的多元共治乡村治理模式，是将乡村治理"合理性"的理论探讨转化为"有效性"的实际应用的关键。乡村治理的有效性取决于法治和德治的结合，而两者的结合是在当前村民自治的制度框架下进行的。"德"是乡村治理的基础性的内部资源，承担着确立乡村特有运作规范、指导社会交往的功能；"法"是乡村治理的外部的核心资源，是乡村治理的强制性外生力量；自治是乡村治理的制度安排，是现实基础，德治和法治是为了更好地实现自治，为乡村振兴服务。强调"三治"并举，必须重视党组织的建设，加强和改进农村基层党组织对于乡村治理的领导。在党的领导下，新时代的乡村治理要充分调动多元主体积极性，促进多元主体协调合作、共同参与乡村治理，发挥多元主体在自治、法治、德治"三治合一"体系建设中的重要作用。

"三治合一"乡村治理体系的构建必须以村民自治制度为基础，在"自治"的制度框架下进行有效治理。围绕"一核多元"，推动自治发展，就要加强党对自治的领导，积极联动多元主体，致力于自治体系的完善。

基层党组织作为乡村治理的领导核心，要不断加强完善党组织的自身建设，让乡村基层党组织去引导村民正确行使自己的民主权利，捍卫村民的集体利益，形成在党组织领导下的充满活力的民主自治机制。基层党组织要注重发挥组织凝聚力，引导其他参与主体协商合作、共同参与。政府作为乡村治理的负责主体，要在政策上予以足够的支持；加大对乡村的教育投入，提高村民的思想道德修养和科学文化水平，引导村民切实以正确的方式维护自己的合法利益。政府还应注重对乡村预备力量的培养，引导精英力量作为乡村自治的主要力量。乡村自治的主体是村民，要使乡村能有效自治，首先是要充分发挥自治主体的作用，积极引导村民主动进行自治，培养和增强村民的民主意识，使其清晰地认识到自己的主人翁地位，在党的领导下，积极主动参与乡村自治，切实维护自己的合法权益。社会主义市场经济制度的完善为广大村民提供了较多的流动机会。经济发展的冲击，使农村原有的社会性质不断改变，各类经济精英不断涌现。他们具备较强的影响力，是乡村自治中的重要力量。同时，随着公开透明的招标机制的建立，社会资本也在不断涌入乡村，为乡村现代化建设提供了资金支持。社会组织的参与也不容忽视。社会组织内部强大的凝聚力和被认可的规则对村民的影响深远，可以通过社会组织在乡村中的影响力引导村民积极、有序地参与民主自治。

"法治"是"三治合一"乡村治理体系的重要部分，其作为外部力量的核心，为乡村的有效治理提供了强有力的保障。围绕"一核多元"构建"三治合一"的现代化乡村治理体系的必由之路是"依法治村"。新时代的乡村治理，强调在党的领导下多元主体合作协同，每个参与主体都在乡村治理中发挥着独特的作用。新时代的乡村治理基于"法治"视角，尊重多元治理主体间的平等合作关系，科学构建高质高效的分工与协作机制，打造法理型的现代乡村治理体系。

依法治理要注重发挥党委和政府的示范作用，培育和提升农村基层干部的法治素养，定期为基层干部进行思想教育和培训，让基层干部形成依法办事、依程序办事的良好工作作风，为村民树立榜样。要实现乡村法治必然离不开党委和政府的宣传与引导，乡镇一级的基层党委和政府应加强普法工作的开展，大力举办各类普法活动，为村落配置法律顾问等，使得村民有疑问可以便捷地进行咨询。要使法治意识贯穿各项工作之中，仍需要依靠党委和政府的力量推动乡村法律法规体系的建设与完善，依法建立村民有序参与村务的规章制度，确保村民依法行使自己的民主权利，杜绝选举拉票、贿票等现象，杜绝决策中"一人拍板"的现象，保障村民对村落事务的管理权及监督权。同时，党委和政府必须注重培养村民的法治意识、法治理念、法治精神，让村民知法、懂法，更要让村民懂得如何用法律来捍卫自身的合法权益，如何用法律来解决出现的纠纷、冲突，如何用法律规范守好自己的行为底线。

"德治"是"三治合一"乡村治理体系的有力支撑，其作为内部力量的基础，为乡村的有效治理提供了稳固的情感维系。健全乡村治理体系，必须增强村民对乡土人情、德道规范的情感认同，构建被广泛认同的、继承农村优秀传统文化的，且符合社会主义核心价值观的与时俱进的乡村核心文化。

加强对基层干部的德治教育，基层干部要始终秉持为人民服务的宗旨，积极服务村民，为村民谋幸福，为村落谋发展。基层党委组织需要经常开展各类文化活动，积极发挥乡村中优秀榜样的示范作用，激励其他村民学习和进步。村民的乡村文化自觉和文化自信不可能一蹴而就，需要农村基础教育工作的推进，需要村庄道德建设的多样化发展。教育为本，各级政府应当继续大力加强对农村教育的财政支持力度，兴办学校，改善学校办学条件，尤其是为农村教育配备良好的教师资源。各级政府应以核心文化为纽带，弘扬乡村新风气，加强村民对乡村的归属感、主人翁意识，从而推动村民主动参与乡村治理，而不再是被动地执行村里下派的任务、被动地参与乡村的事务管理，发挥乡村文化在价值引领和行为规范上的作用。乡村企业、慈善机构和志愿者组织，也是振兴乡村教育的重要组成力量，只有多元主体积极参与、协同合作，才能实现乡村善治的目标，实现乡村的振兴。

在中国共产党的坚强领导下，乡村治理立足我国乡村实际情况，坚持走中国特色社会主义道路，取得了累累硕果。随着现代化进程的持续推进，乡村社会在不断变迁，乡村治理必须紧跟时代脚步，在实践中不断发展创新。在新时代，乡村治理要科学构建以党委为核心、政府为负责主体的市场、公众、社会组织等多元主体协同合作、共同参与的多元共治乡村治理模式；在党的坚强领导下，充分调动多元主体积极性，发挥多元主体在自治、法治、德治"三治合一"体系建设中的重要作用。

本章参考文献

[1] 李华胤. 我国乡村治理的变迁与经验探析 [J]. 毛泽东邓小平理论研究，2019（5）：58-66，107.

[2] 袁金辉，乔彦斌. 自治到共治：中国乡村治理改革 40 年回顾与展望 [J]. 行政论坛，2018，25（6）：19-25.

[3] 徐勇. 城乡一体化进程中的乡村治理创新 [J]. 中国农村经济，2016（10）：23-26.

[4] 唐燕，赵文宁，顾朝林. 我国乡村治理体系的形成及其对乡村规划的启示 [J]. 现代城市研究，2015（4）：2-7.

[5] 温铁军，杨帅. 中国农村社会结构变化背景下的乡村治理与农村发展 [J]. 理论探讨，2012（6）：76-80.

[6] 任艳妮. 乡村治理主体围绕治理资源多元化合作路径探析 [J]. 农村经济，2011（6）：19-23.

［7］张艳娥. 关于乡村治理主体几个相关问题的分析［J］. 农村经济，2010（1）：14-19.

［8］袁金辉. 中国乡村治理60年：回顾与展望［J］. 国家行政学院学报，2009（5）：69-73.

［9］贺雪峰，董磊明. 中国乡村治理：结构与类型［J］. 经济社会体制比较，2005（3）：42-50，15.

［10］贺雪峰. 乡村治理与农业发展［M］. 武汉：华中科技大学出版社，2017.

［11］俞可平. 治理与善治［M］. 北京：社会科学文献出版社，2001.